SUMMA PUBLICATIONS, INC.

Thomas M. Hines
Publisher and Editor in chief

William C. Carter
Associate Editor
Director of the Marcel Proust Series

Editorial Board

William Berg
University of Wisconsin

Michael Cartwright
McGill University

Hugh M. Davidson
University of Virginia

Elyane Dezon-Jones
Washington University

John D. Erickson
University of Kentucky

James Hamilton
University of Cincinnati

Freeman G. Henry
University of South Carolina

Norris J. Lacy
Pennsylvania State University

Jerry C. Nash
University of North Texas

Allan Pasco
University of Kansas

Albert Sonnenfeld
University of Southern California

Editorial Address and Orders:
P.O. Box 660725
Birmingham, AL 35266-0725
Fax: 205-822-0463

Scènes d'intérieur

Scènes d'intérieur
Six romanciers des années 1980-1990

Maryse Fauvel

SUMMA PUBLICATIONS, INC.
Birmingham, Alabama
2007

Copyright 2007
Summa Publications, Inc.
ISBN 978-1-883479-55-8
(1-883479-55-X)

Library of Congress Control Number 2006938279

Printed in the United States of America

All rights reserved.

Cover design by Susan Dendy

Photo de Linda Lê, en première de couverture, copyright Mathieu Bourgois
Photos de Marguerite Duras, de Marie Redonnet et de Jean-Philippe Toussaint, en première de couverture, copyright FOLEY John/Opale;
remerciements à l'agence OPALE/PARIS

À Boo

Table des matières

Remerciements	ix
Introduction	1
1. La Société des écrans chez Jean-Philippe Toussaint	13
2. Marguerite Duras, l'iconoclaste: *L'Amant* comme l'écriture de l'irreprésentable	43
3. Mémoire et oubli: entre l'effacement et l'ineffaçable dans *Une Femme* et *Journal du dehors* d'Annie Ernaux	65
4. La Quête de l'Utopie chez Marie Redonnet	97
5. Négociation de l'identité des personnages chez Linda Lê	129
6. Traverses, croisements, métissages chez Leïla Sebbar	151
Conclusion	187
Notes	193
Bibliographie	205
Index	213

Remerciements

Ce livre n'existerait pas sans le soutien de nombreux amis et collègues.

Je tiens à remercier l'Université William and Mary, en Virginie (Etats-Unis d'Amérique) de m'avoir accordé une année de recherche, et soutenu financièrement par de nombreuses bourses d'été, et bourses de voyages, qui m'ont permis de faire les recherches nécessaires à l'écriture de ce livre et de participer à des conférences aux Etats-Unis et en Europe, lors desquelles j'ai eu l'occasion d'exposer et de discuter certaines idées exposées ici. Merci tout particulièrement au doyen Geoffrey Feiss, au centre d'études internationales Reves, au Charles Center et plus spécialement à Joel Schwartz, ainsi qu'au département de Lettres et Langues Modernes.

Merci aussi à mes collègues et amis de l'Université de William and Mary de s'être intéressés à mon projet, de m'avoir poussée à le mener à bien, et d'échanger des idées, voire même de relire certaines parties; je remercie tout spécialement Bruce Campbell, Miles Chappell, Magali Compan, Michael Leruth, Giulia Pacini, Anne Rasmussen, Ronald Saint-Onge, Sylvia Tandeciarz et Sibel Zandi-Sayek. Merci aussi à mes étudiants, tout particulièrement celles et ceux qui ont participé à mes cours et séminaires de littérature et culture françaises.

Mes sincères remerciements également au personnel de la bibliothèque Swem de l'Université de William and Mary, et au personnel de la bibliothèque Marguerite Durand à Paris, de (l'ancienne) Bibliothèque Nationale de Paris, et de la Staatsbibliothek de Berlin.

Je n'oublie pas mes collègues et amis des deux côtés de l'Atlantique qui m'ont prodigué leurs conseils, lu et commenté le manuscrit pour certains et offert leur soutien inconditionnel. Je me souviens avec reconnaissance et plaisir des discussions que nous avons eues ensemble, et des pots et des repas partagés! Un grand merci à Martine Antle, Renée Bocquet, Mike Blum, Cécile Fauvel, Jacqueline Fauvel, Isabelle Favre, Brigitta Ingold, Sylvia Klötzer, Florence Martin, Martine Pulver, Dina Sherzer, Daniel Som, Michèle Som, Sue Watson et Stefan Wilhelmus.

—*M. F.*

Introduction

LA VARIÉTÉ DES ROMANS DANS LES ANNÉES 1980-90 est telle qu'il est difficile d'y trouver des repères. Il n'y a plus d'école d'auteurs, ni de théoriciens, mais on constate un retour à ce que le « nouveau roman » a effacé, un « retour à l'Histoire, retour aux histoires, retour au sujet (après la description de tant d'objets), retour à la « création », retour à l'œuvre » (Nadeau, 3). Pour les auteurs des années 80-90, écrire n'est plus un verbe intransitif, les romans s'affirment comme un mode de dévoilement du monde, un reflet de leur époque. Quelles réflexions offrent-ils sur cette époque? Quelles sont les « lignes de force » des romans français des années 80-90?

Avant d'en définir trois tendances, à travers l'analyse de textes précis, il convient de rappeler quelques événements et périodes pivots de la société française qui ont directement influencé cette période littéraire. *Mai 68*, qui a provoqué une crise de société et a ébranlé toute la France, puis, treize ans plus tard, la *venue de la gauche au pouvoir en 1981* et *les années de Mitterrand comme Président de la Ve République française (1981-1995)* ont métamorphosé la vie culturelle en France. Que pouvons-nous retenir de ces périodes qui importe pour l'évolution du roman français dans les années 80-90?

Mai 68

Mai 68 marque une rupture dans l'histoire de la France, après la seconde guerre mondiale, et constitue un point de repère pour un renouveau culturel. S'il est un aspect incontesté de mai 68, c'est son aspect de révolution culturelle qui a laissé de profondes marques dans la société contemporaine. En effet, Mai 68 a été une *prise de parole* dans toutes les couches de la population et sous de multiples formes—poèmes, manifestes, chansons, articles, graffiti. Cette période a également provoqué une pléthore d'analyses, conférences, discours, essais, documents, romans—plus de six cents livres. Nous n'y reviendrons pas, mais l'impact de mai 68 et de ses slogans ne peut être tu. Ce n'est pas un hasard si le ministre de la culture Jack Lang, le 19 novembre 1981, reprend une célèbre phrase de mai 68: « Désormais, le pouvoir s'emploiera, lui aussi, à retrouver, sous les pavés, la plage ».

Mai 68 a été plus qu'autre chose le démarrage d'une révolution culturelle, qui s'est révélée après mai 81, en particulier en ce qui concerne—comme le note Patrick Combes—la *décentralisation culturelle et l'ouverture du ministère de la culture vers un nouveau public*. Ce n'est pas directement en littérature que cette révolution culturelle se situe. Des écrivains participent certes aux débats (Duras, Sartre, Aragon), mais l'image de l'écrivain qui sauverait le monde par sa littérature, « la littérature engagée », qui ferait changer les attitudes sociales et les structures sociales, telle qu'elle avait été décrite dans *Qu'est-ce que la littérature* de Sartre, disparaît. La littérature ne sera désormais plus considérée comme susceptible de subvertir l'ordre social ou politique. C'est à un autre niveau que se situe le bouleversement: mai 68 permet l'ouverture du concept de *cultures françaises*, diversifiées. Mai 68 a aussi révélé de *nouvelles formes de communication*; quiconque le voulait prenait la parole, indépendamment de son statut social. C'est le début d'une époque où on emploie une *nouvelle langue*, où le climat socio-politique est plus ouvert. Le temps des pères et du paternalisme est remis en question par le départ de de Gaulle, qui marque la remise en question ou au moins l'ébranlement du système politique centralisateur et va marquer l'agenda de la gauche quand elle viendra au pouvoir en 1981. Mai 68 fut ainsi une scène aussi pour les groupes de cultures et de comportements marginalisés dans la société française tels, par exemple, les travailleurs immigrés, les pauvres, les prisonniers, les marginaux, les femmes, les homosexuels, les malades mentaux, les vieillards et les prostituées. Dès 1970 s'organisent les mouvements régionaux, en particulier en Bretagne et en Occitanie, jusque là écartés dans la France très centralisée, le mouvement des paysans du Larzac, le mouvement des femmes. La France ainsi éclate et révèle ses *différentes cultures*.

C'est sous l'impulsion de mai 68 et de la prise de conscience politique des femmes et de l'émancipation féminine que s'est développé, tout particulièrement dans les années 70, *le mouvement des femmes*. En effet, le mouvement féministe en France fut à la fois le produit et le rejet du gauchisme à dominante masculine de la fin des années 60. Si les femmes ont bien participé à Mai 68, ce n'est pour la plupart d'entre elles que dans l'ombre des hommes, bien que nombre de revendications aient porté sur la révolution sexuelle, la famille et le rôle des femmes dans la société. On se souvient de mères donnant des mouchoirs aux manifestants, de secrétaires dans les meetings, de gardiennes d'enfants dans les crèches sauvages, de femmes-objets sexuels dans les prétendues orgies dans les bâtiments occupés, etc[1]. En 1970 est formé le M.L.F. et durant les années 70, on voit la création d'une douzaine de maisons d'édition pour les femmes, l'émergence de journaux et de magazines féministes, ainsi que l'ouverture de divers centres d'études féminines. En raison de la défaite de la gauche aux élections législatives de 1978 et de la montée de la droite, les années 80 voient en revanche le recul des droits des femmes, en particulier en politique, et le féminisme ridiculisé par l'intelligentsia, dans ce pays encore très machiste. Le M.L.F. disparaît, mais à la place d'un féminisme dur et militant s'installe un féminisme individuel, tranquille, humaniste, qui accepte une large variété de modèles de femmes.

C'est donc depuis mai 1968 que la pensée politique, sociale, culturelle et psychologique en France s'intéresse à l'autre, à la différence, à l'hybridité et à l'hétérogénéité. Ces événements de 1968 marquent aussi la perte de contrôle par l'autorité, en particulier la perte de contrôle de l'auteur en littérature, la perte de contrôle d'un texte.

Les Années Mitterand et ses effets culturels

La venue de la gauche en 1981 a ravivé des espoirs chez les gens de gauche sensibles aux valeurs de l'esprit, attentifs aux dangers de la société de consommation, de l'économie de marché ainsi qu'à l'invasion de la culture américaine, vigilants aux risques de censure et d'abus moral, désireux de promouvoir la culture ouvrière et d'exalter les cultures régionales et locales, et soucieux de faire accéder le plus grand nombre possible de gens à la culture. La venue d'un président socialiste (après de Gaulle, Pompidou et Giscard d'Estaing) ainsi que le triomphe des partis socialiste et communiste aux législatives en 1981 semblaient annoncer des changements radicaux et redonnaient espoir aux intellectuels et à la gauche, traditionnellement proches. Mais, si la gauche se proposait de bouleverser la scène culturelle, c'est pourtant la continuité qui l'a remporté, puisque Mitterrand dut très vite gouverner avec un gouvernement de droite (de 1986 à 1988 et de 1993 à 1995). Pourtant, certains changements idéologiques et politiques notoires doivent être signalés, d'autant qu'ils ont eu un impact indéniable sur le roman des années 80:

—la peine de mort est abolie dès 1981 et un ministère des droits de la femme est créé, rappelant les débats de Camus et de Beauvoir;

—Jack Lang devient un ministre de la culture qui fait du bruit (de 1981 à 1986 et de 1988 à 1993), par exemple en refusant d'assister au festival de cinéma américain à Deauville pour traduire sa désapprobation des films d'Hollywood et réaffirmer sa volonté de promouvoir le cinéma français. La peur de l'américanisation de la France se répercute dans le domaine culturel, où la diversité française, régionale est finalement considérée comme un des éléments de « l'exception culturelle française »;

—le ministère de la culture a définitivement été libéré de ses liens à la communication, après que deux ministres, Jean-Philippe Lecat de 1978 à 1981, et François Léotard, de 1986 à 1988, aient concilié les fonctions de ministres de la culture et de la communication;

—la gauche a libéralisé l'audiovisuel et la communication, permettant ainsi le démantèlement de la télévision étatique (entreprise de propagande gouvernementale) et la création de télévisions commerciales, l'essor de radios libres, l'essor de la télédistribution par cable et par satellite. L'impact de cette libéralisation est primordial d'autant que la société française s'affirme de plus en plus comme une société de consommation, sous l'influence de l'économie de marché, où les loisirs augmentent toujours plus et permettent aux industries de service et du tourisme de se développer. L'audiovisuel a acquis une position plus dominante dans la vie des individus et permet à des populations, jusque là écartées par le pouvoir public, d'accéder à la parole; le grand public possède télévision(s), magnétoscope, caméra-vidéo, lecteur de disques compacts et commence à acquérir un ordinateur. Autre fait marquant: le projet de Mitterrand de la Grande Bibliothèque est conçu non seulement comme centre de recherches (comme l'était la Bibliothèque Nationale), mais aussi comme source de livres et de matériels audio-visuels pour le grand public;

—tout à fait symbolique des années 80, la première loi votée sous Jack Lang porte sur le prix unique du livre, protégeant non pas tant les lecteurs que les éditeurs et qui permet de sauver le réseau des petites et moyennes librairies face aux grandes surfaces du livre;

—sous Jack Lang, encore, le budget de la culture passe de 0,47 % du budget de l'Etat en 1981 à 0,76 % en 1982, 0,86 % en 1990, 0,98 % en 1992 et 1 % en 1993 pour une courte durée. La gauche a accordé donc plus de moyens financiers à la culture et, en la diversifiant, y a sensibilisé un plus grand nombre d'individus;

—la surface des bibliothèques de lecture publique a doublé depuis 1980, et les bibliothèques de quartiers se sont également multipliées. Le volume des prêts des bibliothèques a doublé en quinze ans (Rigaud, 169-70);

—pour réaffirmer le statut de Paris comme capitale culturelle du monde et, par là même, redéfinir la culture nationale française à l'ère postmoderne, Mitterrand réalise un programme ambitieux de construction de monuments (la pyramide du Louvre et l'agrandissement du musée, l'Opéra de la Bastille, les colonnes de Buren, la grande Arche de la Défense, la Grande Bibliothèque, le parc de la Villette et l'Institut du Monde Arabe, ces deux derniers projets hérités de Giscard d'Estaing). Mitterrand affirme ainsi sa volonté de conférer une place d'honneur à la politique culturelle et montre également son intérêt pour l'environnement et plus spécialement les grandes villes et les banlieues;

—enfin, on ne saurait sous-estimer l'impact du démantèlement de l'empire colonial français dans les années 50-60 sur la société des années 80. L'immigration des anciennes colonies vers l'hexagone soulève des questions d'insertion et provoque des problèmes de racisme et de xénophobie très graves. Le recueil de Brami s'ouvre sur le « constat d'hétérogénéité identitaire croissante » dans la France contemporaine (3), devenue une « nation pluriculturelle » (4). Le mouvement « Touche pas à mon pote » et les comités SOS-Racisme sensibilisent dès les années 84-85 la population étudiante et lycéenne (Weber, 202). Les enfants nés de parents immigrés dans les années 60 constituent, plus qu'aucune autre génération précédente issue de l'immigration, une génération qui manifeste sa volonté d'assimilation tout en s'affirmant dans ses cultures croisées, qui tente de s'affirmer dans la culture de ses parents ainsi que dans la culture française. Ils utilisent la langue française qui, d'outil d'oppression de leurs parents dans les anciennes colonies, est devenue arme de rébellion pour eux.

Dans ce constat, on ne peut toutefois pas faire que du triomphalisme. La société française se définit désormais comme une société de consommation, dans laquelle les règles du jeu de la croissance ne viennent pas des industries de base, c'est-à-dire de l'accroissement de la production, mais plutôt des activités liées à la consommation. L'individu en 1980 est un consommateur qui accepte la société de consommation dans laquelle la culture gagne ce que le politique perd. Il est à la recherche du plaisir immédiat, même dans le contexte de la culture. Aussi doit-on se poser la question de la place de la recherche esthétique. L'audiovisuel, associé à la culture et à l'art, ne fait-il pas de ces domaines de l'*entertainment*, c'est-à-dire du divertissement, des loisirs—dépourvus de toute dimension artistique—plutôt que de la culture? On verra d'ailleurs l'impact de l'audiovisuel sur la littérature des années 80, désormais « sous influence » (du cinéma, de la photographie, de la télévision et bientôt de la cyberculture). Cette société de consommation ne dépend-elle pas des médias? La publicité, la télévision, les médias, qui cherchent à faire recette ne poussent-ils pas la littérature dans le sens de la consommation, à être une littérature facile à lire, et à lire rapidement? Comment les mots peuvent-ils résister dans un monde qui voit le primat de la parole sur l'écrit, et le succès des médias audio-visuels au détriment des autres? Etre un bon écrivain, cela signifie-t-il « bien passer » à la télévision? S'agit-il de plaire au plus grand nombre possible et de parler de littérature essentiellement en termes biographiques, moraux, anecdotiques, médiatiques (comme Bernard Pivot poussait ses invités à le faire dans son émission télévisée créée au milieu des années 70, « Apostrophes ») plutôt qu'en termes littéraires? Est-ce qu'un bon écrivain est celui qui a la chance de vendre des milliers d'exemplaires en quelques jours? Peut-on, doit-on évaluer une œuvre en termes de marketing? L'impact du marché et des médias sur la scène littéraire est indéniable. Dans une société nouvelle marquée par la dépolitisation, l'indifférence, le narcissisme, la littérature est désormais entrée dans une ère nouvelle, l'ère du « spectaculaire, liquidant la conscience rigoriste et idéologique au profit d'une curiosité dispersée, captée par tout et rien » (Lipovetsky, 56).

Le Roman des années 80-90

Et le roman dans tout cela? « Il faut maintenant se féliciter de la levée des tabous, des interdits, des contraintes. Il faut maintenant applaudir à la mort du dogmatisme en matière de littérature » affirme Françoise Gaillard dans la *Quinzaine littéraire* en mai 89. A quoi fait-elle allusion dans cette rapide introduction au chaos littéraire des années 80? A la terreur, à la dictature qu'ont exercées, dans les années 60-70, les sciences humaines sur la littérature et les auteurs. Les théoriciens annonçaient la mort de l'auteur, la fin du roman, la fin de la littérature et remettaient en cause le langage. La littérature et l'écriture étaient donc dominées par un champ théorique nourri de psychanalyse, de critique de l'idéologie et de linguistique structurale (Lacan, Derrida, Cixous, Barthes, Lévi-Strauss, Saussure, Irigaray), laissant davantage de place au discours critique qu'à l'œuvre primaire elle-même.

> L'Université s'est considérablement appesantie sur la littérature des années 50-60, riche en « théories », pauvre en textes, car ces théories, aujourd'hui obsolètes, fournissent un objet conforme aux moyens « scientifiques » dont elle dispose pour les approcher, alors qu'elles se montrent malhabiles [..] à mettre en lumière les lignes de force.... qui sous-tendent la littérature qui s'est faite des années 70 aux nôtres, de façon entièrement contraire,

nul ne peut le contester, à ce qu'annonçaient ces « théories ».
(Bourgeade, 10)

Depuis le milieu des années 70 un temps s'achève, un temps de l'engagement et de la théorisation, avec une série de deuils. Ainsi s'éteignent les voix de Sartre, Barthes, Foucault, Lacan, Malraux, de Beauvoir, Althusser, Deleuze, Beckett, Yourcenar, pour n'en citer que les plus connues. Et leur place ne semble pas être reprise, marquant bien la multivocité de cette fin de siècle, qu'il est difficile de mettre en catégories, mais aussi la mise en cause des idéologies et théories ou bien une retenue idéologique qui traduisent un sentiment de vide, une difficulté de communication. Pourtant, certains auteurs qui écrivent dans les années 80 sont nés après la seconde guerre mondiale, ont vécu Mai 1968; ils ont lu le « nouveau roman » et suivi les débats sur le « nouveau roman » et le structuralisme; ils ont été imprégnés de lecture sur la linguistique, la psychanalyse, le marxisme, le déclin du principe de la représentation, le déclin du principe de l'histoire, l'émergence d'une pratique textuelle qui devient sa propre fin et la déconstruction. Comment cela se traduit-il dans leurs romans?

Les années 80 marquent non plus la déconstruction de la littérature, mais l'éclatement du champ littéraire: il s'agit désormais non plus de la, mais des littératures de langue française, à une époque postindustrielle, dans une culture post-moderne, c'est-à-dire selon Lyotard incrédule « à l'égard des métarécits » (7). L'écrivain n'est plus une figure qui parlerait tel un Camus ou un Sartre au nom de l'universel au peuple français. La littérature éclate en littératures, et le public est atomisé. Encore associée aux colonies, mais aussi à la décolonisation, la notion de « francophonie » s'affirme, mais toujours autour de la France et du français: l'Acadienne Antonine Maillet obtient le prix Goncourt en 1979; ensuite l'obtiendront Tahar Ben Jelloun, du Maroc, en 1987, le Martiniquais Patrick Chamoiseau en 1992 et Amin Malouf du Liban en 1993; enfin, Hector Bianciotti, Argentin de naissance, est élu membre de l'Académie française en 1996. En outre, il n'y a plus de revue ou d'éditeur qui donnerait le ton comme *La Nouvelle Revue française* ou *Tel Quel* l'avaient fait, plus de discours théorique ni d'école, comme le structuralisme et les débats sur le « nouveau roman » ont pu dominer la scène dans les années 60-70, les frontières mêmes entre littéraire et non-littéraire deviennent floues, les frontières entre les genres littéraires s'estompent. Dans ce contexte aux pôles mouvants, le roman peut être caractérisé par un polyphonisme qui permet son renouveau.

Le livre présent n'est pas une anthologie, ni un magazine littéraire dont l'objet serait de dresser un panorama complet des romans des années 80. Seules trois tendances seront évoquées. Bien évidemment, ce choix aurait pu être tout à fait autre, mais ces trois tendances reflètent des aspects-pivots à la fois de la littérature et de la société françaises des années 80, elles révèlent des aspects novateurs et singuliers du roman dans ces années-là. Les six chapitres du livre présent offrent des analyses textuelles étayées sur des approches théoriques variées, littéraires, mais aussi « culturelles » (*cultural studies*), post-coloniales, ou bien encore linguistiques. Ces discours critiques permettent de souligner que les romans des années 80-90 ne constituent pas un corpus littéraire unifié et ne se laissent pas réduire à une lecture, mais au contraire invitent les lecteurs à d'autres explorations et à d'autres plaisirs dans leurs analyses.

Romans influencés par les médias visuels: le visible et l'irreprésentable

Dans un monde dominé par les loisirs et les techniques de communication[2], il est une littérature « sous influence », marquée par la société du spectacle, la télévision, la photographie, l'ordinateur et la cyberculture. La production artistique et les débats intellectuels sont désormais fortement influencés par la télévision et les médias audio-visuels qui donnent le ton, et dépendent de moins en moins des universités ou de revues littéraires. Mis à part le fait que de nombreux écrivains s'adonnent à l'écriture de romans tout autant que de scénarios de films (pensons à Marguerite Duras et *Hiroshima mon amour*, *Le camion* ou *India Song*, ou bien à Patrick Modiano—qui a co-écrit les scénarios de *Lacombe Lucien* de Louis Malle en 1974 ou *Le Fils de Gascogne* de Pascal Aubier en 1995, pour n'en citer que deux exemples), il existe une littérature qui naît non de processus d'idées, mais d'expériences visuelles. Pourtant, c'est bien par les mots et le travail d'écriture qu'elle révèle et dénonce le monde postmoderne. Monde de surfaces, vécu dans l'immédiateté et perçu comme une série d'images, dans lequel l'être humain vit isolé, dans une culture du narcissisme. Cette littérature se caractérise par sa nouvelle manière de décrire objets et phénomènes, et son goût du jeu avec les mots, la phrase et l'organisation du roman. Il sera ici question de textes par Jean-Philippe Toussaint (« La société des écrans chez Jean-Philippe Toussaint ») et Marguerite Duras (« Marguerite Duras, l'iconoclaste: *L'Amant* comme l'écriture de l'irreprésentable »).

Romans de femmes: identité, mémoire et utopie

Dans les années 80, plusieurs femmes écrivains accèdent à des honneurs, qui peuvent néanmoins être interprétés de diverses manières. L'ouverture tardive de l'Académie française à une femme, Marguerite Yourcenar, en 1980, est à la fois l'aveu de la discrimination à l'encontre des femmes, et une réponse à leur demande d'égalité. Et l'obtention par Marguerite Duras du prix Goncourt pour *L'Amant* en 1984 est également une consécration, mais on peut se demander pourquoi le prix ne lui a été décerné qu'après quarante ans de production littéraire. Les années 80 marquent bien un tournant: le rôle des femmes écrivains semble être institutionnalisé (Fallaize, 19-25). Leur littérature est officialisée désormais, mais contraste fortement avec celle des années 70. En effet, les années 70 ont été la scène de débats idéologiques et théoriques passionnés parmi les femmes. De nombreuses femmes revendiquent le droit et expriment le désir de prendre la parole (Marguerite Duras et Xavière Gautier, *Les Parleuses*, 1974, Annie Leclerc, *Parole de femme*, 1974, Claudine Hermann, *Les Voleuses de langue*, 1976). Le concept d'écriture féminine met en valeur, dans une perspective post-structuraliste, la langue, qui pour certaines doit être prise au pied de la lettre (Cixous, Irigaray) et, en se concentrant sur le rapport entre le corps et le texte, permet de transcender ou d'éviter le dualisme patriarcal de l'esprit et du corps. La scène politique s'est ouverte également aux femmes à cette époque. Leur participation plus visible a abouti, sous Mitterrand, à la création d'un ministère des droits de la femme pour une courte durée (1981-86). En revanche, dès les années 80, les débats idéologiques, politiques et théoriques entre femmes sont moins mis en avant, mais la littérature de femmes est désormais chose acquise, et prend une place notoire dans le domaine littéraire, alors que le mouvement féministe perd du terrain. On voit la publication de textes de nombreuses femmes qui s'affirment dans leur diversité. Nous analyserons ici des textes d'Annie Ernaux (« Mémoire et oubli: entre l'effacement et l'ineffaçable dans *Une femme* et *Journal du dehors* »), et de Marie Redonnet (« La Quête de l'Utopie chez Marie Redonnet »).

Romans d'auteurs de cultures croisées: métissages et violences

Les auteurs de cultures croisées soulignent les problèmes d'intégration des immigrés en France et permettent de reconsidérer le passé de la France et de ses colonies. Leurs romans permettent aux lecteurs un retour au passé et un travail de remémorisation d'événements souvent tus. Ces auteurs, enfants d'immigrés ou immigrés eux-mêmes, ont su profiter de la libéralisation des radios pour faire entendre leurs témoignages et finalement faire publier leurs textes. Nés en France ou non, de parents ou d'un parent maghrébin ou vietnamien (par exemple), ces auteurs écrivent en français et s'affirment dans leur originalité culturelle et sociale. Cette originalité cause aussi leur problème d'identité, au centre même de leur écriture. Eduqués dans leur pays d'origine et/ou en France, participant à la société française, ils sont toutefois souvent en décalage avec cette société. De plus, tout en revendiquant la culture de leurs parents, ils ne connaissent souvent de cette culture que ce qui en est dit à la maison. Leur langue inscrit ces décalages et peut diverger du français standard parisien, lorsqu'elle prend en compte des difficultés de prononciation, des interférences syntaxiques ou des glissements de vocabulaire avec l'arabe ou le vietnamien, par exemple, ou bien lorsqu'elle travaille son aspect oral. Leurs romans ont une dimension autobiographique et sont des romans d'apprentissage pour ces Français qui rêvent d'être assimilés, mais aussi restent fiers de leurs différences. Dans ce cadre seront abordés des textes par Linda Lê (« Négociation de l'identité des personnages chez Linda Lê ») et Leïla Sebbar (« Traverses, croisements, métissages chez Leïla Sebbar »).

Tous les textes présentés dans ce livre exhibent également la recherche d'une écriture « hors-la-loi », en rupture avec la « grande » littérature. Ils ne sont pas composés de manière classique, avec un début, un milieu et une fin, un développement clair et une chronologie bien définie. Ils se caractérisent par leur discontinuité et leur goût de l'inachevé. Les récits sont profondément marqués par le visuel, le processus photographique et le montage de films. Ils jouent avec des blancs et des fragments pour remettre en question le genre romanesque même, et insérer une réflexion du narrateur sur l'écriture et sur la langue. La langue française littéraire est déstabilisée, car les auteurs mêlent langue orale et écrite, accumulent maladresses, fautes de grammaire et le mal dit, mettent en valeur des variantes linguistiques et des accents. Les romans sont devenus une ouverture à l'altérité, une ouverture aux autres et une ouverture à une langue française différente. Ce sont des textes où se croisent langues et cultures françaises, reflétant une réalité française en profonde mutation.

1

La Société des écrans chez Jean-Philippe Toussaint[1]

DEPUIS LA LITTÉRATURE SURRÉALISTE, INFLUENCÉE par la photographie et la peinture, ou le théâtre épique de Brecht, influencé par les technologies de la radio et du cinéma, on sait combien la littérature est influencée par les technologies nouvelles du XXe siècle, le cinéma et les techniques de productions et de reproductions visuelles, comme l'a expliqué Walter Benjamin. Cette influence s'est accrue tout au long du siècle dans la littérature française, en particulier dans les années 60 avec l'« école du regard » et surtout depuis les années 80. Il est désormais une tendance du roman qui tire son inspiration de base de l'expérience visuelle, et non de processus d'idées. Les références et emprunts aux arts visuels (photographie, cinéma, peinture) et/ou aux techniques de télécommunications (télévision, ordinateur) révèlent combien les technologies de l'image ont transformé la nature et la fonction du visuel dans notre culture et ont eu un profond retentissement sur l'être humain et sa façon de se situer par rapport au réel, de dire ses relations avec le réel et donc avec l'imaginaire. Cette littérature sous l'influence du visuel signale deux centres d'intérêt opposés en apparence: —d'une part, un intérêt pour le voir, l'image ou plutôt un amoncellement d'images, de mouvements et de couleurs; —et, d'autre part, un intérêt pour la simulation, le simulacre, le simulacre de réalité, le désir d'échapper au réel, la fascination pour le virtuel, qui tous trahissent un attrait du vide. Ces deux tendances révèlent les marques caractéristiques de la société contemporaine telle que l'a définie le philosophe Gilles Lipovetsky, âge du narcissisme, qui repose sur la société du spectacle et la logique de l'individualisme, société « désinvestie de son ancrage idéologique, politique, émotionnel, ayant absorbé le modernisme et ses modalités dans l'indifférence,[...] et le vide » (16).

Les personnages de Jean-Philippe Toussaint, qui publie depuis 1985[2], se nourrissent de la culture de l'image de la fin du XXe siècle et évoluent dans une réalité de surface, celle d'images photographiques, électroniques, picturales et numériques. Bien que ses textes soient ancrés dans et imitent le monde de la fin du XXe siècle, que les lecteurs peuvent facilement « situer », ils sont profondément déroutants pour certains car « il ne s'y passe rien », tout y est trivial[3]. Quelles relations les personnages entretiennent-ils avec ces images et pourquoi? Et Toussaint veut-il légitimer le pouvoir des images dans cette société ou bien dénonce-t-il leur puissance?

Les romans de Toussaint s'inscrivent dans un débat théorique pluridisciplinaire sur l'impact des nouvelles technologies sur les individus et leur environnement à travers le monde, débat ouvert depuis les années 60—non pas en littérature, mais par des chercheurs en communications, tel McLuhan connu pour ses recherches sur le « village global », dont Durand rappelle les caractéristiques: rétrécissement de l'espace, prédominance électronique et technologique et collectivisation (535). En France, ces recherches ont été poursuivies dans les années 80 par le sociologue Michel Maffesoli, les philosophes Michel Serres et Paul Virilio, ou encore l'anthropologue Marc Augé. Tous s'attachent à définir les effets de la technologie moderne, tels que la création d'une nouvelle collectivité et le déclin de l'individualisme selon Maffesoli, ou Serres, ou bien encore le rapetissement de la terre et l'homogénéisation de la société selon Virilio et Augé.

En outre, Toussaint s'immisce dans un second débat, celui de l'impact des images. Ainsi, alors que Pierre Bourdieu, dans *Sur la télévision* paru en décembre 1996, affirme que « la télévision [..] fait courir un danger très grand aux différentes sphères de la production culturelle, art, littérature, science, philosophie » (5), Jean-Philippe Toussaint, lui, publie en février 1997 un roman intitulé *La Télévision,* dont le personnage principal est un spécialiste en histoire de l'art qui, tout en tentant d'écrire une étude sur le Titien, décide de cesser de regarder la télévision. Or, au lieu de mener à bien son projet de recherche sur ce peintre, il se laisse envahir par les images de toutes sortes. Non seulement son sevrage échoue, mais, à la fin du roman, au lieu d'avoir une télévision, il finit par en avoir deux dans son appartement et se laisse engloutir en permanence par les bruits et les images de télévision. Donc, tandis que Bourdieu souligne la dangerosité et la puissance incontrôlable de la télévision, fait écho à un long débat en France qui oppose culture d'élite et culture populaire, et reprend une longue tradition française de polémique autour de la légitimité et du pouvoir des images, Toussaint semble s'inscrire dans le discours de légitimation des images et de légitimation de la culture populaire. En fait, ses textes signalent un moment pivot de l'histoire culturelle de la France: jusque dans les années 70, la télévision n'était pas incluse dans le discours sur l'art et sur la validité de certaines images. Mais, dans les années 80, la télévision devient un objet de culture populaire, elle n'est désormais plus limitée à son rôle de télévision d'état, d'objet de propagande étatique, et d'objet pédagogique, comme c'était le cas avant l'arrivée de Mitterrand. Inscrite dans ce débat, cette télévision devient pour certains l'objet producteur d'images qu'il s'agit de rejeter (comme l'illustre la rhétorique antitélévision de Bourdieu), et assume le rôle joué jusque là par le cinéma hollywoodien, le rôle du « mauvais objet » (par exemple par rapport au livre, ou plus particulièrement par rapport au cinéma français, qui, lui, devient au contraire le moteur du discours de l'exception culturelle, à côté de la peinture). Ce rôle de mauvais objet sera pris dans les années 90 par les jeux vidéo et Internet, qui deviennent alors la cible de polémiques et d'attaques virulentes. L'historien spécialisé en histoire culturelle française, et plus spécifiquement en histoire des images, Antoine de Baecque, situe le débat contemporain sur la télévision, la photographie, le cinéma et les jeux vidéo dans un long contexte:

> La question de l'image a toujours eu en France ses commentateurs, ses historiens, ses débats propres, depuis les prémisses de l'Etat moderne aux XVe et XVIe siècles. On peut même dire que l'une des fondations et l'un des enjeux du pouvoir en France, sur la longue durée, furent la connaissance et la maîtrise du commentaire des images, des débats sur les représentations, ce qu'on a appelé l'ekphrasis. (Mongin, 19)

Omniprésence d'appareils de transmission d'images et monde de surfaces

Limité à quelques objets, le monde de Toussaint est simplifié, et surtout dominé par le sens de la vue, par les couleurs, inondé de lumière[4].

> Une petite lampe était allumée sur le bureau et nous étions comme isolés dans l'îlot de lumière verte de l'abat-jour; les armoires de rangement ressortaient à peine de la pénombre, il y avait quelques sièges vides dans l'obscurité. (*L'Appareil-photo*, 109)

> Les petits voyants du tableau de bord brillaient dans la pénombre, et des traînées fugitives de phares traversaient de temps à autre l'intérieur du taxi. Nous passions d'une voie de l'autoroute à l'autre, et j'apercevais des miroitements de lumière à l'horizon, des petites touches de clarté versicolores qui scintillaient dans la nuit. (*L'Appareil-photo*, 114)

> Une lune d'aube très blanche s'inscrivait dans le ciel au-dessus des lignes régulières que traçaient les fils des poteaux télégraphiques. (*La Réticence*, 34)

> Je traversai la pièce sans bruit et je me dirigeai vers la baie vitrée, devant laquelle je m'arrêtai. La lune était presque pleine dans le ciel, que voilaient en partie de longues volutes de nuages noirs qui glissaient dans son halo comme des lambeaux d'étoffes déchirées. (*La Réticence*, 46-47)

> Je mangeais un œuf à la coque dans la pénombre légèrement rosée de la pièce. (*La Télévision*, 46)

> Je traversais le clair-obscur de l'appartement. (*La Télévision*, 47)

> Toutes les couleurs de la nature, le vert de la pelouse et le bleu très dense du ciel me parurent alors remarquablement nets et

brillants, comme lavés à grande eau sous l'éclat métallique d'une averse damasquinée. *(La Télévision,* 99)

Ce monde baigné de lumière est perçu comme une image, une série d'images: il est cinémorphique. Certaines descriptions du ciel, des nuages ou de la lune sont reprises d'un livre à l'autre[5]. Et le personnage devient un spectateur, un voyeur, d'un monde transformé par les couleurs et la lumière, un monde dont seule l'apparence extérieure importe. Les quelques objets qui entourent le personnage de *La Télévision,* par exemple, sont décrits comme dans un scénario de film, avec des détails de formes et de couleurs, bien qu'il ne s'agisse que d'objets banals, dont souvent le narrateur souligne un prétendu lien avec le monde du cinéma:

> J'étais assis les jambes croisées dans mon fauteuil, un de ces fauteuils de metteur en scène en toile noire aux bras métalliques à angle droit, identique à celui qui se trouvait dans la salle à manger. (*La Télévision,* 51)

> Mon fauteuil de metteur en scène (*La Télévision,* 54 et 268)

> [Ma femme] avec ses lunettes de soleil qui lui donnaient des allures de vedette de cinéma. (*La Télévision,* 250)

Les objets dans l'espace sont aussi succincts et comptés que dans un jeu-vidéo, dans un monde virtuel[6]. Le monde virtuel compte deux points de vue: celui égocentrique du personnage virtuel et celui de l'opérateur qui donne une vision extérieure de ce personnage et s'identifie à lui. Ainsi, ces deux perspectives correspondent-elles au « je » du narrateur et au deuxième point de vue du narrateur qui s'observe sans cesse chez Toussaint, et ils peuvent se substituer l'un à l'autre. L'espace s'est rétréci. Même les repères et monuments historiques de Berlin dans *La Télévision,* bien qu'ils soient suffisants pour reconnaître Berlin[7], deviennent marginaux et banals. Ainsi, le narrateur de *La Télévision,* tout en faisant référence à Rome, Paris et Berlin, n'évolue que dans des lieux banals et interchangeables (des piscines, des bibliothèques, des boutiques d'aéroport, des parcs par exemple), envahis par des téléviseurs, appareils-photos, magnétoscopes ou objets qui s'y substituent, sources d'images, de mouvements, de changements, de spectacles. Dans *L'Appareil-photo,* si le narrateur visite Londres, Milan et Orléans, on ne sait pas où il se déplace dans bien d'autres cas, et de toute façon toutes les villes et tous les villages finissent par se ressembler puisque les mêmes lieux y sont évoqués: des cabines téléphoniques, des gares ferroviaires ou maritimes, des hôtels, des boutiques, ou des kiosques à journaux.

Alors que Toussaint lui-même n'inclut pas d'images ni de photos dans son texte, il illustre le basculement du monde visuel survenu en France dans les années 70, comme le rappelle de Baecque

> Au cours des années 1970, en France, une rupture radicale apparaît: le cinéma est devenu minoritaire dans le monde des images. La télévision lui a succédé. Ce passage peut être interprété comme la mort d'une forme d'image, passage d'une image-monde—le cinéma comme représentation—vers *une image pour l'image—le robinet télévisuel sans cesse ouvert.*
> Celui qui regarde la télévision n'est plus un spectateur, il n'est plus tenu dans un cadre, il est placé devant *un flux d'images qui disparaissent aussi vite qu'elles sont apparues, puis réapparaissent* dans une boucle de plus en plus rapide. Les émotions ne sont plus constituées par ces images comme elles ont pu l'être par un film-vision du monde. (Mongin, 32; c'est moi qui souligne)

Dans *La Réticence* et *L'Appareil-photo* surgissent des appareils-photos et des photos, surexposées ou floues, mais qui intéressent le « je » surtout si elles ne sont pas la copie de portraits, si elles ne fixent rien de définitif, mais au contraire rendent compte d'un élan intérieur, vital, d'un mouvement fugitif:

> Il y avait, dans la pochette bleu clair qui me fut remise, onze clichés en couleurs, de ces couleurs criardes des photos prises à l'instamatic, d'un homme et d'une femme, l'homme jeune et corpulent, d'une trentaine d'années, blond avec le teint pâle, et la femme un peu plus jeune, les cheveux blonds et courts, qui portait un chemisier rose sur la plupart des clichés. Ces visages ne

> me disaient rien et je n'avais aucun souvenir de les avoir jamais vus, mais je ne pouvais douter qu'il s'agissait de ceux des propriétaires de l'appareil, la dernière photo avait été prise dans le restaurant libre-service du bateau. [...] Aucune des photos que j'avais prises moi-même cette nuit-là n'avait été tirée, aucune, et, examinant les négatifs avec attention, je me rendis compte qu'à partir de la douzième photo, *la pellicule était uniformément sous-exposée,* avec çà et là quelques ombres informes comme d'imperceptibles traces de mon absence. (*L'Appareil-photo,* 115-16; c'est moi qui souligne)

> La nature même des clichés, pour la plupart bâclés et cadrés sans recherche, leur conférait une apparence de réalité incontestable, une réalité brute et presque obscène qui s'affirmait là à moi dans toute sa force. Mais ce qui me troubla encore plus..., c'est de regarder de plus près une de ces photos. C'était l'avant-dernière de la série, et jusqu'à présent je n'avais encore rien remarqué. La photo avait été prise dans le grand hall de la gare maritime de Newhaven et je me rendis soudain compte que, derrière la jeune femme qui se tenait au premier plan, on devinait les contours du présentoir des douanes, où apparaissait très nettement la silhouette endormie de Pascale. (*L'Appareil-photo,* 120)

Le narrateur de *L'Appareil-photo* montre avec plaisir des photos de lui-même jeune, avec sa famille; pourtant il ne s'intéresse pas autant aux photos d'identité qu'aux photos de ciel bleu, par exemple, qui se rapprochent plutôt de tableaux de peinture moderne[8], ou préfère, à une photo réaliste, une photo floue ou sous-exposée, qui fait écran. L'appareil-photo aperçu dans *La Réticence* permet d'échafauder un maillon du roman-policier, juste l'espace de quelques pages:

> Etait-ce moi, songeai-je soudain, que Biaggi photographiait ainsi, était-ce moi? Avec cette longue focale qui permet de se tenir à une très grande distance du sujet pour le photographier à son insu? Mais pourquoi Biaggi m'aurait-il photographié à mon insu dans le village. Ou bien était-ce dans le port qu'il m'avait photo-

> graphié à mon insu une de ces nuits dernières? Mais pendant la nuit, me disais-je, même avec un clair de lune, [...], et même avec une pellicule très sensible poussée au maximum, il devait être impossible d'identifier quiconque sur une photo. Car la photo serait nécessairement très sombre quand elle serait développée, avec juste un ciel tumultueux de nuit en arrière-plan, les longs nuages du halo de la lune à jamais immobiles dans le ciel, et une silhouette en manteau sombre et en cravate qui se découperait au loin dans la nuit sur les profils ombrés de la jetée. (*La Réticence*, 93-94)

avant d'être démonté comme preuve (110-11), tout comme les miroirs (113, 118) qui ne reflètent ni un éventuel meurtrier, ni un inspecteur, mais bien le personnage lui-même.

Dans *La Télévision*, personne ne peut plus échapper à la télévision, même si beaucoup prétendent ne pas la regarder (141, 246-47) et, même si, tel le personnage principal, on décide de ne plus la regarder (« Je devais bien avouer qu'elle occupait à présent toutes mes pensées », *La Télévision*, 34). Elle envahit la vie privée, les conversations, les journaux (« ces milliers de petites informations minuscules et codées, qui grouillaient à longueur de colonnes comme des cellules infectées dont les métastases gagnaient toujours davantage de terrain », *La Télévision*, 248), elle est omniprésente jour et nuit. Le narrateur, qui ne peut se détacher de « cet objet de la tentation » (*La Télévision*, 34), la qualifie de « maladie grave » et de « mal » (*La Télévision*, 247-48), tout en lui conférant, dès la seconde page, dans une description très détaillée et humoristique à la Francis Ponge, des traits zoomorphes (*La Télévision*, 8). S'en priver suscite chez lui une frustration qui aboutit à une scène de « viol » et de meurtre virtuels du téléviseur (*La Télévision*, 120-21). Son étude du Titien en est, elle aussi, sous l'emprise, dans les initiales du peintre *T*itien *V*ecellio (*La Télévision*, 248)! Pourtant, les émissions que regarde le personnage ne sont que rapidement évoquées, ou bien dans des listes qui reflètent le flot d'images incessant:

> Je regardais tout ce qu'il y avait sans réfléchir, je ne choisissais pas de programme particulier, je regardais le tout-venant, le mouvement, le scintillement, la variété. (*La Télévision*, 21)
>
> Je demeurais tous les soirs pendant des heures immobile devant l'écran, les yeux fixes dans la lueur discontinue des changements de plans, envahi peu à peu par ce flux d'images qui éclairaient mon visage, toutes ces images dirigées aveuglément sur tout le monde en même temps et adressées à personne en particulier, chaque chaîne, dans son canal étroit, n'étant qu'une des mailles du gigantesque tapis d'ondes qui s'abattait quotidiennement sur le monde. (*La Télévision*, 21-22)
>
> Partout, c'était les mêmes images indifférenciées, sans marges et sans en-têtes, sans explications, brutes, incompréhensibles, bruyantes et colorées, laides, tristes, agressives et joviales, syncopées, équivalentes. (*La Télévision*, 22)
>
> Je regardais tous ces téléviseurs allumés dans les petits encadrements métalliques des fenêtres, et je pouvais voir assez distinctement ce que chacun était en train de regarder dans les différents appartements, ceux qui regardaient la même série que nous et ceux qui en avaient choisi une autre, ceux qui regardaient l'aérobic et ceux qui regardaient le cyclo-cross et ceux qui avaient choisi une émission de télé-achat. (*La Télévision*, 203)

Ce qui importe, c'est moins la télévision que le téléviseur, c'est moins l'image que l'écran. Le téléviseur est source de lumière et de mouvement.

> Une des principales caractéristiques de la télévision quand elle est allumée est de nous tenir continûment en éveil de façon artificielle. (*La Télévision*, 25)
>
> Dans chaque appartement où un téléviseur était allumé, la pièce principale baignait dans une sorte de clarté laiteuse qui, toutes les dix secondes environ, à chaque changement de plan du programme diffusé, disparaissait et laissait la place à un nouveau

> cône de clarté qui se déployait en deux temps dans l'espace. Je regardais tous ces faisceaux lumineux changer ensemble devant moi, ou tout au moins par grandes vagues successives et synchrones qui devaient correspondre aux différents programmes que chacun suivait dans les différents appartements du quartier, et j'éprouvais à cette vue la même impression pénible de multitude et d'uniformité qu'au spectacle de ces milliers de flashes d'appareils-photo qui se déclenchent à l'unisson dans les stades à l'occasion des grandes manifestations sportives. (*La Télévision,* 44-45).

> La chambre à coucher était dans le noir maintenant, à l'exception de la clarté laiteuse qui émanait toujours du téléviseur resté allumé sur la chaise. (*La Télévision,* 269-70)

Quand la télévision manque, divers objets la remplacent et deviennent à leur tour téléviseurs/écrans: ainsi en est-il de l'ordinateur, des fenêtres, et des miroirs.

> J'ouvris pensivement l'icône du disque dur d'un rapide cliquètement de souris, et, très vite, parmi la dizaine de dossiers légèrement bleutés qui s'affichèrent devant moi dans la fenêtre électronique que je venais d'ouvrir, je choisis le dossier appelé Le Pinceau. (*La Télévision,* 47)

> Une vaste étendue grisâtre et irradiée de lumière apparut devant moi sur l'écran. (*La Télévision,* 47-48)

> L'ordinateur était toujours allumé, [...] l'écran scintillant imperceptiblement quand on le regardait [...] (*La Télévision,* 50)

> Assis dans mon bureau, je regardais mon ordinateur allumé en face de moi [...] (*La Télévision,* 52)

> A ce moment précis, dans l'encadrement d'une des fenêtres du grand immeuble moderne qui me faisait face, [...] une jeune femme apparut... (*La Télévision,* 45)

> Tandis que je traversais le clair-obscur de l'appartement pour rejoindre mon bureau, j'aperçus ma silhouette au passage dans le miroir de l'entrée, et il m'apparut que c'était une image de moi assez juste, cette longue silhouette voûtée dans la pénombre du couloir, une tasse de café à la main [....] (*La Télévision,* 47)

> En continuant de regarder le téléviseur éteint en face de moi, je finis par remarquer que la partie de la pièce où je me trouvais se reflétait à la surface du verre. Tous les meubles et les objets de la pièce, comme vus à revers dans un miroir convexe à la Van Eyck, semblaient converger en se bombant vers le centre de l'écran, avec le losange lumineux et légèrement déformé de la fenêtre en haut du boîtier, les formes denses et ombrées du canapé et de la table basse qui se dessinaient devant les murs, et les tracés plus fins, précis et nettement discernables, de la lampe halogène, du radiateur et de la table basse. (*La Télévision,* 122)

D'autres machines sont évoquées, des réfrigérateurs, des lecteurs de microfilms, du matériel électrique et électronique, des magnétoscopes, des caméras vidéo, qui envahissent le monde et qui, malgré leur présence réconfortante parfois (« [l'ordinateur] ronronnait », 50, 81), finissent par ne plus se différencier dans l'esprit du narrateur (« l'ordinateur continuait à ronronner, ou à faire du café », 82; « je regardais mon ordinateur allumé en face de moi », 52). Leurs fonctions se confondent et leur omniprésence transforme les espaces pour les rendre interchangeables. Ainsi, le musée d'art de Dahlem à Berlin devient un lieu qui attire le personnage bien plus par ses caméras vidéo que par ses œuvres d'art.

> Des rangées de moniteurs vidéo étaient fixés au mur en hauteur, qui diffusaient en continu les images des différentes salles du musée à l'étage supérieur.[...]

> Mais, continuant de scruter fixement les écrans, je finis par reconnaître un des tableaux qui avait été à l'origine de mon étude, le portrait de l'empereur Charles Quint, par Christophe Amberger. Charles Quint, bien sûr, était méconnaissable sur l'écran du moniteur vidéo, et je ne parvenais pas très bien à discerner ce qui relevait de l'observation directe que j'étais en train de faire de ce qui appartenait à une connaissance antérieure que j'avais du tableau, beaucoup plus fiable et précise. (235-37)

Ce musée ressemble à un supermarché, un parking ou tout autre lieu public dominé par les caméras vidéo de surveillance qui reflètent le monde, en images en noir et blanc, uniformisées par leur manque de détails et de qualité. Ou bien encore, ce musée devient un lieu pour se reposer. La piscine évoque la bibliothèque (239), et les tâches deviennent uniformisées et indifférenciées: au musée, « je prenais quelques notes, j'écrivais quelques mots en toute quiétude comme dans la plus tranquille des bibliothèques, ou comme à la piscine » (222); le narrateur met une plante au réfrigérateur; ou encore, il aspire à regarder la télévision les yeux fermés (162, 202), les rôles se confondent (le narrateur fait la confusion entre deux présentateurs, J. Klaus et C. Seibel (125); sa paresse et ses rêveries sont qualifiées de « travail »; un ami et lui-même remplacent un psychanalyste dans ses fonctions (133); ou encore, dans la piscine, nageant avec ses lunettes de natation sur le front, le narrateur se prend pour un rat de bibliothèque (169).

Quant à *Monsieur,* c'est de manière oblique qu'y sont évoquées les machines de transmission d'images et les images: la narration principale est ponctuée de passages d'un autre texte, dicté à Monsieur par son voisin. Or, ce texte second est un manuel de cristallographie, « science née grâce aux rayons X et à la photographie » qui ont permis d'analyser les cristaux constitutifs des roches. Ce manuel surgit, sans autre forme de procès, dans la narration première et confère au texte diverses images, anecdotes, renseignements, mouvements et changements de ton. L'enchevêtrement des deux narrations imite l'enchevêtrement de réalités dans le monde des personnages: il imite la circulation rhizomatique de l'information et des images transmises par le téléphone, la photographie, la télévision, l'ordinateur et les jeux vidéo, qui finissent par se confondre.

Toussaint évoque, plutôt que des représentations, une société d'écrans divers et polyvalents qui, au lieu de constituer une simple médiation, deviennent l'événement. Il est question d'écrans qui font écran, que les personnages regardent et qui les fascinent, mais aussi d'écrans dans lesquels les personnages entrent. Ainsi, en regardant un match de handball à la télévision, le narrateur de *La Télévision* se met à imaginer une des joueuses « nue sous son maillot à bretelles » (162), ou bien il prétend avoir du pouvoir sur les émissions en actionnant la télécommande:

> [Je] leur coupais le caquet de temps en temps d'une simple pression du doigt sur le bouton de la télécommande pour passer à d'autres débatteurs sans son qui expliquaient eux aussi je ne sais quoi les doigts tremblant de trac. (157)

Ou bien encore, entouré de dizaines d'écrans de télévision dans une cité de Berlin, donc de diverses émissions, il se met à rêver de créer son propre programme:

> Je n'avais qu'à laisser glisser mon regard de fenêtre en fenêtre pour changer de chaîne, m'arrêtant un instant sur tel ou tel programme, telle série ou tel film. La vue et l'ouïe ainsi écartelées entre des programmes des plus contradictoires, je continuais de changer de chaîne au hasard des fenêtres de l'immeuble d'en face [...] et je songeais que c'était pourtant comme ça que la télévision nous présentait quotidiennement le monde: fallacieusement. (204-5)

ou bien dans *L'Appareil-photo:*

> Je m'attardai un instant derrière un homme qui semblait sérieusement préoccupé par une machine électronique sur l'écran de laquelle défilaient des porte-avions chargés d'hélicoptères qu'il s'agissait de faire décoller au plus vite pour couler d'autres navires en évitant la chasse adverse. [...] L'homme actionnait ses deux manettes avec une frénésie invraisemblable, faisant prendre de l'altitude à son hélicoptère pour soudain, les lèvres pincées et le

> bassin se convulsant contre la machine, décharger à fond de train une salve de rayons électroniques qui faisaient exploser les bateaux [...] Il recula en me bousculant presque pour tâcher d'opposer une ultime parade à l'obus qui l'abattit en vol. (*L'Appareil-photo*, 98-99)

> J'allai regarder dehors par la vitre, commençai à dessiner pensivement des rectangles avec mon doigt sur le carreau, des rectangles superposés comme autant de cadrages différents de photos imaginaires, avec tantôt un angle très large qui découpait dans l'espace la perspective des immeubles vis-à-vis, tantôt un cadrage très serré qui isolait une seule voiture, une seule personne qui marchait sur le trottoir. (*L'Appareil-photo*, 110)

L'esthétique des images électroniques ou photographiques devient secondaire, purement fonctionnelle. Ainsi, si le type de plans, l'angle de prise de vue, le cadrage, la netteté du grain, le montage, la mise-en-scène ou autres aspects techniques deviennent aléatoires, il importe en revanche que soit maintenu un flot d'images, et surtout que le flux visuel soit répandu par une abondance d'écrans, qui vont mettre en situation lieux, objets, personnages, événements. Le personnage de Toussaint reconnaît que la télévision donne lieu à des « dérives » (54), uniformise, tue l'image originale, nuit à la création artistique (55), ou bien encore que l'esthétique des images électroniques disponibles dans les espaces publics est réduite à un statut fonctionnel. Pourtant, ce personnage, même lorsqu'il s'agit d'un spécialiste de l'analyse de peintures, est fasciné et ne peut pas se soustraire à la domination exercée par les écrans, qui mélangent images d'art et images triviales de surveillance, espaces intérieurs et espaces extérieurs. Ce qui fait désormais l'événement pour ces personnages, ce ne sont pas les images, mais plutôt l'amoncellement d'images, l'amoncellement de situations. Les images ne deviennent qu'un arrière-plan, elles deviennent aléatoires, les événements deviennent anecdotiques, tout se déroule sans continuité, mais dans la juxtaposition. Les anecdotes se suivent, souvent sans lien, tout comme les diverses émissions de télévision, qui peuvent éveiller la curiosité des téléspectateurs, mais dont la succession produit l'effet inverse dans leur esprit:

« Plutôt que d'être tenu en éveil, [...] notre esprit, [..] au lieu de mobiliser de nouveau ses forces en vue de la réflexion, les relâche au contraire et se laisse aller à un vagabondage passif au gré des images qui lui sont proposées » (25-26). Les textes de Toussaint rappellent presque les « talk-shows » qui sont des « moments de rencontre » et

> proposent des constats ponctuels, non historicisés, non mis en perspective. Comme si l'échange entre l'écran et le récepteur se résumait à des propositions d'événements dont le sens et la hiérarchie étaient à définir au cours de la diffusion elle-même. (Amiel, 40-41)

L'œuvre de Toussaint présente une crise de civilisation qui a accompagné une révolution visuelle: la télévision a transformé le régime de « visibilité » de ce qu'on montre et surtout de la manière de le montrer. Contrairement au cinéma, les images de télévision et celles des ordinateurs ou des jeux vidéo se caractérisent par leur flux ininterrompu. En outre, ces appareils de diffusion ont supplanté les anciennes médiations aussi bien culturelles (comme l'école, l'université ou le musée) que politiques (telles des associations locales ou des partis nationaux). De plus, ils ont réduit les espaces de sociabilité, en groupes, pour créer un nouvel espace, privé, dans lequel les spectateurs entretiennent une nouvelle forme de sociabilité virtuelle, avec les acteurs et présentateurs des émissions télévisées. Le plus souvent, le débat d'idées est évacué du texte. Dans les rares cas où ces institutions apparaissent, elles sont dominées par le visuel et les techniques des médias, comme le musée d'art évoqué précédemment.

Ces appareils transforment donc le monde en une image, le monde ne fait plus l'objet d'une investigation, d'une réflexion rationnelle, d'un questionnement, d'une mise en perspective ni d'une analyse politique ou historique, par exemple. Quelques objets banals et quotidiens suffisent au personnage principal de Toussaint pour activer son imaginaire, oublier le présent et son travail et se projeter dans d'autres époques, d'autres lieux, voire une réalité virtuelle, qui ne manque pas de piment. Par exemple, un des leitmotive de *La Télévision* se réfère au « travail » de recherche et d'écriture du narrateur, mais en guise de « travail » (71, 72, 73, 74, 192, 193) le narrateur ne s'adonne qu'à la rêverie, à des promenades, à des heures à la piscine ou à d'autres activités de loisirs: le travail reste au niveau de l'intention, il devient virtuel. Autre exemple de virtualité: le personnage se prend pour Charles Quint dans une peinture du Titien (51), bien qu'il n'ait pas « de gant à la main »—contrairement à l'empereur, comme il le remarque! Ce détail du gant évoque, outre le détail de la peinture, les gants sensitifs utilisés par l'opérateur de jeu vidéo pour agir dans le monde virtuel, en entrant donc dans l'écran.

Les récits de Toussaint se composent d'une suite d'anecdotes triviales, d'où est évacuée la réflexion sauf sur les appareils de transmission d'images: ainsi, le travail de recherche du professeur d'université dans *La Télévision,* qui devait porter sur les relations entre les arts et le pouvoir politique, à travers l'étude du Titien, finit par s'attacher à une anecdote apocryphe (« Charles Quint se serait baissé dans l'atelier du Titien pour ramasser un pinceau qui venait de tomber des mains du peintre », 16), si bien que la vraie problématique est évacuée et sa recherche finit par avorter. Dans *L'Appareil-photo,* l'école de conduite est tout de suite présentée comme dominée par le visuel (« Plusieurs rangées de chaises se trouvaient disposées en face d'un écran de projection », 8) et les leçons de conduite sont réduites de plus en plus au profit de pauses-café avec le moniteur; l'imagination de l'élève est beaucoup plus activée par les images d'accidents virtuels représentés sur des images du manuel ou dans le bureau que dans les heures de conduite.

Ce qui désormais fascine le personnage, c'est la surface des phénomènes, décrits mais non expliqués, dépolitisés. Le monde dans lequel il vit est un monde de transit, un lieu où le déplacement est impératif, où tout est marqué par le mouvement et la circulation. Dans *La Télévision,* même quand le « je » ne se déplace pas, la télévision offre l'idée de déplacement, de voyage, de changement, elle remplace le voyage[9]. « La télécommande à la main, je me promenais ainsi dans le grand vide sidéral et vaguement inquiétant de l'absence de programmes » (263). *Monsieur* s'ouvre sur l'installation de Monsieur dans un nouveau bureau et au cours du récit, Monsieur déménage quatre fois pour résoudre ou plutôt éviter d'être confronté à des problèmes. En outre, le manuel de cristallographie qui ponctue la narration est lui-même rattaché à cette idée de mouvement et de déplacement puisqu'il est caractérisé dans son introduction, non pas comme un traité exhaustif sur la question, mais comme une

> manière d'*itinéraire* qui, au gré de nos goûts propres, nous fera *guider* [le lecteur] [...] d'une manière que nous revendiquons: subjective. (87; c'est moi qui souligne)

L'Appareil-photo relate les allées et venues d'un personnage à Paris, Créteil, Milan, Londres, ou ailleurs, à pied, en voiture, en métro, en bateau, en train, en avion: ce personnage est perpétuellement en déplacement sans qu'on sache la plupart du temps pourquoi, ni quand; si on apprend la raison d'un déplacement, elle est tellement anodine qu'elle devient très vite secondaire, afin que le déplacement en soi prime. Les déplacements sont nombreux, mais sont la répétition du même; ils ne traduisent que la répétition d'une même expérience, la répétition d'un même espace: ce sont des non-lieux sans cesse revisités[10]. Tous les lieux sont décrits comme transitoires et la remarque faite par le personnage de *L'Appareil-photo* est tout à fait emblématique des lieux de Toussaint:

> J'avais une conscience particulièrement aiguë de cet instant comme il peut arriver quand, traversant des lieux transitoires et continûment passagers, plus aucun repère connu ne vient soutenir l'esprit. L'endroit où je me trouvais s'était peu à peu dissipé de ma conscience et je fus un instant idéalement nulle part. (102)

Dans ce monde du moment, de l'instantané, du virtuel, temps et espace sont altérés, et les frontières entre espace public et espace privé sont brouillées. Espace public et espace privé ne s'excluent plus, mais s'interpénètrent.

> Au XIXe siècle, avec la photographie et le cinéma, la vision du monde devient « objective ». On peut dire qu'aujourd'hui elle devient « téléobjective ». C'est-à-dire que la télévision et le multimédia écrasent les plans rapprochés du temps et de l'espace

> comme une photo au téléobjectif écrase l'horizon. (Virilio, *Cybermonde*, 22)

Ainsi le personnage de *La Télévision* s'identifie-t-il à Charles Quint. Il vit à Berlin et sa famille en Italie, mais il communique avec elle par téléphone. Et il comprend très bien que la télévision contrefait la notion de temps réel:

> Aucun instant ne dure... Tout finit par disparaître à jamais dans la durée... La télévision offre exactement ce qu'elle est, son immédiateté essentielle, sa superficialité en cours. (*La Télévision*, 159)

Quand le personnage survole la ville de Berlin, il le fait dans une bulle d'intimité (un petit avion de tourisme), en public. Il se déplace, en toute transparence, dans un espace privé, à travers un espace extérieur, public, ouvert. Cette situation est évidemment l'inverse du processus télévisuel, dans lequel la télévision permet l'irruption du monde extérieur dans la sphère familiale. D'ailleurs, le narrateur de *La Télévision* fait le rapprochement entre télévision et voiture (« Je regardai longuement les différents modèles de téléviseurs, noirs et gris, aux élégants reflets sombres de berlines métalliques », 262). Toussaint évoque donc les transformations, en France, dès le milieu des années 60, mais répandues seulement dans les années 70, produites par ces deux innovations technologiques qu'étaient la voiture et la télévision, qui ont réalisé un brouillage des frontières entre les espaces respectifs du privé et du public.

> L'automobile ne publicise pas le privé, pas plus que la télévision ne privatise le public. On pourrait même soutenir que c'est l'inverse qui se produit: la télévision publicise le privé, fait communiquer des intimités, se communique sur le mode de l'intime jusque dans le plus public, le discours politique. L'automobile, en sens inverse, privatise le public, anéantit la distance et l'espace de rencontre. (Roman, 44)

Un des paradoxes produit par cette confusion des espaces est que la télévision, ainsi que l'ordinateur, tout en étant constitutifs d'un espace public, favorisent le repli sur la sphère personnelle, intime. Les espaces de sociabilité, dans la sphère culturelle ou politique, en sont profondément affectés.

Le téléscopage du temps et de l'espace produit des images humoristiques. Ainsi, lorsque le narrateur rencontre une connaissance à la piscine: « nous demeurions assis là, les pieds trempant dans l'eau comme aux bains d'autrefois, côte à côte, deux sénateurs romains » (*La Télévision*, 244). Ou bien lorsque le narrateur joue avec le monde fictionnel du livre: « Il a déjà cinq ans! dis-je (c'était incroyable, ça changeait tout le temps: il n'y a pas quinze pages, il avait quatre ans et demi). (*La Télévision,* 254, ou encore 256).

Dans *La Réticence,* le temps est un leurre total puisque le livre s'ouvre sur un épisode (un chat mort qui flotte dans un port) qui semble souligner un effort de chronologie (« Ce matin » ouvre le premier paragraphe, 11), mais cet épisode va être répété à plusieurs reprises, détruisant tout semblant de chronologie. Autre exemple d'écrasement du temps et de l'espace: dans *Monsieur,* Monsieur se délecte à admirer le ciel, mais il ne se perd pas dans les profondeurs du ciel étoilé car, pour s'y repérer, il substitue au sytème grec de constellations le... réseau du métro parisien! (93).

Le monde de Toussaint aboutit à une anémisation du réel, un simulacre de réel, un réalisme de surface. Images, objets, lieux et personnages s'amoncellent, mais sont tous voués à disparaître, à être vidés de leur substance[11]. Ils fonctionnent comme des leurres et créent un effet de vide, d'autant qu'ils resurgissent plusieurs fois dans le texte, comme dans un jeu vidéo. Ils sont caractérisés par leur insignifiance: ils ne sont que des excuses à faire avancer l'écrit, le jeu, mais contribuent à la déréalisation du réel. De ce monde de surfaces, qui n'existe que par ses apparences et son immédiateté, est donc exclue la raison chez le personnage, tout autant que chez le lecteur lors d'une première lecture. En effet, pour que le lecteur adhère à ce monde dans son immédiateté, il ne peut y avoir observation scientifique ou critique, ni divertissement trop poussé, car tous deux créeraient une distance entre le personnage et le monde ou bien le lecteur et ce monde. Mais, très vite, il apparaît au lecteur que ces textes, s'ils semblent légers et superficiels, n'en sont pas pour autant insignifiants et dénués de sens.

Les personnages de Toussaint, s'ils ne connaissent ni l'anxiété, ni l'aliénation modernes, sont pourtant toujours tiraillés entre leur assujettissement à cette société contemporaine et leur quête de profondeur, leur quête de sublime. Si le personnage de *La Télévision* échoue dans sa décision de cesser de regarder la télévision, c'est en raison du décalage entre son travail et son époque. Ce chercheur en histoire de l'art devait entreprendre une étude du Titien, donc une étude sur ce que Virilio appelle une esthétique de l'apparition:

> L'esthétique de l'apparition est le propre de la sculpture et de la peinture. Les formes émergent de leurs substrats [...] et la persistance du support est l'essence de la venue de l'image. (*Cybermonde*, 23)

Or, il n'arrive pas à s'atteler à cette tâche, son étude lui échappe complètement, pris dans un espace de la fin du XXe siècle, où le temps abolit l'espace, pris dans un monde du mouvement, de la vitesse, pris dans une esthétique de la *disparition,* associée à la photographie, au cinéma, à la télévision, à l'ordinateur et aux jeux vidéo, où les choses n'existent que si elles disparaissent[12]. Ce spécialiste de l'analyse d'images picturales est déstabilisé par l'envahissement d'images d'autres sortes et surtout son expertise achoppe aux codes de ces images. Simultanément, il tente de reconquérir son espace « aboli » (Virilio) et de reprendre possession de son corps, qui redevient un corps locomoteur (il nage, se promène en ville). Il se déplace dans un véritable espace. Pendant un court laps de temps, son corps n'est plus un corps handicapé auquel il suffisait de zapper pour être satisfait (comme l'enfant à la fin du roman *La Télévision*). Afin de reprendre contact avec la société et pour échapper à l'isolement associé à la télévision et à l'ordinateur, à la distance avec les voisins qui ne sont qu'étrangers et lointains sur l'écran, il essaye de renoncer à la télévision, n'écoute pas la radio, n'a pas de voiture, « reprend langue », comme dit Virilio, en parlant avec ses voisins, et reconquiert son espace, Berlin après l'effondrement du mur. Toutefois, en redécouvrant son espace, le personnage agit tel un personnage de télévision dans un téléfilm ou une émission de « téléréalité », il « fatigue » le temps, pour reprendre l'expression du personnage de *L'Appareil-photo:* il se fait bronzer, fait des promenades en ville, rêve, s'adonne à des activités parfois teintées d'exotisme et de surprise (il survole Berlin en avion avec des amis, remplace un psychiatre dans ses fonctions professionnelles), mais finalement il échoue dans son entreprise, reste isolé, face au vide de sa vie, et surtout n'arrive plus à écrire, à travailler. Satisfaire son plaisir du moment se révèle être son seul but. Sa quête de profondeur échoue, tout comme la quête de sublime de Monsieur, dans *Monsieur*. Directeur commercial de profession, Monsieur devient à l'occasion jardinier, babysitter, professeur particulier. Mais toutes ces expériences ne sont que marginales et passagères et ne lui donnent pas l'occasion d'aboutir dans cette tentative de renouer avec le monde.

Renoncer à la télévision ou aux écrans serait renoncer à un instrument d'assujettissement et de dressage. Or, le personnage échoue. Les tentatives du personnage—même vouées à l'échec—sont pourtant des stratégies d'ébranlement de la superficialité du monde. L'effet d'étrangeté des textes de Toussaint pousse le lecteur à se poser des questions qui ne sont pas soulevées dans le texte. En fait, la superficialité de cette littérature est là pour choquer, irriter et dénoncer. Sous le masque de la superficialité, les textes de Toussaint s'érigent contre une littérature passée et dépassée et contre certains aspects de la société contemporaine. En effet, pourquoi les narrateurs de Toussaint s'associent-ils toujours avec des peintres (Rothko dans *L'Appareil-photo*, le Titien dans *La Télévision*, par exemple)? Pourquoi intituler son texte *L'Appareil-photo* alors que cet appareil n'apparaît qu'à la page 102 du roman, vingt-cinq pages avant la fin du roman et que cet « appareil-photo abandonné, un petit instamatic noir et argenté » trouvé par le narrateur sur la banquette d'un ferry ne semble qu'accessoire et anodin dans la narration? Pourquoi le narrateur de *L'Appareil-photo* fait-il un rapprochement entre la photographie et la peinture? C'est à la fois pour provoquer les lecteurs, et, en associant la littérature à d'autres arts, pour introduire un questionnement sur diverses formes de représentation de la réalité. Chez Toussaint, la photo est rejetée comme processus platement analogique: les photos d'identité dans *L'Appareil-photo* ne provoquent que déception (96-97) car elles tuent l'individu, le métamorphosent comme le signalait Barthes dans *La Chambre claire*:

> Dès que je me sens regardé par l'objectif, tout change: je me constitue en train de « poser », je me fabrique instantanément un autre corps, je me métamorphose à l'avance en image. Cette transformation est active; je sens que la Photographie crée mon corps ou le mortifie. (25)

Ce qui intéresse le personnage de *L'Appareil-photo* dans la photographie, ce n'est pas la « réalité brute et presque obscène » (120) des clichés, mais plutôt des détails, dans l'arrière-plan, qui font vaciller les photos, tel un « punctum » barthésien[13]. Ainsi, le narrateur de *L'Appareil-photo* découvre après coup que ce n'est pas le personnage du premier plan, mais plutôt la silhouette à demi effacée de son amie, à l'arrière-plan, qui l'intéresse[14]. De même, c'est au-delà des abondantes anecdotes que se révèlent les textes de Toussaint. Ils invitent à considérer autre chose que ce qui est donné à lire/voir à première vue. « La photo dit que ça ne ressemble plus à rien » (*L'Appareil-photo,* 17), telle est peut-être une clé de lecture des romans de Toussaint, qu'il s'agit de lire en y coulant un regard oblique et lucide (comme dans la caméra « lucida »). Ce n'est donc pas ce qui est évident, le superficiel, la légèreté des anecdotes qui importent, mais bien ce qui se dégage de moments à peine esquissés qui révèle le profond trouble des personnages dans la société contemporaine, en quête d'un « meilleur », en quête de nouvelles valeurs.

Dénonciation de l'âge du spectaculaire

Les personnages de Toussaint vivent à l'âge du spectaculaire, tel que décrit par Lipovetsky, « liquidant la conscience rigoriste et idéologique au profit d'une *curiosité dispersée, captée par tout et par rien* » (c'est moi qui souligne; 56). Tout et rien, ainsi peuvent être désignés leurs intérêts. Le personnage de *La Télévision* qui se distancie de son projet de recherche, ne produit pas, mais il a à séduire, en reprenant des codes diffusés par la télévision et l'ordinateur. En fait, si télévision, ordinateur, appareil-photo ne sont plus de simples instruments techniques chez Toussaint, c'est parce qu'ils signalent un dispositif complexe qui organise des modes de relations particuliers entre le personnage et les autres, entre lui et le monde. Il objectivise son expérience habituellement vécue en privé, se voit rêver, faire l'amour, se regarde sans cesse agir. En s'auto-observant, il tend à lui-même et au lecteur le miroir de son moi sinon dévalué, du moins ridiculisé. Il se dédouble quasiment. Toute expérience, toute réalité devient donc médiatisée. Sa conscience de soi devient objet.

Ayant écarté toute conscience politique, tout questionnement rationnel de son monde, le personnage est incapable de percevoir l'autre. L'individu voyeur (dans *L'Appareil-photo,* le narrateur avoue, face à une photo dérobée, être confronté « à une intimité à laquelle [il] n'aurai[t] jamais dû avoir accès », « une indécence », 119), fasciné par les images, ne voit que des images de soi. Regardant le téléviseur éteint en face de lui, le narrateur se voit:

> Moi-même, au centre de l'écran, je reconnaissais ma silhouette sombre immobile dans le canapé. (*La Télévision,* 122)

ou bien au musée

> Je rouvris les yeux, et, lorsque je posai de nouveau le regard sur l'écran du moniteur, c'est mon propre visage que je vis apparaître en reflet sur l'écran, qui se mit à surgir lentement des limbes électroniques des profondeurs du moniteur. (*La Télévision,* 237-38)

Il devient personnage de télévision, vivant dans un monde facile, où règnent indifférence et apathie. Et il affiche les valeurs promues par l'image de marque télévisuelle, à savoir « cordialité, confidences intimes, proximité, authenticité, valeurs individualistes-démocratiques par excellence, déployées à une large échelle par la consommation de masse » (Lipovetsky, 37).

Les textes de Toussaint dénoncent un monde sans épaisseur, où règnent désinvolture, atmosphère euphorique de bonne humeur et de bonheur, ainsi que le « surinvestissement liturgique du moi et l'émergence du narcissisme » (Lipovetsky). Téléviseurs, miroirs, fenêtres, photos deviennent tous des moyens de se regarder, de chercher une bonne image de soi et de produire des projections qui comblent la vie insignifiante et vide des personnages. L'auto-observation ou l'autoscopie pourtant mettent à l'épreuve leur identité, posent le problème des identifications imaginaires et idéales. L'analyse du stade du miroir par Lacan a révélé l'importance que joue la captation visuelle par l'image de son corps et la recherche narcissique d'une identification avec les autres. Ici, c'est un processus incessant, qu'ils n'arrivent pas à dépasser: les personnages se regardent, n'ont d'autre objet de désir qu'eux-mêmes, sont obsédés par les apparences, et nourrissent le rêve narcissique de gloire et de renommée. Dans *La Télévision,* le personnage s'identifie à Charles Quint ou à un metteur en scène, et se distance des autres. La vie du personnage de *La Réticence* est vide de tout événement signifiant, de toute rencontre, à tel point qu'il devient un personnage sans reflet (35, 58). Pour combler ce vide, le personnage se donne un rôle d'homme traqué, persécuté, pousuivi par un œil ou un appareil-photo (51, 56, 57), il devient le personnage d'un roman policier en construction.

Tous les personnages de Toussaint ont une forte conscience de soi, qui interdit toute spontanéité. Ils agissent comme s'ils étaient constamment observés et devaient se justifier, jouer un rôle. Ils ne croient plus dans la réalité extérieure, mais plutôt dans la médiatisation de cette réalité, le reflet dans le miroir, l'image télévisée, etc. Le monde a perdu son immédiateté. Même si les personnages exhibent leurs problèmes, avouent leurs faiblesses, dévoilent leur solitude et leur incapacité de travailler, on n'a pourtant pas pitié d'eux, car tout est fait sur le mode ludique, loin du mode réaliste. Mais, sous leur apparente vie tranquille somnole une profonde intranquillité[15].

Dans *La Télévision,* il est question de LA télévision, plutôt que de programmes de télévision—donc, il s'agit d'une généralité qui permet une réflexion plus large sur le phénomène dans notre société de consommation. Comment Toussaint dénonce-t-il les techniques télévisuelles? Comment réussit-il à créer le soupçon face à l'apparente tranquillité des personnages et leur apparente adhésion à la société? Comment fait-il de son écriture une pratique du soupçon? En évoquant de manière récurrente, dans *La Télévision* en particulier, le problème de l'écriture, pour ce professeur incapable de produire une ligne. L'écriture est présentée comme une tâche ardue, qui demande du travail. Toussaint dénonce la prétendue « inspiration » de l'écrivain et l'écriture sans travail (90). La peur de la page blanche et l'incapacité d'écrire y sont évoquées régulièrement: ce professeur se dérobe à sa tâche, les images électroniques deviennent des échappatoires, alors qu'il ne lit que rarement (mis à part les programmes de télévision, et une nouvelle de Musset, 87) et ne fait que très peu allusion à la littérature, comme l'explique Motte (523). Il va même jusqu'à se moquer des techniques de chercheurs, qui prennent des notes pour finalement ne pas les utiliser (230) ou qui justifient leur paresse en la taxant d'« ouverture d'esprit et de totale disponibilité » (89). Toussaint valorise davantage la culture populaire que la haute culture. Mais, il réussit à soulever des questions sur l'écriture de manière indirecte, en réfléchissant aux médias visuels: ces réflexions peuvent être transposées dans le domaine littéraire. Quand le narrateur discute de la composition des images télévisuelles, faites de « points », de « lignes » et de « trames » (123, 124, 125), on ne peut que faire un parallèle avec une page d'écriture: la télévision peut être comprise comme une métaphore de l'écriture. Et Toussaint va dénoncer la culture visuelle contemporaine en imitant les techniques télévisuelles, en les parodiant, et plus précisément:

—en mettant en scène, comme dans un talk-show, un personnage narcissique qui se raconte, qui révèle son moi confidentiel. Ce personnage-sans-nom et sans âge vit dans la banalité et la transparence, mais se met en scène, se fait image et devient une star (puisqu'il s'identifie à Charles Quint, puis à un metteur en scène, dans *La Télévision,* par exemple). Tous les textes utilisent le « je », ou des noms génériques (« Monsieur »), qui restent superficiels, schématiques, purement ludiques, et ne mènent à aucune identification possible. Le seul souci des personnages est de donner l'apparence de vivre au mieux dans l'instant;

—en poussant le banal, en vidant tout événement. Tout dans ses textes n'est que pseudo-événement, comme au journal télévisé qui présente des informations sous une objectivité de surface, en intensifiant l'émotion, le cliché sensationnel, et finalement vide le journal d'informations réelles. A son habitude, Toussaint accumule anecdotes, situations variées, imitant en cela le processus social de base de la société contemporaine régie par l'impératif de productivisme. Mais, à cette surproduction d'anecdotes correspond un vide de la vie et de la personne. Monde de la transparence, d'une visibilité immédiate où ne se passe rien, monde de l'immanence. « La surface, l'apparence, tel est l'espace de la séduction. Au pouvoir comme maîtrise de l'univers du sens s'oppose la séduction comme maîtrise du règne des apparences » (Baudrillard, 55);

—en imitant la juxtaposition des émissions, dénuée de liens, qui tue la réflexion, anesthésie l'esprit et pousse à la passivité. Toussaint, lui, non seulement accumule des anecdotes, sans lien logique, mais fait régner la parataxe et l'accumulation de groupes nominaux dans des listes de plusieurs pages. Dans *La Télévision,* par exemple, il est question des programmes de télévision dont l'uniformisation, et la monotonie sont reflétées dans l'emploi de phrases courtes indépendantes, répétitives, s'ouvrant chacune par « c'était » (22-25), la page devient écran. Le lecteur peut devenir consommateur, ou bien dépasser ce stade et réfléchir puisqu'avec le livre, il a le choix de s'arrêter, revenir en arrière, relire, questionner. Ou bien dans la liste de la page 224, le narrateur évoque l'enfilade de salles du musée qui lui font traverser diverses cultures et plusieurs siècles, tout comme l'avion survolant Berlin lui permettait d'évoquer des siècles d'histoire, dans une liste de monuments historiques et de repères géographiques (215-18). Toutes ces listes provoquent le lecteur et exigent de lui qu'il aille au-delà du simple plaisir de la première lecture pour comprendre qu'il s'agit d'une parodie de la télévision, qui vise à en dénoncer les techniques;

—enfin, en exagérant l'aspect humoristique, la dimension de divertissement, d'« entertainment », indispensable à la vente dans toute société de consommation. L'humour de mots, les métaphores et les tics langagiers font la force des textes de Toussaint. Dans *L'Appareil-photo,* l'humour est produit, dans des réflexions en aparté à un lecteur imaginaire, par la juxtaposition de différents niveaux de langue et des jeux de mots. Ainsi, dans ce passage:

> Je ramassai le sachet de chips.. J'en pris quelques-unes et les portai à ma bouche. Il n'y avait pas de raison de se hâter de mettre fin à cette entéléchie. (31-32)

associer la notion aristotélicienne d'entéléchie aux chips provoque le rire, de même que le calembour basé sur divers sens du mot « essence », et le rapprochement de logo et logos dans

> Une montgolfière aux armes jaunes de la Shell, par exemple. Ou de la Total, je connais pas son logo. Moi, l'essence. Quant à la quiddité, peut-on se fier au logos? » (73)

Dans *Monsieur,* ce sont des expressions de la langue parlée et des clichés interrompant et ponctuant le récit qui provoquent le rire: « pourquoi pas » (9), « les gens tout de même » (14, 23, 27), « ma foi » (10), « d'autres questions? » (22, 25), « oho, tu m'écoutes » (74). Ces expressions évoquent les « tics » de conversations quotidiennes, mais aussi le discours linéaire et parlé et le flux de paroles d'émissions télévisées. Dans ce même texte, une autre source de comique provient de jeux de mots et de jeux avec des figures de style, par exemple ici le chiasme et l'antithèse:

> Monsieur resta en l'état pendant des heures, à la bonne franquette, où l'absence de douleur était un plaisir, et celle de plaisir une douleur, supportable en sa présence. (33)

Dans *La Télévision,* l'humour réside parfois dans des jeux de mots (« Sodome et No more », 233) et le contraste d'images et de situations (163), mais surtout dans des réflexions sur le travail et sur le sexe. Le concept du travail est ici marqué par le monde des loisirs, et des médias qui glorifient le travail facile. Le chercheur de *La Télévision* définit son travail comme des rêveries. Ce voyeur est obsédé par le sexe et les images humoristiques abondent dans le domaine (32, 38, 120). Son ordinateur lui offre « le clitoris de [sa] souris (47), la bourse de recherche qu'il a obtenue lui permet de jouer sur le sens sexuel de « bourse » (53)[16]. Et, pour Toussaint qui se délecte à manipuler les mots, ce n'est certainement pas un hasard si son personnage voulait intituler son travail « Le Pinceau », dont l'étymologie (penicillus, pénis) révèle le penchant du personnage pour le sexe! Dans *La Télévision,* certaines scènes sont également hilarantes en raison des pitreries exécutées par le professeur, pitreries qui rappellent le comique de gestes de Charlie Chaplin ou Jacques

Tati[17], en particulier dans les passages du cambriolage imaginaire et des plantes des voisins. Enfin, les réflexions en aparté abondent ici aussi et confèrent au texte l'allure d'un monologue adressé à un public: « moi, les dates » (16); « comme quoi » (17), « et j'avais envie de pleurer maintenant: c'est tout moi, ça » (18), par exemple.

On pourrait reprocher à Toussaint d'avoir trouvé une formule « qui marche », qui plaît aux Editions de Minuit et qui plaît à une société allergique à la solennité du sens, société dont les industries culturelles travaillent à réduire la polysémie. Ne fait-il pas précisément ce qu'il dénonce? Son texte de 1997, *La Télévision,* même s'il est le double en longueur des textes précédents, reprend le rythme, l'organisation, les structures et les techniques langagières de ses romans précédents. Un personnage-sans-nom, « je », ou « Monsieur », se raconte. Les romans débutent par une situation initiale qui va évoluer, semble poser un problème, qui pourrait être résolu. Mais ni solution, ni résolution n'adviennent jamais. Et l'écriture est « minimaliste », on y décèle un minimalisme du contenu narratif, un minimalisme stylistique, et un minimalisme de la forme, pour reprendre les catégories expliquées par Fieke Schoots.

En fait, les textes de Toussaint reposent le problème de savoir ce qu'est la littérature. L'écriture de Toussaint relève-t-elle davantage de l'écriture de bestsellers à formule, à une époque où romans roses et policiers sont très prisés? Son écriture ébranle les consciences, montre les maladies de l'époque, sans pour autant y fournir de remèdes, et tout ceci sur le mode ludique. Il s'agit bien de littérature, car Toussaint y *dénonce* les maux contemporains par les mots et en jouant avec les mots. Et, le seul salut que Virilio propose pour ne pas succomber au monde cybernétique est de reprendre langue.

> Le salut nous viendra de l'écriture et du langage. Si nous refondons la langue, nous pourrons résister. Sinon, nous risquons de perdre la langue et l'écriture. Ensuite, en reprenant l'autre pour ne pas le perdre...Enfin, il faut reprendre monde. (*Cybermonde,* 85-86)

Là où le personnage de Toussaint échoue, Toussaint lui-même réussit, car il continue à dénoncer par l'écriture la vacuité de notre monde et le narcissisme des contemporains, leur manque de conscience de l'histoire et leur conscience « téléspectatrice ». Sa littérature signale la profonde influence des médias visuels, mais marque le triomphe de la littérature irréductible au cinéma. D'ailleurs, les romans de Toussaint feraient de piètres scénarios[18]! Dans son écriture en surface, Toussaint critique l'illusion du roman réaliste et l'assujettissement à tout modèle extérieur (en particulier au « nouveau roman », publié par la même maison d'éditions). C'est une littérature facile à lire, qui provoque le plaisir du jeu, similaire à celui ressenti en faisant des mots croisés, en jouant à un jeu vidéo, ou en regardant la télévision, mais qui provoque surtout le plaisir de la lecture. L'écriture ici n'est pas à rapprocher des montages de films à la Godard, mais plutôt du zapping, du passage d'une chaîne de télévision à une autre, d'une émission à une autre, qui finalement produit dans la tête du lecteur une histoire continue, reconstituée à partir de lambeaux variés. Et, au-delà du plaisir de la première lecture surgit le questionnement que seules les relectures rendront possible. Appareil-photo, télévision, ordinateur et jeu vidéo sont ici les signes d'une distanciation nécessaire. Ils provoquent un court-circuit dans la lecture, qui permet de révéler les parodies et les critiques.

2

Marguerite Duras, l'iconoclaste: *L'Amant* comme l'écriture de l'irreprésentable

COMME ON L'A VU DANS LE PREMIER CHAPITRE (« La société des écrans chez Jean-Philippe Toussaint »), les romans de Toussaint révèlent un monde de consommation gloutonne du visible, où les écrans se multiplient. Il y est question d'écrans qui font de moins en moins écran, au sens où ils ne marquent plus de limite ni de rupture. L'individu se mire dans les personnages de télévision ou de jeux vidéo, il s'imagine être un substitut permanent, potentiel de ces personnages qui sont « à sa place », et finit par « entrer » dans l'écran. Dans cette société des écrans, l'altérité disparaît ainsi que le rêve et l'utopie, pour laisser place à l'idolâtrie et au narcissisme.

Duras, dans *L'Amant,* participe elle aussi à la discussion sur la crise de civilisation qui accompagne celle de l'image, non pas en insérant des images dans son texte, ni en évoquant cette société des écrans, mais en se référant sans cesse à des photographies (réelles ou virtuelles)[1] et au cinéma, et en analysant l'impact des photos sur les individus. Les photographies et le cinéma se caractérisent par cette part de rêve et d'altérité absents des autres médias visuels. Duras n'oublie pas que l'image pose la question de la reconnaissance de soi, de la construction du moi, comme dans le miroir de Lacan. Comme le rappelle Pierre Legendre:

> Le miroir notifie à l'homme l'inaccessibilité de son image, par conséquent l'existence d'un ordre de la division qui sous-tend la

> relation à l'autre, à l'altérité dans son principe. La question de l'image, c'est la question de la reconnaissance de soi, c'est-à-dire de l'autre en soi. (45)

Dans *L'Amant,* Duras soulève la question de la construction de l'identité des individus, et plus spécifiquement des femmes, dans la réalité ou sur des photos ou au cinéma, et inclut, en s'inspirant de psychanalyse, une réflexion sur les réactions des spectateurs de photos. Elle souligne donc le rôle central du regard dans la construction du moi, le regard de l'autre, le regard sur soi et l'introspection.

La relation de Duras à l'image est complexe. Sa carrière cinématographique est aussi connue que sa carrière littéraire: elle a réalisé dix-neuf films[2] et son génie est reconnu dans les deux domaines: « L'originalité de Duras—elle ne la partage qu'avec Cocteau—est d'avoir, est d'*être*, un grand style en littérature *et* au cinéma » (Noguez, 9). Son goût de la médiatisation, par les journaux et la télévision, de son œuvre et de son « personnage » n'est pas un secret[3]. En 1984, elle était l'auteur français vivant le plus connu à l'étranger et certainement l'auteur contemporain dont le visage était le plus reconnu en France à la télévision, aux prises de position tonitruantes et à l'anticonformisme tapageur connus du grand public. Or, son cinéma est tout à fait singulier, non pas tant par le monde qui y est mis en scène, qui est celui de ses livres, mais plutôt par

> l'esthétique du dépouillement et du sublime, faite de longs plans fixes et de lents travellings, d'une large autonomie de la bande image et de la bande son, où la musique et la voix ont un rôle incantatoire, bref une esthétique de la litote généralisée: rien n'est jamais tout à fait joué, tout à fait donné de façon réaliste, le spectateur doit achever et *lire* le film, en relier les éléments séparés. (Noguez, 9)

Duras se méfie des images. Christiane Blot-Labarrère explique cette méfiance en affirmant que « Marguerite Duras utilise le cinéma à une fin symbolique, qui entraîne la destruction de l'image » (239) et Denes confirme que ses films imposent un regard différent, nouveau, disponible. L'image y est toujours subordonnée au texte. L'emploi des voix *off* et des silences, la longueur des plans et la lenteur du déroulement créent un climat particulier qui invite l'imagination à prendre le large. Une recherche ascétique privera progressivement le film de personnages (*Son Nom de Venise dans Calcutta désert*), puis supprimera les images jusqu'à projeter du noir sur l'écran (*L'Homme Atlantique*). (16)

On reconnaît cette méfiance des images dans *L'Amant,* entièrement écrit dans la mise à l'écart de photos, qui sont néanmoins omniprésentes.

En un siècle, la photographie a acquis le statut d'œuvre d'art et, comme d'autres arts visuels, ne peut désormais plus être séparée de la littérature, depuis *Nadja* de Breton jusqu'aux textes des années 80, qui intègrent ou font référence à la photo ou à des instruments d'optique pour s'interroger sur la relation mot-image et théoriser sur la représentation (*Instantanés* de Robbe-Grillet, *Longue Vue* de Deville, *L'Appareil-photo* de Toussaint, *L'Album d'un amateur* de Claude Simon, *La Chambre claire* ou *Roland Barthes* de Barthes, *Suzanne et Louise* ou *L'Image fantôme* de Guibert, pour n'en citer que quelques exemples).

Insérée ou évoquée dans un texte autobiographique, la photographie semble être là pour affirmer la représentation[4], pour confirmer les racines du genre dans le référentiel (Sontag 163). Elle paraît jouer le rôle de pièce à conviction dans « le pacte autobiographique » (Lejeune), confirmer qu'il y a identité entre auteur, narrateur et personnage principal du récit rétrospectif. Si on considère que *L'Amant* est une autobiographie, comme D. Denes le démontre, quel est le rôle des photos que Duras commente ou rejette—car la photo « aide à l'oubli »[5]—alors que les photos sont non seulement le moteur de toute la narration, mais aussi imprègnent l'écriture même, profondément attachée à la vue, et plus particulièrement à la photographie ou au « photographique »?

Le photographique non seulement se réfère aux photos, mais est une définition d'une manière d'être au monde, un état du regard et de la pensée, c'est un « art de la découpe et du prélèvement, de l'arrêt et de la fixation, du saisissement et de l'extraction, qui présuppose *une logique tempo-*

relle de la discontinuité et une philosophie de la contingence » (Dubois, 70 ; c'est moi qui souligne). Si l'écriture de Duras est incompatible avec la photographie, le « cliché » aux deux sens du mot, elle est profondément marquée par le regard et le processus photographique, ainsi que par un jeu entre évocation et rejet de la photographie, en un mouvement de va-et-vient, de « fort-da » fétichiste. Les photographies sont écartées du texte pour laisser se déployer l'écriture[6].

> Le cinéma le sait: il n'a jamais pu remplacer le texte. Que le texte seul est porteur indéfini d'images, il le sait. Mais il ne peut plus revenir au texte. Il ne sait plus revenir au potentiel illimité du texte, à sa prolifération illimitée d'images

insiste Duras (Païni, 35). Outre qu'elle est porteuse d'images, l'écriture de Duras est une écriture spectacle qui se donne à voir, se met en scène et se trouve à la jointure du regard et du verbal.

Duras, activiste gauchiste et communiste pendant un certain temps, participe au débat, religieux à l'origine[7], sur l'irreprésentable, sur l'idolâtrie, sur les images. Ecarter les images, c'est signaler que c'est ce qu'on ne voit pas qui a du sens. Le sens de ce qu'on voit est dans ce qu'on ne voit pas. Il est intéressant de constater que, dans *L'Amant,* Duras oscille sans cesse entre l'emploi du mot « image » et celui de « photographie », pour les problématiser. En fait, plus qu'à l'« imagon », Duras fait référence à l'« eikon », qui signale une semblance indécise et instable, une ressemblance avec une absence, une image toute d'incertitude. Pour la mère de la narratrice, la photo/l'image (imagon) devient un cliché, univoque, un bien de consommation, tandis que pour la narratrice, l'image (eikon) est un objet d'incertitude, c'est une énigme du sensible: Duras écrit donc *l'irreprésentable,* puisque son texte traduit ce que la photographie ne peut pas traduire, à savoir l'essence de son histoire, d'un individu, et donne à « voir » l'inintelligible, l'invisible, le moi profond, l'inaccessible, ce qui est caché.

Intégration et rejet de la photographie

Les photos sous-tendent toute l'écriture de *L'Amant,* mais elles en sont écartées. Le regard est ici essentiel, mais c'est un aveuglement, un « silence visuel », qui permet le dire, c'est « le manque qui génère l'écriture »[8]. En effet, le moteur de la narration est ici une photo « non prise ». Au « ça a été » barthésien, (formule que Barthes explique dans *La Chambre Claire* pour évoquer la certitude absolue que l'objet photographié a bien existé[9] : « Dans la photographie, ce que je pose [...] c'est [..] que cet objet a bien existé et qu'il a été là où je le vois », 177) s'oppose le « aurait pu être » durassien:

> une photo aurait pu être prise[...]. Mais elle ne l'a pas été. L'objet était trop mince pour la provoquer. Qui aurait pu penser à ça? Elle n'aurait pu être prise que si on avait pu préjuger de l'importance de cet événement dans ma vie, cette traversée du fleuve. Or, tandis que celle-ci s'opérait, on ignorait encore jusqu'à son existence. Dieu seul la connaissait. C'est pourquoi, cette image, elle a été omise. Elle a été oubliée. Elle n'a pas été détachée, enlevée à la somme. C'est à ce manque d'avoir été faite qu'elle doit sa vertu, celle de représenter un absolu, d'en être justement l'auteur ». (16-17)

En marge de l'histoire d'amour entre le « je » et le Chinois se dresse la photo non réalisée[10], un original invisible au lecteur, mais permanent dans la mémoire du « je ». D'ailleurs, le titre originel du texte était non pas « L'Amant », mais « La Photographie absolue »[11]. Bien qu'inexistante, cette photo non réalisée est omniprésente et génère la narration, par exemple:

> Je pense souvent à cette image que je suis seule à voir encore et dont je n'ai jamais parlé. Elle est toujours là dans le même silence, émerveillante. C'est entre toutes celle qui me plaît de moi-même, celle où je m'enchante. (9)

> C'est au cours de ce voyage que l'image se serait détachée, qu'elle aurait été enlevée à la somme. (16)

ou encore aux pages 11, 45 et 72, citées ultérieurement. L'écriture de Duras se situe donc dans le virtuel. Dans cette « image » dont elle n'a encore jamais parlé, celle de la traversée du Mékong par la petite fille, la narratrice se revoit, décrit ses vêtements de l'époque et d'ailleurs opère à la façon de Barthes en soulignant un détail qui fait vaciller l'image, tel le punctum barthésien: ce n'est pas la robe transparente et usée, ni ses chaussures à hauts talons en lamé or

> qui font ce qu'il y a d'insolite, d'inouï, ce jour-là, dans la tenue de la petite. Ce qu'il y a ce jour-là c'est que la petite porte sur la tête un chapeau d'homme aux bords plats, un feutre souple couleur bois de rose au large ruban noir.
> L'ambiguïté déterminante de l'image, elle est dans ce chapeau. (19)

Ce chapeau est en fait la métonymie du désir, cette photo non réalisée est l'image du désir:

> [Avec le chapeau] je me vois comme une autre, comme une autre serait vue, au-dehors, mise à la disposition de tous, mise à la disposition de tous les regards, mise dans la circulation des villes, des routes, du désir. Je prends le chapeau, je ne m'en sépare plus, j'ai ça, ce chapeau qui me fait tout entière à lui seul, je ne le quitte plus. (20)

Cette photo non prise aurait été celle de la traversée du fleuve par la jeune fille, c'est-à-dire symboliquement de son passage de l'enfance vers un voyage sans retour lui faisant découvrir le désir, les plaisirs sexuels, la prostitution, la mise à l'écart et finalement l'exil[12].

Le livre s'ouvre et se termine par des propos d'hommes sur la narratrice, et semble ainsi présenter les processus d'identification classiques, selon lesquels l'homme est actif et exprime son désir, tandis que la femme est l'objet du regard et du désir masculins.

> Un jour, j'étais âgée déjà, dans le hall d'un lieu public, un homme est venu vers moi. Il s'est fait connaître et il m'a dit: « Je vous connais depuis toujours. Tout le monde dit que vous étiez belle lorsque vous étiez jeune, je suis venu pour vous dire que pour moi je vous trouve plus belle maintenant que lorsque vous étiez jeune, j'aimais moins votre visage de jeune femme que celui que vous avez maintenant, dévasté ». (9)

> Il lui avait dit que c'était comme avant, qu'il l'aimait encore, qu'il ne pourrait jamais cesser de l'aimer, qu'il l'aimerait jusqu'à sa mort. (142)

La petite fille d'ailleurs en tenue de prostituée atteste de la conscience qu'elle a du regard masculin sur les femmes. D'autres personnages féminins illustrent ce processus de construction d'identité, à travers le regard et le désir des hommes, ou bien le manque de regard et de désir. Plusieurs femmes sont ainsi présentées comme des victimes des codes de beauté et comme des agents de leur propre malheur. Elles prennent d'autant plus soin de leur aspect extérieur qu'elles ne font plus l'objet des regards et sont vidées de désir. « Elles attendent. Elles s'habillent pour rien. Elles se regardent » (27).

Pourtant, très rapidement, Duras va perturber ce schéma classique d'identification. Entre le début et la fin du livre, c'est la femme qui est le personnage actif, porteur du désir, la jeune fille de l'image non prise. En outre, en portant ce chapeau d'homme, cette jeune fille se « masculinise », se travestit: elle exhibe donc des traits de masculinité que toute fille, dans le processus de formation de son identité sexuelle, apprend normalement à cacher ou effacer, bien qu'ils soient présents depuis l'enfance. La jeune fille du bac, de la photo non réalisée ne se soumet pas à la loi de la société, elle libère et exhibe son désir sexuel, qui normalement relève de l'imaginaire ou du non-dit, alors qu'ici il est activement montré en public. Elle exhibe une identité sexuelle complexe comportant du masculin (le chapeau, la ceinture) et du féminin (la robe, les souliers). Les scènes d'amour avec le Chinois ainsi que les scènes de fantasme avec Hélène Lagonelle permettent aussi de construire son identité sexuelle complexe, celle d'une hétérosexuelle, avec des désirs homosexuels et incestueux (dans son désir de voir le Chinois faire l'amour avec Hélène Lagonelle, ou bien dans le leitmotiv « C'était avec son enfant que [le Chinois] faisait l'amour chaque soir » (122, 123) par exemple). Le fait que cette photo n'ait pas été prise permet à Duras de forger un portrait féministe d'elle-même, en accord avec les thèses féministes des années 70, qui attestent du désir d'émancipation des femmes. Cette photo non prise est celle de l'affirmation du moi, de l'acceptation de son entière identité, dans toute sa complexité. Cette jeune fille à la personnalité rebelle ébranle la « loi du père », dans des actes de transgression (métaphoriquement représentée par des images de passage, le bac ou la voiture par exemple) et d'infraction aux codes que la société impose (et représentée par la mère, le frère aîné, ou l'école). La loi du désir subvertit l'ordre social et donne du pouvoir aux plus faibles (les êtres jeunes, ou déshérités, ou défavorisés, tels le Chinois, la jeune fille, Hélène ou le petit frère).

Sans être exhibées, de nombreuses photos prises par Duras ou sa famille sont sans cesse évoquées, celles de son fils à vingt ans (20-21), de la maison d'Hanoï (22), de la mère (21-22), d'elle-même petite (57). *L'Amant* est par moments un commentaire d'albums de photos de famille[13]. Des liens familiaux sont confirmés dans la ressemblance de certains personnages, tels la narratrice et son fils, dans leur maigreur et leur arrogance:

> J'ai retrouvé une photographie de mon fils à vingt ans. Il est en Californie avec ses amies Erika et Elisabeth Lennard. Il est maigre, tellement, on dirait un Ougandais blanc lui aussi. Je lui ai trouvé un sourire arrogant, un peu l'air de se moquer. Il se veut donner une image déjetée de jeune vagabond. Il se plaît ainsi, avec cette mine de pauvre, cette dégaine de jeune maigre. C'est cette photographie qui est au plus près de celle qui n'a pas été faite de la jeune fille du bac. (20–21)

Mais toutes ces photos détiennent aux yeux de la narratrice des traits négatifs et trompeurs, des marques de désespoir et de tristesse. Pourtant, les photos qui priment et dont elle ne peut pas se détacher sont celles de la mère:

> Ma mère est au centre de l'image. Je reconnais bien comme elle se tient mal, comme elle ne sourit pas, comme elle attend que la photo soit finie. A ses traits tirés, à un certain désordre de sa tenue, à la somnolence de son regard, je sais qu'il fait chaud, qu'elle est exténuée, qu'elle s'ennuie. Mais c'est à la façon dont nous sommes habillés, nous, ses enfants, comme des malheureux, que je retrouve un certain état dans lequel ma mère tombait parfois et dont déjà, à l'âge que nous avons sur la photo, nous connaissions les signes avant-coureurs, cette façon, justement, qu'elle avait, tout à coup de ne plus pouvoir nous laver, de plus nous habiller, et parfois même de ne plus nous nourrir. Ce grand découragement à vivre, ma mère le traversait chaque jour. (21-22)

L'emprise du visuel sur l'écriture de Duras va au-delà du commentaire de photos réelles ou virtuelles de personnages de sa famille ou de personnages de fiction, ainsi que le signale le leitmotiv de la « nuit du chasseur », référence à un film du même nom, de 1955, réalisé par Charles Laughton.

> Il fallait séparer ce fils des deux autres enfants. Pendant quelques années il n'a plus fait partie de la famille. C'est en son absence que la mère a acheté la concession. Terrible aventure, mais pour nous les enfants qui restaient, moins terrible que n'aurait été la présence de l'assassin des enfants de la nuit, de la nuit du chasseur. (12)

> Autour du souvenir la clarté livide de la nuit du chasseur. (67)

> Le frère aîné restera un assassin. (72)

> Et la propriété qu'elle lui a achetée près d'Amboise, dix ans d'économies. En une nuit hypothéquée. Elle paye les intérêts... Il

> a volé ma mère mourante... Il a volé Dô, les boys, mon petit frère. Moi, beaucoup. Il l'aurait vendue, elle, sa mère. (94)
>
> L'ombre d'un autre homme aussi devait passer par la chambre, celle d'un jeune assassin, mais je ne le savais pas encore. Celle d'un jeune chasseur aussi devait passer par la chambre... (122)
>
> Je m'aperçois que je ne suis plus seule depuis que j'ai quitté l'enfance, la famille du Chasseur. (126)

De nombreux parallèles peuvent être établis entre ce film et la photo virtuelle sur le fleuve, voire même le texte entier de Duras. Le film se termine par le voyage désespéré sur le Mississipi d'un jeune garçon, John, et de sa sœur, Pearl, chassés par un faux prêtre, leur beau-père, assassin de leur mère, avide de leur soutirer l'argent qu'ils ont obtenu de leur père décédé. Le meurtrier une fois arrêté, pourtant, le jeune garçon lui offrira cet argent et lui pardonnera ses crimes. Dans l'évocation de son film préféré (*Les Yeux Verts*, 95-102), Duras d'ailleurs confond les lieux et personnages du film avec l'histoire des personnages de ce qui deviendra *L'Amant*, et ce qu'elle retient, c'est le « texte », la narration, les thèmes et surtout la force du chant final du film. Nulle part elle n'évoque les techniques filmiques:

> Dans *La Nuit du chasseur*, je ne vois pas la vie créée, je vois la mort créée. Après que [le père] ait été tué, je vois, à sa place, le criminel. Je vois la mère atteinte de la même inexistence que le père, et, comme lui, tuée. Mais là, je la vois tuée par lui à force d'enfantements et de corvées, de misères. Je la vois comme non avenue... Les enfants sont très petits et la nature est immense. Ils descendent des routes, puis un fleuve. Des routes entre les rizières, des remblais, des talus. Ils descendent le Nil, le Mékong. (95)

Dans *L'Amant,* cette « nuit du chasseur » est évoquée quand il est question du frère aîné, le fils préféré de la mère, qui à ses yeux est « le plus artiste », « le plus intelligent », « le plus fin ». La narratrice l'accuse d'avoir assassiné le jeune frère (14), de dominer, maltraiter et de voler son frère et sa sœur, d'exploiter sa mère, et d'avoir violé la domestique: son portrait rappelle donc celui du beau-père du film, le meurtrier des parents, avide d'argent. Cette référence au film de Laughton permet d'illustrer la vie de la famille de la narratrice marquée par l'amour et la haine en permanence, tout comme les poings du « prêtre » du film, portant les tatouages « amour » et « haine ». Elle permet donc de souligner que *L'Amant* est autant sur l'expérience et la force de l'amour que sur celles de la haine. Le pardon accordé par le fils au meurtrier/beau-père trouve aussi son parallèle dans le pardon de la jeune fille de *L'Amant* accordé au frère aîné.

A d'autres reprises, Duras fait allusion au cinéma, mais sans jamais évoquer les images: « Je n'avais jamais vu de film avec ces Indiennes » ou « ces femmes du cinéma que je n'ai jamais vues » (23), ou encore « Le bruit de la ville est très fort, dans le souvenir il est le son d'un film mis trop haut, qui assourdit » (52). On peut se demander pourquoi Duras écarte les photos de son écriture. Dans *L'Amant,* trois raisons du rejet des photographies peuvent être décelées.

Tout d'abord, la photo est rattachée à la mort. Les photos prises qu'elle évoque sont toutes des images du monde des apparences, des présentations mortes du réel et non des re-présentations. Ce type de photo fait oublier, fixe le temps, stoppe l'imagination, aplatit la réalité, l'homogénéise, l'uniformise. La photo tue. La photo tue la vie, elle tue le souvenir, elle tue l'immortalité. Duras d'ailleurs évoque les photos que les indigènes se faisaient faire d'eux-mêmes, « quand ils voyaient que la mort approchait » (118) et note combien tous ces portraits de vieillards se ressemblaient car ils étaient retouchés. De plus, pour la mère, la photo non seulement fixe le temps, mais aussi fixe la pensée: la photo ne doit donner la possibilité ni de commentaires, ni d'interprétations diverses.

> De temps en temps ma mère décrète: demain on va chez le photographe. Elle se plaint du prix mais elle fait quand même les frais des photos de famille. Les photos, on les regarde, on ne se regarde pas mais on regarde les photographies, chacun séparément, *sans un mot de commentaire,* mais on les regarde, on se voit [...]. Une fois regardées, les photos sont rangées avec le linge dans les armoires. Ma mère nous fait photographier pour pou-

> voir nous voir, voir si nous grandissons normalement. (115; c'est moi qui souligne)

Ces anecdotes illustrent bien combien la photo peut effacer les ambiguïtés, alors que l'écriture est faite pour transcender, transposer les ambiguïtés, les contradictions, les singularités. Ecarter les photos pour Duras, c'est donc exercer un pouvoir sur son passé, être capable de le remanier, le manipuler, le dominer (« Je pense souvent à cette image que je suis *seule* à voir encore et dont je n'ai jamais parlé », 9; je souligne). Il ne s'agit donc pas pour Duras d'écrire sa biographie, de réécrire son état-civil, où il y aurait identité entre auteur/narratrice et personnage du texte. Le « je » du texte est « un(e) autre ». C'est dans la mise à l'écart de photographies que se déploie l'écriture de Duras, un aveuglement est nécessaire pour mettre en scène sa langue.

En outre, la photo est à rattacher à la relation mère-fille. Ecarter la photo est une marque d'opposition à la mère, de rejet de la mère. C'est en effet la mère qui prenait ou faisait prendre des photos. Duras s'affirme en les écartant. Pour la mère, la photo est la marque de la vie, la preuve de la croissance de ses enfants (115), le seul lien entre elle, ses enfants et sa famille, en France métropolitaine (117). La photo est pour la mère un substitut de pouvoir et de bonheur, le seul objet qu'elle soit capable de dominer et dont elle tire plaisir et fierté. Incapable de gérer son bien et d'éduquer ses enfants, elle domine la photo, quelque chose de tangible qui la rassure[14]. Pour elle, la photographie est l'enregistrement d'une réalité du monde, un substitut du réel, qui livre un « vécu », un « vu ». La photo permet de réaliser un idéal car elle confère à sa famille une unité, une image d'union et de stabilité, un semblant de bonheur. La photo sacralise la famille, alors qu'en réalité la famille est détruite ou dysfonctionnelle. Enfin, pour la mère, les photos donnent lieu à un discours linéaire, détaché, sur le passé, elles sont la marque d'une évolution chronologique (la croissance de ses enfants) et les jalons d'une narration cohérente sur la famille.

> Elle compare les photos entre elles, elle parle de la croissance de chacun. Personne ne lui répond. (115)

Ainsi, pour Duras, la photo n'est donc pas une activité simple, elle est à rattacher à sa relation haineuse à sa mère, à leur incompréhension mutuelle. C'est dans ce rejet de la photo, motivé par le rejet de la mère, que s'exhibe l'écriture de Duras. Si, pour la mère, la mémoire, le faire et le dire passent par la photo, pour Duras, tout passe par le regard et l'écriture. Très jeune, la narratrice en a conscience, très jeune elle a la certitude qu'elle écrira (29, 31, 93), même si la mère s'y oppose. Ecrire, c'est aussi s'affirmer en opposition à la mère (« Je veux écrire... [Ma mère] est contre, ce n'est pas méritant, ce n'est pas du travail, c'est une blague, ... une idée d'enfant », 29). A l'inverse de la photo, le regard n'était pas autorisé dans la famille (« Non seulement on ne se parle pas mais on ne se regarde pas », 69). Tout ce texte est donc marqué par un double rejet de l'emprise familiale, ou plus spécifiquement maternelle, dans son refus des photos et son ouverture au regard (« Quinze ans et demi. Tout est là et rien n'est encore joué, je le vois dans les yeux, tout est déjà dans les yeux. Je veux écrire », 29).

Enfin, l'oscillation entre les signifiés « image » et « photo » signale aussi une réflexion sur la langue. L'« image » est associée au thème du miroir et au processus d'identification du moi. « Image » peut signifier une photo réalisée, par et pour la mère par exemple, ou bien une image mentale, un souvenir, tel celui de la jeune fille sur le bac, ou bien encore une scène imaginaire, telle à la page 99, quand la narratrice pense à son frère aîné, uni pour l'éternité à la mère dans la même tombe: « l'image est d'une intolérable splendeur ». Ou enfin, un mélange de souvenirs et de scènes imaginaires: ainsi l'image du bac, non prise, devient-elle le lieu d'une catharsis ou d'une sublimation et finit par jouer le rôle de métaphore du livre entier.

Pour Duras, il s'agit de résister à la « langue du père » du « symbolique » lacanien, en laissant évoluer le regard, comme le souligne l'accumulation obsessive des mots « voir », « image » et « regarder » dans ce texte. La photographie absente devient une obsession imprimée dans la mémoire de la narratrice et répétée dans le texte. Une photographie de la petite fille sur le bac aurait été trop réductrice, en particulier trop réductrice de l'excentricité de ce personnage. Cette petite fille, elle est irreprésentable, mais c'est cette irreprésentabilité que l'écriture peut traduire.

Écriture photographique

C'est donc dans l'évocation du spectacle, mais aussi le manque de spectacle, dans un au-delà de la photo, dans le hors-champ que se déploie l'écriture, ainsi que dans le hors temps et le hors texte. Son écriture ouvre un éventail infini de temps, au-delà de la saisie (potentielle) d'une photo, pour livrer non pas le « vu », mais le voir, pour non pas exhiber un moment immobile, mais diverses pistes de temps et d'espaces, pour ouvrir non pas un discours linéaire, mais divers parcours et expériences tout en ruptures, répétitions, renouvellements et questionnements. Plutôt qu'à la photographie, Duras fait appel au photographique, qui dépasse le rapport à la photographie, pour être une manière de voir, tout autant qu'un mode de pensée, un mode d'écriture/lecture. Le photographique est une démarche qui découpe et fige temps et objets pour les rendre disponibles à l'analyse; il permet à l'esprit de s'arrêter, au sujet de s'investir dans le corps de l'image/du texte. Comment cette écriture est-elle sous le signe du photographique?

D'une part, le texte opère non dans une logique rationnelle de cause à effet, mais dans une logique d'associations d'images et d'associations d'idées; Duras opère par digressions. Un détail, un mot, une idée, une image en évoque un(e) autre si bien que l'écriture se déploie sans centre, non pas linéairement, mais d'image en image, rattachées entre elles par un lien métonymique, qu'il revient au lecteur de découvrir:

> L'histoire de ma vie n'existe pas. Ça n'existe pas, il n'y a jamais de centre. Pas de chemin, pas de ligne. (14)

De même que la photo de la fille sur le bac n'a pas existé, la biographie est marquée par l'absence et la négation, ou le négatif de la photo jamais développée, une image interne non révélée en surface. Pour parler d'elle, Duras parle des autres, et de lieux[15]. Son texte est étoilé, comme le sujet est scindé, non unifié, mais multiplié dans la mouvance des signifiants. Ici, pas de chronologie, ni de lieu unifié, on passe de l'Indochine à la France, de Duras enfant à Duras en 1984, de la fille aux deux frères, de la mère au Chinois, du visage de la narratrice âgée à sa jeunesse en Indochine, sans autre forme de procès. Les lieux sont décrits avec précision, mais mêlés entre eux jusqu'à perdre leur réalité et même se confondre ou se recouvrir, pour devenir des espaces hors géographie[16]. Son texte est sous le signe de l'éclatement, de la dispersion et de la discontinuité. L'écriture est un lieu où les images resurgissent, rappelées à l'esprit par un déclic, déclic visuel d'images enfouies et déclic sonore des signifiants. Ainsi, comment passer, à la page 50, de l'évocation du corps du Chinois et de l'acte sexuel, à celle de la mer, puis à celle de la photo non prise, ensuite de la mère-enfant pour revenir à l'évocation de la perte de la virginité? En fait, un des liens qui rattachent ces images est l'expérience de la jouissance, rapprochant les signifiants « l'amant », « l'amour », « la mer » et « la mère ». Ou bien, autre exemple, ce livre dédié à « l'amant » est tout autant sur l'amant que sur « maman », sur la mère. Ce rapprochement fait entre l'amant et la mère, amorcé dans un jeu de signifiants dans le titre, est repris à la page 50, dans l'exemple cité précédemment, puis encore aux pages 56-59, dans des pages sur l'amour avec le Chinois dans la chambre, qui se terminent sur la mère.

> Les baisers sur le corps font pleurer. On dirait qu'ils consolent. Dans la famille je ne pleure pas. Ce jour-là dans cette chambre les larmes consolent du passé et de l'avenir aussi. Je lui dis que de ma mère une fois je me séparerai, que même pour ma mère une fois je n'aurais plus d'amour. Je pleure. Il met sa tête sur moi et il pleure de me voir pleurer. Je lui dis que dans mon enfance le malheur de ma mère a occupé le lieu du rêve. Que le rêve c'était ma mère et jamais les arbres de Noël, toujours elle seulement, qu'elle soit la mère écorchée vive de la misère ou qu'elle soit celle dans tous ses états qui parle dans le désert…

Et surtout aux pages 112-19 entièrement consacrées à la mère

> La mère est ivre de joie quand elle parle de ses enfants. (112)

> La mère parle, parle. Elle parle de la prostitution éclatante et elle rit, du scandale… (113)

> Quand elle a vu le diamant elle a dit d'une petite voix: ça me rappelle un petit solitaire que j'ai eu aux fiançailles avec mon premier mari. (113)
>
> Mystérieusement ma mère montre les photographies de ses enfants à sa famille pendant ses congés. (117)

suivies de pages totalement réservées au Chinois (119-24), qui culminent dans la formule « ainsi j'étais devenue son enfant.... J'étais devenue son enfant » (122). La confusion des personnages de l'amant et de maman est réalisée.

> Il la prend comme il prendrait son enfant. Il prendrait son enfant de même. Il joue avec le corps de son enfant, il le retourne, il s'en recouvre le visage, la bouche, les yeux. (123)

Ou bien encore, tout le texte est construit autour de répétitions de thèmes et de phrases (la traversée du fleuve[17], le passage du bac sur le Mékong[18], le chapeau[19], la robe, Hélène, l'image, le regard et regarder, le Chinois, les frères, la mère, la peur et la folie, la haine et le dégoût, le désir et la jouissance, ou encore l'abject et la difficulté de manger). Ces thèmes et phrases apparaissent et disparaissent, avant de revenir, en un mouvement de vagues, ou de va-et-vient, faisant resurgir et répéter des événements, détruisant toute chronologie, suspendus donc hors du temps. Le texte de Duras ne tend pas à reconstruire le passé d'une jeune fille, de manière chronologique, ni à dire la vérité sur sa biographie, ni à retracer un parcours linéaire comme le susciteraient les photos de la mère et pour la mère, mais plutôt à traduire son parcours et ses expériences, qui s'expriment dans un acte d'écriture qu'est le livre, une écriture qui—comme cette jeune fille—met au jour des essais, des expériences, des ruptures et des renouvellements. Le texte est dominé par le présent de l'écriture

> Je pense souvent à cette image. (9)

Je suis dans une pension d'Etat à Saigon. Je dors et je mange là. (11)

C'est un an et demi après cette rencontre que ma mère rentre en France avec nous. (36)

Il paye. Il compte l'argent. (64)

Il la prend comme il prendrait son enfant. (123)

C'est à travers les répétitions de phrases, de thèmes et d'événements libérés de leur chronologie que Duras arrive à traduire les joies et les souffrances, les drames et les tragédies de la vie de cette jeune fille et de sa famille, donc à exprimer d'intenses émotions.

En outre, le texte de Duras n'est pas une narration qui progresse constamment, de manière continue, c'est un texte fragmenté, parcellaire, reprenant le rythme et la démarche d'un parcours de photographe, de prise de vue en prise de vue, traduisant son regard qui traverse la surface des apparences les plus triviales et rend l'immédiateté de ses expériences. L'écriture de Duras est morcelée, fragmentée à l'image de sa mémoire, fragmentée à l'image de soi. Elle est constituée de fragments de diverses époques, de divers lieux, de diverses expériences, rattachés entre eux non par un fil conducteur extérieur et linéaire, mais par un élément intérieur, par le vécu, l'intimité de l'expérience, au rythme de souvenirs qui resurgissent. Presque chaque page est découpée en une dentelle de paragraphes. Le texte de Duras est un collage, un bric-collage qu'il faut parcourir dans tous les sens, comme le requièrent les photos d'art du XXe siècle qui cherchent à multiplier les points de vue, à détruire le code analogique—principe fondateur de l'art photographique—et s'intéressent à tout écart, toute distorsion de la copie nette mécanique, à savoir le flou, le bougé, les photos fantômes, les photos montages. Duras ne recherche ni la vérité, ni la validité. Elle tente de s'écrire, d'écrire son corps: écrire est une activité physique, sonore, spatiale et visuelle pour faire primer les mots. Et si Duras se réfère à la photographie/au photographique et non pas aux autres technologies de l'image plus récentes (télévision, vidéo, ou ordinateur), c'est que, dans ces autres médias, l'image est de plus en plus immatérielle, insaisissable, décorporéisée, alors que la photographie est peut-être la dernière image où il reste du corps, et surtout qui permet le rêve et autant l'identification que la distanciation.

Enfin, ces photos réalisées ou non, mais omniprésentes, produisent une distanciation du « je » de la narratrice de sa propre narration, qui la fait vaciller entre plusieurs pronoms et autres déterminants. Mais comment et pourquoi combiner des pronoms comme « je », qui, selon Benveniste (252), se réfère à une « réalité de discours », ne « peut être identifié que par l'instance de discours qui le contient », et « il » (ou « elle »), ce pronom qui est une « non-personne » et n'est « jamais réflexive de l'instance de discours » (256)? Duras s'éparpille entre « je », « elle », « la petite », « la petite prostituée blanche », « l'enfant ». « Je », Marguerite jeune est regardée et définie par Marguerite âgée, écrivain, mais aussi par la mère, les frères, le Chinois, la directrice du lycée, le voisinage, dont elle rapporte les propos, et les lecteurs-spectateurs. Cette relation avec le Chinois multiplie les facettes de sa personnalité et les regards posés sur elle. D'enfant, elle devient femme désirable et désirée, fille et sœur enviée et rejetée, exploitée, élève manipulatrice, ou encore femme qui se donne à voir et est autant une présence attirante, exhibée pour le regard et le plaisir de l'homme, mais aussi une présence menaçante, une source possible d'angoisse. Cette multitude de regards posés sur elle renforce l'image du rejet, d'une distanciation, mais aussi du désir, qui passe par l'autre. En variant les déterminants, Duras se fait tour à tour actrice, auteur, narratrice, mais également spectatrice et metteur en scène de son écriture. Elle varie les points de vue, change la position du regard sur elle-même, efface ou introduit une certaine distance de la petite fille et ainsi oblige le lecteur à changer aussi de point de vue, tout en imitant—dans une certaine mesure—la manière vietnamienne d'identifier les individus non par leur nom, mais par leurs relations familiales, puisqu'on sait que, enfant, Duras parlait le vietnamien[20]. Varier les pronoms, c'est aussi affirmer que l'être humain est toujours divisé, dispersé, scindé, à la fois structuré et aliéné par la langue. Le texte, dans son éparpillement, mime, photographie cet éparpillement du sujet, la diffraction du sujet. Au lieu d'assumer la formule « moi, je » du symbolique lacanien, Duras y résiste et l'ébranle avec des

« moi, nous » et « moi, elle » par exemple. Elle recrée donc le stade du miroir, nie la « langue du père » de Lacan, invente une nouvelle structure spéculaire pour créer un lieu de la diffraction, et non de l'unité. Ces diverses identités ouvrent aussi aux lecteurs une possibilité d'identifications multiples, au lieu d'un schéma d'adhésion immédiate à l'héroïne ou de rejet, qui tous définiront son profil. Ils signalent que l'identité se constitue à travers un mécanisme complexe: la différence des rôles sociaux (le masculin/le féminin) ne se confond pas avec la différence des sexes (homme/femme). Les personnages autant que les lecteurs n'ont pas une identité monolithique, le texte de Duras illustre la complexité des processus d'identification. Enfin, ce passage d'un pronom/déterminant à l'autre, ce mouvement de va-et-vient confère à l'écriture une dimension très sensuelle, très érotique (qui rappelle le mouvement du « fort-da »), mais aussi théâtrale, de séduction et d'évasion. L'écriture oscille entre révélation et mystère, dévoilement et secret.

Duras illustre divers plaisirs liés à la vision, à la vue ainsi que divers processus d'identification qu'évoque l'article de Laura Mulvey, « Visual Pleasure and Narrative Cinema ». L'élan qui pousse à se reconnaître soi-même dans des images et à s'identifier avec l'objet de l'image (le narcissisme) opère parallèlement à et est renforcé par des désirs de possession (le voyeurisme). Le narcissisme est lié à la présence d'un objet/sujet sur l'écran/l'image comme source d'identification et requiert, de la part de l'individu, qui est séduit par et s'identifie avec l'objet/le sujet, la fusion avec la réalité sur l'écran/l'image, et son idéalisation. Tel est le cas de la mère qui veut laisser à la postérité son portrait remanié (et non son image de femme déprimée et abattue). En revanche, le voyeurisme est lié à la présence d'un objet comme source d'excitation, mais nécessite chez l'individu spectateur une séparation de la réalité qu'il désire. Le spectateur veut quelque chose qui est et reste à l'écran ou sur la photo. Les images associées à Hélène Lagonelle, et à son corps désiré mais interdit, illustre ce plaisir voyeuriste. Et la photo non prise peut fonctionner des deux manières. Duras fait en littérature ce que Mulvey prônait pour le cinéma: elle illustre le rôle central du regard, mais détruit cette littérature qui attribue la possession du regard à l'homme (qu'il soit personnage central ou spectateur) et dévalorise la femme, réduite à une icône qu'il s'agirait de contempler. En montrant différents points de vue sur un même personnage, Duras explique comment le regard agit différemment, pour qui, et contre qui. En outre, l'identification du lecteur n'est plus canalisée dans un seul sens: plusieurs options lui sont ouvertes. Et surtout le mécanisme de la fascination est détruit, aussi bien celle qui passe par le voyeurisme et le sadisme, que celle qui s'appuie sur le fétichisme ou le narcissisme. Duras met tout en place pour ébranler les traditionnelles hiérarchies entre les sexes. Pourtant, tout n'est que jeu, car même si Duras multiplie les points de vue, les divers portraits sont bien manipulés par le regard central de la jeune fille, devenue vieille femme. Ce qui prime n'est pas la véracité des faits, mais plutôt le jeu de l'écriture.

De concert avec ces multiples déterminants, le présent est le temps privilégié, ce qui permet de généraliser, d'universaliser une expérience individuelle: toute distinction passé-présent est effacée et Duras peut s'associer à d'autres femmes (les Indiennes aux longues tresses dans les films, Hélène Lagonelle, Bettie et la femme du vice-consul), au désir qu'elles évoquent, à leur mystère, leur beauté, leurs passions, mais aussi à leur silence et leur absence.

Au lieu de nous livrer le « vu » de l'image photographique, Duras nous livre le « voir » et travaille contre la cristallisation du temps de la photographie pour permettre à la pensée et aux désirs d'évoluer. Le temps chronologique disparaît, le passé devient futur ou conditionnel[21], le présent domine, le présent devient le futur du passé, comme le soulignent ces passages sur l'image non prise, qui n'est pas associée à un instant figé, mais s'étend dans le temps pour devenir synonyme d'une période, associée à de nombreux lieux et personnages:

> L'image dure pendant toute la traversée du fleuve. (11)

> L'image commence bien avant qu'il ait abordé l'enfant blanche près du bastingage, au moment où il est descendu de la limousine noire. (45)

> A cette époque-là, de Cholen, de l'image, de l'amant, ma mère a un sursaut de folie. (72)

Le photographique s'inscrit aussi dans la langue de Duras et son style, qui s'imposent dans leur hétérogénéité, refusant toute norme littéraire. L'aspect discontinu et contingent de la narration va de pair avec un rejet des normes d'un genre spécifique et surtout d'une langue littéraire. L'écriture ici se caractérise par un jeu où se mélangent fiction et autobiographie, roman et journal intime avec anecdotes et souvenirs personnels, bribes de conversations entre amis, passages poétiques, commentaires de photos, rapports journalistiques et scénario d'un film. Domaine public et domaine privé s'y mêlent ainsi que les tons tour à tour sarcastique[22], tragique[23], comique[24], polémique[25] ou lyrique[26]. Dans ce même registre, il faut aussi noter l'attention apportée parfois au vocabulaire: ainsi Duras emploie-t-elle de très nombreux mots avec le préfixe « dé », tels déshonorée, déployée, désespérée, dévasté, détruit, défigurée. Quelques passages littéraires, simples et brefs alternent avec de nombreux passages qui se distinguent par une langue orale à même de traduire l'immédiateté et l'inéluctabilité des événements et des expériences, ainsi que l'intensité des émotions. La correction de la langue y est parfois sacrifiée: ainsi, des fautes de grammaire frappent (Par exemple pages 12: « pour nous les enfants qui restaient »; 20: « Pour les chaussures, [...]. Ils contredisent le chapeau. »; 31: « C'est pas ses fils qui sont les premiers en français »; 35: « on a appris rien »; 38: « j'en écris si facile d'elle »), ainsi que de multiples emplois de « ça »[27], l'usage de mots familiers tels « des fois » (134) ou « saloperies » (13), du passé surcomposé ou encore l'emploi incongru du passif (« Et puis enfin l'espoir a été renoncé », 70), l'omission répétée des virgules, l'ellipse de verbes (11, 14), ou bien encore des démantèlements de syntaxe[28] ou des lourdeurs ou maladresses de syntaxe[29]. Accumulations et listes[30], répétitions de mots[31] et d'événements, amplification et ellipses lexicales confèrent au texte une tension mélodramatique caractéristique plutôt d'une harangue que d'un roman ou d'une autobiographie. D'ailleurs, les expressions « Que je vous dise encore/aussi » (11, 94), « regardez-moi » (24) semblent signaler que la narratrice s'adresse directement à un public, pour lui transmettre la violence insoutenable de certaines émotions et expériences.

Les photos servent de repoussoir et ouvrent un champ d'expérimentation: un champ d'expérimentation de l'identité d'un individu, et d'un certain affranchissement ou d'une remise en question des codes classiques de la société, tout autant qu'un champ d'expérimentation de l'écriture qui perturbe la notion de genre, mine toute convention littéraire et perturbe la langue littéraire. L'absence d'image permet à Duras de visualiser un corps fantasmatique, halluciné, dans l'imaginaire de la narratrice autant que dans celui des lecteurs, et de le réinterpréter symboliquement à travers des représentations de l'ordre du language. Duras ne s'attache pas au monde des apparences, son écriture veut traduire l'immédiateté, l'instantanéité, mais aussi et surtout une crudité et une vérité effacées dans les photos d'amateur. *L'Amant* oscille entre dévoilement et camouflage, révélation et distanciation. Comme le suggère l'emploi de divers pronoms dans le texte et de l'article défini dans le titre (*L'Amant*), ce texte est une légende dans les deux sens du mot: légende de photos réelles et imaginaires, et légende-mythe.

3

Mémoire et oubli: entre l'effacement et l'ineffaçable dans *Une Femme* et *Journal du dehors* d'Annie Ernaux

EN QUOI LA PRISE DE CONSCIENCE de la mémoire modifie-t-elle l'écriture littéraire? *Une Femme* et *Journal du dehors* d'Annie Ernaux paraissent à une époque marquée par l'irruption de la mémoire, la montée en puissance de ses expressions et revendications, qui influencent l'écriture de l'histoire et la littérature. Les trois tomes de *Temps et Récit*, publiés entre 1983 et 1985 par Paul Ricoeur, ont ouvert des réflexions sur le travail de l'historien et des questions sur l'intention de vérité, à la base de la discipline qu'est l'histoire. Ricoeur analyse aussi l'expérience du temps et l'opération narrative, rendant parentes l'histoire et la fiction. Il prolonge cette réflexion dans son livre *La Mémoire, l'Histoire, l'Oubli*, paru en 2000. Cette approche philosophique est contrebalancée par le travail de l'historien Pierre Nora, *Les Lieux de mémoire*, parus en sept volumes entre 1984 et 1992, qui sont une histoire de France par la mémoire. L'histoire se construit et se reconstruit avec des morceaux de mémoire et d'oubli, de découverte et de perte. L'exercice de la mémoire n'est pas seulement mémorialiste, il est inventif et caractérise non seulement l'histoire, mais aussi nombre d'œuvres littéraires des années 80, telles *Quartier perdu* de Patrick Modiano, 1984, *La Goutte d'or* de Michel Tournier, 1985, *La Montagne blanche* de Jorge Semprun, 1986, ou d'œuvres cinématographiques, telles *Rue Cases-Nègres* d'Euzhan Palcy (1983), *Shoah* de

Claude Lanzmann (1985), *Au Revoir les enfants* de Louis Malle (1987), *Camille Claudel* de Bruno Nuytten (1988). Ernaux, quant à elle, reconstitue son passé familial, et au-delà de l'histoire familiale, retrace l'histoire de la classe ouvrière d'une ville, d'une région, voire même de la France. Issue d'un milieu « du silence » (« Ma mère n'a pas d'histoire », *Une Femme*, 22), Ernaux fait fonctionner sa mémoire, lutte contre l'oubli et redonne à ses parents la parole qu'ils n'avaient jamais osé prendre. Elle explique elle-même que ce qu'elle recherche, ce n'est pas le « beau », « l'esthétisation »; ce qui est en jeu pour elle c'est « l'exigence de vérité. Forcément, cela ne va pas sans une recherche des mots » (Fort, 992).

Dans les premiers textes d'Ernaux, la mémoire s'inscrivait dans sa recherche d'une langue, à la syntaxe simple, mélange de patois normand et de français vulgaire, et dans son écriture du cri, de la colère et de la douleur[1]. Pourtant, comme le remarque E. Fallaize[2], les jeux de mots et les différences de niveaux de langue sont remplacés par un style contrôlé et sobre dans ses textes ultérieurs à *Les Armoires vides, Ce qu'ils disent ou rien*, et *La femme gelée*. De son côté, C. Fau signale que dans *Une Femme*,

> l'écriture est devenue [...] le moyen de résoudre le problème d'un langage divisé entre les mots bourgeois écrits et les paroles des parents. Par l'écriture, qui lui permet de retrouver un langage « vrai »—langage direct et sans ambiguïté, langage du corps aussi, ni tout à fait celui des parents, ni tout à fait celui des bourgeois, ni celui des hommes—elle a conquis un espace de liberté. (511)

Qu'est-ce qui caractérise *Une Femme* et *Journal du dehors*? Ces deux récits peuvent être compris comme des reconstitutions de la mémoire individuelle de la mère de la narratrice (pour *Une Femme*) et de la mémoire collective de la classe ouvrière en France (pour *Journal du dehors*). Or, ces deux textes se distinguent par leur prolifération de petits paragraphes séparés de blancs ostentatoires. A quoi mène cet émiettement du texte? En fait, la parcellisation révèle une stratégie de domination. Ernaux explique que les blancs sont essentiels:

> Les blancs sont des plages, des espaces qui s'ouvrent dans une écriture que je sens moi-même comme très dense, à la limite de la violence. [...] Les blancs permettent, comme dans la poésie (le verset), surtout moderne, de ne pas faire de transitions, de relations causales, à la fois de juxtaposer et de détacher des visions, de donner toute leur importance à des détails, de faire des inventaires... (Fort, 990)

L'utilisation de ces blancs va, en réalité, au-delà de ces buts qu'explique l'auteur. Ils participent, dans *Une Femme* et *Journal du dehors*, d'une construction dialectique qui signale une lutte entre mémoire et amnésie/oubli. Les blancs et les fragments relèvent donc d'une mise en scène et d'une tactique. L'écriture « ajourée » semble concilier parole et silence ou oubli et permettre à la narratrice de contrôler sa vie, tout en y inscrivant son passé et sa communauté. Alors que *Une Femme* donne la parole et fait une place à la mère morte de la narratrice, *Journal du dehors* fait une place aux vivants, mais les deux démarches se complètent et sont identiques: elles relèvent d'un travail de mémoire, fondé sur la connaissance du passé et la connaissance d'une communauté.

Construction de la mémoire: les traces et l'oubli

Le lien entre *Une Femme* et *Journal du dehors* est une pratique de la mémoire en deux volets: d'une part, on y suit la quête de mémoire et le retour des souvenirs, c'est-à-dire le surgissement du passé et le travail de l'anamnèse et, d'autre part, la constitution d'une mémoire individuelle (rapportée à la conscience, à la connaissance intime) et d'une mémoire collective de la communauté ouvrière, depuis la seconde guerre mondiale jusque dans les années 80. Cette mémoire collective s'étaye sur le portrait de la mère et de la famille proche d'Ernaux, ainsi que sur des activités partagées par des individus et des groupes de banlieusards. *Une Femme* dépeint et donne la parole à la famille de la narratrice et critique son ex-belle famille bourgeoise tandis que *Journal du dehors* met en scène des gens anonymes de la classe ouvrière, dont les habitudes et réactions contrastent avec celles de la bourgeoisie[3]. Ainsi, la famille de la narratrice et les personnes de la classe ouvrière jouent-elles un rôle premier dans les textes d'Ernaux, rôle qui leur était refusé dans la vie. En sauvant de l'oubli le passé familial et le présent routinier des banlieusards, Ernaux constitue une série de références identitaires du groupe ouvriers/employés. Elle fait un portrait de cette classe à un moment d'accélération de l'histoire, c'est-à-dire d'un basculement de toutes choses de plus en plus rapide. Elle se fait une obligation de se souvenir et de témoigner (en accumulant des traces) de ce que sa famille et sa classe d'origine ont été et sont, et bientôt auront été, pour lutter contre l'oubli de cette classe. Connaître et dire son passé ne vont pas lui permettre de préparer son avenir à elle, mais au contraire permet à son présent d'être plein, d'être présent à lui-même. C'est pourquoi elle affirme vouloir « dire sa propre histoire », et « retourner au réel »[4].

Mais comment distinguer la connaissance sûre et contrôlée du passé que prétendent construire les acteurs du monde social, tels les historiens ou les juges, et d'autres formes de relation au passé, telles la fiction, fondée sur des souvenirs et la commémoration? Pour l'écriture de l'histoire, Ricœur fait un « plaidoyer pour la mémoire comme matrice de l'histoire » (106). Si, pour Ernaux, il ne s'agit pas de mener à bien les opérations constitutives de l'historiographie, comme l'archivation et l'explication du passé (Ricoeur, 171), elle s'approprie néanmoins certaines techniques de la preuve historique. La manière dont elle caractérise ses deux textes ne laissent aucun doute sur son entreprise:

> Ceci n'est pas une biographie, ni un roman naturellement, peut-être quelque chose entre la littérature, la sociologie et l'histoire. Il fallait que ma mère, née dans un milieu dominé, dont elle a voulu sortir, devienne histoire, pour que je me sente moins seule et factice dans le monde dominant des mots et des idées où, selon son désir, je suis passée. (*Une Femme*, 106)

> Juste des instants, des rencontres. De l'ethnotexte. (*Journal du dehors*, 65)

> C'est donc au-dehors, dans les passagers du métro ou du R.E.R., les gens qui empruntent l'escalator des Galeries Lafayette et d'Auchan, qu'est déposée mon existence passée. Dans des individus anonymes qui ne soupçonnent pas qu'ils détiennent une part de mon histoire, dans des visages, des corps, que je ne revois jamais. Sans doute suis-je moi-même, dans la foule des rues et des magasins, porteuse de la vie des autres. (*Journal du dehors*, 106-7)

Un des mérites des textes d'Ernaux est de montrer les liens entre l'écriture de l'histoire et la fiction, en les considérant toutes deux comme des quêtes de la vérité.

> Il est clair qu'écrire est pour moi une activité qui a pour finalité une action sur le monde. Non pas enchanter les lecteurs, les transporter dans un univers insolite, inquiétant ou heureux, mais, je crois [...] entraîner le lecteur dans 'l'effarement du réel.' Faire voir ce qu'on ne voyait pas et que moi-même je ne voyais pas avant d'écrire, dont l'impact réel m'échappe aussi. Mais l'important, c'est d'essayer d'apporter un peu plus de vérité et de choisir, même dans l'écriture littéraire, les « moyens » les plus sûrs pour atteindre cette vérité. (Fort, 987-88)

Ernaux va même jusqu'à se qualifier d'« archiviste » (« Ce savoir, transmis de mère en fille pendant des siècles, s'arrête à moi qui n'en suis plus que l'archiviste », *Une Femme*, 26) et utiliser des documents et techniques d'investigation traditionnels de la construction historique, par exemple des témoignages, la réminiscence, des photos, des coupures de presse, des entretiens avec la mère ou d'autres.

A titre d'exemples de *documents* (qu'il s'agisse de textes écrits, tels des archives, ou bien de lieux, de fêtes ou autres événements), dans *Une Femme*, il est question de l'administration de l'état civil qui réduit la vie des êtres humains à des dates dans un « dossier », et les dépersonnalise (12-13); ou bien, à l'hôpital, de la « fiche d'inventaire » des effets personnels de la mère (13). Plusieurs dates et lieux situent l'histoire de la famille maternelle en Normandie, à Yvetot, où le « grand-père était charretier dans une ferme » et la « grand-mère, tisserande à domicile » (24). La « mère est née là, en 1906 » (24). Quant aux parents de la narratrice, « en 1931, ils ont acheté à crédit un débit de boissons et d'alimentation à Lillebonne, une cité ouvrière de 7 000 habitants » (39). De nombreux magasins de l'époque sont évoqués (le « Printemps », « les Nouvelles Galeries », 56). *Journal du dehors* s'ouvre sur l'évocation de trois éléments stéréotypés d'un monde fragmenté qui traduisent le *Zeitgeist* de la France des années 80-90 (un parking, une gare, la démence) et s'achève sur l'évocation de ces lieux et êtres de passage, caractérisés par leur anonymat. Les magasins (« Super-M », 13; « Franprix », 11, 16; « La Samaritaine », 17, dans le centre commercial de banlieue, contrastent avec les magasins de luxe tels « Hédiard », 32, 75, ou les « Comptoirs de la Tour d'Argent » à Paris, 67), le R.E.R., ainsi que le métro parisien, servent de repères et de cadres-leitmotive aux saynètes, année après année. Le discours du « président de la République » à la télévision (39-40) traduit le décalage entre la réalité imaginée par un président socialiste, Mitterrand, et la réalité dépeinte de l'intérieur, par Ernaux. Alors qu'il évoque les ouvriers/employés par l'expression condescendante « petites gens », et donc indirectement affirme faire partie des « grandes gens », Ernaux s'évertue à leur donner la première place dans ses textes.

Quant aux *témoignages*, il est intéressant de contraster dans *Une Femme* l'expérience de la mort selon les personnes. L'annonce de la mort par l'infirmier dénote sa difficulté à en parler puisqu'il ne l'évoque que par un euphémisme (« Votre mère s'est éteinte ce matin, après son petit déjeuner », 11). Pour la fille et ses enfants, la mort est vécue dans l'anonymat, à l'hôpital, à une époque où les rites religieux ont perdu de leur importance ou ne sont plus compris:

> Le prêtre a mis une cassette d'orgue sur le magnétophone. Nous étions seuls à assister à la messe, ma mère n'était connue de personne ici. (17)

> Les garçons m'interrogeaient au sujet de la messe, parce qu'ils n'en avaient jamais vu auparavant et qu'ils n'avaient pas su comment se comporter au cours de la cérémonie. (18)

La famille de Normandie, en revanche, tient à organiser « un repas d'inhumation », selon les anciens rites, pour « partager la peine et intégrer la mort dans la continuité de la vie » (Fort, 986). Autre témoignage: les paroles de la mère sont citées à plusieurs reprises, par exemple:

> A la famille, aux clients, qui la questionnaient sur moi, elle répondait: « Elle a bien le temps de se marier. A son âge, elle n'est pas perdue », se récriant aussitôt, « je ne veux pas la garder. C'est la vie d'avoir un mari et des enfants ». (69)

> Après l'enterrement [de mon père], elle a paru lasse et triste, m'avouant: « C'est dur de perdre son compagnon ». (73)

Les lectures et goûts de la mère sont évoqués (« A côté de Delly et des ouvrages catholiques de Pierre l'Ermite, elle lisait Bernanos, Mauriac et les « histoires scabreuses » de Colette », 41; « Elle chantait en repassant, *Le temps des cerises*, *Riquita jolie fleur de java* », 45) et s'accordent avec les goûts populaires des acteurs du *Journal du dehors*, qui rappellent à la narratrice des moments heureux de la vie de ses parents:

> La chanson première au « Top 50 », c'est « Viens boire un p'tit coup à la maison—y'a du rouge, y'a du blanc, du saucisson—y'a Mimile et son accordéon. Première impression: « Comment les gens qui aiment cela pourraient-ils un jour écouter Mozart? » Aujourd'hui, j'ai trouvé cet air tout à fait gai, il me semblait que c'était dimanche, il fait beau, les amis vont venir. (65-66)

Dans *Journal du dehors*, des dialogues au supermarché, des interventions de SDF dans le métro ou des témoignages d'incidents quotidiens et anodins s'amoncellent, parfois suivis d'un commentaire, ainsi aux pages 59-60:

> La femme s'adressait sur un ton de violente récrimination à la buraliste des P.T.T., à propos d'une erreur de distribution de courrier. La buraliste, devant cette colère, se butait, refusait de faire des recherches, répondait avec agressivité. Tendance naturelle à présenter un préjudice sur le mode affectif induit norma-

lement par celui-ci, de même qu'on dit quelque chose de triste d'un ton triste, de gai avec gaieté, etc.

Aux lieux multiples s'ajoute la multitude des êtres évoqués (caissières, coiffeuses, jeunes collégiens, femmes asiatiques, SDF, bourgeoises des quartiers riches, intellectuels, inconnus ou visages familiers), qui, même s'ils parlent et sont mis en scène, ont des difficultés à communiquer:

> Dans les rues couvertes du centre commercial, les gens s'écoulent avec difficulté. On réussit à éviter, sans les regarder, tous ces corps voisins de quelques centimètres. Un instinct ou une habitude infaillible. (14)

> Les gens ne parlent pas, ou très peu, avec une voix lente, dans les trains bondés de sept heures du matin vers Paris. (70)

> A la boucherie du village: « S'il s'agit de clients occasionnels, ils sont distants, réservés, l'échange de paroles limité à la nature et à la quantité de la viande ». (41)

La narratrice des deux textes emploie d'autres techniques de l'accréditation moderne du discours historique, telles les photographies. Dans *Une Femme*, elle décrit des *photos* de sa mère (en tailleur, 21-22, sa photo de mariage, 37-38, et à un âge avancé, 80) pour illustrer certaines périodes de sa vie. Alors qu'elle annonce vouloir écrire sur sa mère, Ernaux reconstitue sa propre vie et celle de sa famille, et écrit une sorte d'histoire sociologique de la région d'où était issue sa mère, comme si elle commentait un album de photos, passant de sa mère à ses grands-parents, de ses voisins à ses tantes. Les fragments font figure de commentaires de photos isolées, vraiment consultées[5] ou imaginées, comme le suggère l'emploi du mot « images »[6], terme vague qui peut qualifier autant des photos que des souvenirs. Tout le récit est construit au rythme d'instantanés, où les noms des personnes et des lieux, ainsi que le temps se perdent en un flou pouvant refléter une multitude de vies. « Une femme » finit donc par se référer non plus seulement à la mère, mais aux femmes du même milieu.

De surcroît, elle fait référence à des *magazines* et *journaux*. Dans *Une Femme*, elle évoque, par exemple, les lectures de sa mère (« elle lisait *Confidences* et *La Mode du jour* », 49, ou « *Le Hérisson* », 58), ou bien encore « l'article du journal local » qui raconte l'accident de voiture de sa mère (85). Elle cite *Le Petit Echo de la Mode* (30) à la même page où elle insère un passage d'un article du *Monde* du 17 juin 1986 (en note de bas de page). Elle inscrit donc l'histoire de ses parents et de sa famille dans un cadre historique régional et national. Ainsi est-il question des événements de 1936:

> Les années noires de la crise économique, les grèves, Blum, l'homme 'qui était enfin pour l'ouvrier', les lois sociales, les fêtes tard dans la nuit au café, la famille de son côté à elle qui arrivait, on mettait des matelas dans toutes les pièces. (42)

ou encore de l'exode:

> L'exode: elle est partie sur les routes jusqu'à Niort, avec des voisins, elle dormait dans des granges, buvait « du petit vin de là-bas », puis elle est revenue seule à bicyclette, en franchissant les barrages allemands, pour accoucher à la maison un mois après. (44)

tandis que des grèves de la S.N.C.F. (51-52) et des grèves d'étudiants en 1986 sont évoqués, dans *Journal du dehors*, pour illustrer la différence de traitement, par les médias et le gouvernement, de ces deux groupes représentatifs: les « dominés » (qui ont internalisé l'échec, la violence, une certaine fatalité de leur sort et leur statut de « dominés ») et les futurs « dominants ». La vie des personnages du *Journal du dehors* est ponctuée par la lecture de textes eux-mêmes fragmentés ou de formes closes, mais brèves, publics ou lus en privé, tels des articles de journaux, ou magazines. Ainsi sont évoqués *Marie-Claire* (18), *Le Monde* (23, 44), *Libération* (47, 103-4), ou *Télérama* (49), des graffiti (11, 30, 85)[7], ou des petites annonces (30). Là aussi le cadre est local ou national, le contexte international est rarement mentionné sauf dans une inscription « sur la façade du supermarché », « l'argent, les marchandises et l'état sont les trois piliers de l'apartheid » (17). Les médias (la radio R.T.L., la télévision ou les journaux) sont en fait présentés plutôt comme des sources de « documenteurs » et des manipulateurs (52, 58, 90-91, 97-99). Mais au lieu de se livrer, comme des historiens, à des analyses de ses sources, Ernaux procède par anecdotes laconiques (et des interrogations personnelles), qu'il revient au lecteur de « lire ».

Enfin, il est aussi question de « vestiges », d'objets souvenirs. Dans *Une Femme*, la narratrice jette ou s'approprie des objets, des « petits riens » de la mère:

> Une fois, je suis descendue à la cave, la valise de ma mère était là, avec son porte-monnaie, un sac d'été, des foulards à l'intérieur. Je suis restée prostrée devant la valise béante. (*Une Femme*, 20)

> Quelquefois, dans la maison, il m'arrive de tomber sur des objets qui lui ont appartenu, avant-hier son dé à coudre, qu'elle mettait à son doigt tordu par une machine, à la corderie. (*Une Femme*, 68)

En mettant les effets de la défunte dans un « sac de plastique » (13), elle leur confère bien cette dimension de vestiges, comme sur un site archéologique, qui, au même titre que des photos-souvenirs, sont nécessaires à la reconstruction historique, assimilant tous les préparatifs pour l'enterrement à la tâche d'un archéologue.

Outre les documents, Ernaux recherche, en fait, les « traces », cette métacatégorie de l'investigation historique. Traces et documents se renvoient les uns aux autres, dans une dialectique de présence et d'absence, pour compléter la reconstruction historienne par une reconnaissance mémorielle, le savoir par la réminiscence. Ricoeur rappelle la polysémie de la notion de trace (539). Elle recouvre au moins trois réalités distinctes:

—la « trace mnésique », cérébrale ou corticale, dont s'occupent les neurosciences. Il en est question ici puisque les deux textes l'inscrivent aussi bien comme thème que dans leur structure (comme on le verra plus tard). Dans *Une Femme*, la démence est signalée dans la maladie d'Alzheimer dont meurt la mère et *Journal du dehors* s'ouvre sur ce mot même de démence, dans la première phrase: « Sur le mur du parking couvert de la gare R.E.R. il y a écrit: DÉMENCE » (11). Le titre également résonne comme un oxymore, et semble annoncer un dérangement de sens, si ce n'est un dérangement, un déréglement de genre littéraire! *Journal du dehors* semble être un journal intime, mais « il n'obéit pas.. aux lois génériques de ce type de texte, c'est même un véritable « anti-journal intime » (Boehringer, 147), il n'est pas « voué à l'exploration de soi; ce mince livre est, comme l'indique son titre, consacré au dehors, à l'espace extérieur habité par les autres » (Boehringer, 132)[8].

—la « trace mnémonique », consciente ou inconsciente. Il s'agit des souvenirs, qui sont des traces psychiques, disponibles ou bien indisponibles (trou de mémoire, distractions, etc..), mais qui ne peuvent pas être effacées;

—et enfin, la « trace écrite » qui joue un rôle central dans l'opération historiographique. Tous les textes d'Ernaux sont à considérer comme telle.

Les traces, tout autant que les documents, les témoignages ou les vestiges remplissent une triple fonction: 1. commémorative, 2. d'enracinement et 3. critique, de rupture quand la trace est une blessure intolérable (Greisch, 98). Or, ce n'est pas le besoin de déracinement et de rupture d'avec le passé ou plutôt d'avec sa classe sociale qu'on ressent avant tout chez Ernaux, c'est surtout un besoin d'affirmation de racines. Ses textes sont à comprendre comme des traces commémoratives, qui garantissent l'identité de la mère et d'un groupe. La juxtaposition des deux textes révèle un lien évident entre les deux communautés décrites, qui, bien que relevant d'époques différentes, s'affirment dans des racines communes, celles d'une classe sociale isolée, parfois déshumanisée et souvent aliénée de sa propre histoire. Les exemples de traces commémoratives sont légion: la photo de mariage des parents (*Une Femme*, 37-38) fait « naître » une femme que la fille ne reconnaît pas, sauf « sa main large serrant les gants, une façon de porter haut la tête, me disent que c'est elle » (38). Une photo de leur première fille, née et morte avant la naissance de la narratrice, renvoie à une histoire de désir fort d'enfant: « Ils ne voulaient qu'un seul enfant pour qu'il soit plus heureux » (42) et amène logiquement à l'évocation, après la douleur, du bonheur de la naissance de la seconde fille: « Je naîtrai en septembre » (43). Ou bien, à la vue d'un objet-souvenir de la mère, la narratrice vit dans un « autre temps », celui où elle était vivante: « Aussitôt le sentiment de sa mort me submerge, je suis dans le vrai temps où elle ne sera plus jamais » (68-69). Le souvenir du corps de la mère rappelle à la fille que « Je croyais qu'en grandissant je serais elle » (46), jusqu'à sa décision de prendre distance d'elle, à l'âge de l'adolescence, mais en vain:

> Elle a cessé d'être mon modèle.[...] J'avais honte de sa manière brusque de parler et de se comporter, d'autant plus vivement que je sentais combien je lui ressemblais. (63)

Dans *Journal du dehors,* des expressions populaires rappellent à la narratrice sa classe d'origine:

> [En parlant de son mari, une femme dit:] « Si c'était un gosse, on lui donnerait une claque! ». Paroles transmises de génération en génération, absentes des journaux et des livres, ignorées de l'école, appartenant à la culture populaire (originellement la mienne—c'est pourquoi je la reconnais aussitôt). (70)

ou bien des anecdotes lui font revivre des moments d'enfance. L'animateur du grand magasin dans *Journal du dehors* rappelle aux clientes: « Avez-vous songé, madame, que la qualité d'une parfaite maîtresse de maison se voyait dans l'art de la table? » (18), ce qui semble faire écho aux recommandations de la mère à sa fille jeune mariée (*Une Femme*, 71). Nombre de situations et de personnages observés du *Journal du dehors* reflètent des situations et personnages d'*Une Femme:* le « journal » s'ouvre sur l'histoire d'une femme blessée, dont l'histoire est commentée par « une petite fille » et la majorité des saynètes mettent en scène des femmes de tous les âges, et des petites filles (11, 12, 13, 14, 16, 17, 20, 21, 23, 24, etc.) reflétant les personnages de la mère et de la narratrice d'*Une Femme*. Que beaucoup d'anecdotes du *Journal du dehors* se passent dans des commerces n'est pas non plus un hasard: elles illustrent directement le monde de la mère d'*Une Femme,* celui du commerce. Certains événements rappellent à la narratrice des expériences refoulées, qui lui reviennent à l'esprit:

> En plein mois d'août, une petite vieille rose et fraîche, en socquettes blanches, avec un chapeau de paille, est immobile, peut-être égarée. (61)

rappelle le portrait de la mère sénile d'*Une femme:*

> Elle a passé l'été (on la coiffait comme les autres d'un chapeau de paille pour descendre dans le parc, s'asseoir sur le bancs). (99)

Ou bien encore, comment comprendre le commentaire sur une chanson:

> Cette chanson où l'on dit que « les bonnes femmes sont arrivées, elles ont mis le pernod sous clef, elles ont crié plus fort que nous » reflète la vie réelle d'un grand nombre de gens et ne paraît horrible qu'à ceux qui n'ont jamais vu les femmes enlever les bouteilles de la table en disant « vous avez assez bu ». (*Journal du dehors,* 66)

si on ignore que la narratrice pense à sa vie d'enfant, qui surveillait sa mère afin qu'elle ne boive pas à l'excès?

> A un repas de communion, elle a été saoule et elle a vomi à côté de moi. A chaque fête, ensuite, je surveillais son bras allongé sur la table, tenant le verre, en désirant de toutes mes forces qu'elle ne le lève pas. (*Une femme*, 50)

Au-delà des commémorations et des traces d'enracinement, les deux textes témoignent de blessures intolérables, de traumatismes, de déracinement même avec un passé irrecevable, qui permettent à Ernaux à la fois de commémorer et de critiquer son passé. Ricoeur rappelle un des enseignements de Freud: « Le travail de deuil est le coût du travail de souvenir; mais le travail du souvenir est le bénéfice du travail de deuil » (88). Les deux textes d'Ernaux portent d'entrée de jeu la marque de traumatismes, de violences, de blessures. *Une Femme* s'ouvre sur l'évocation de divers actes d'identification et de traitement de la dépouille mortelle de la mère (toilette et préparation du corps, mise en bière, déclaration du décès à l'état civil, inhumation, 11-19) qui signalent que le travail de deuil est nécessaire pour que le souvenir puisse ressurgir. C'est la mort qui va permettre de donner la vie, de donner naissance aux souvenirs et de raconter le passé de cette femme décédée. C'est à partir de cette coupure que vont être retracées sa vie (« Il me semble maintenant que j'écris sur ma mère pour, à mon tour, la mettre au monde », 43) et celle de la narratrice pour que cette mort soit finalement acceptée à la dernière page: « J'ai perdu le dernier lien avec le monde dont je suis issue » (106).

> *Une Femme* est profondément une œuvre de nécessité et de deuil, infiniment plus que *La Place* dont le projet est bien postérieur au décès de mon père: j'avais attendu, avant de me lancer dans cette entreprise, plusieurs années. Tandis que là, il y avait vraiment une urgence qui se faisait jour. Il fallait absolument que j'écrive ce livre. [...] C'est un départ, une fin, qui est à la source de tout. (Fort, 984-85)

Dans *Journal du dehors*, l'annonce de la mort d'une mère (Ania Francos) à son fils et son écriture d'un journal « par rapport à la mort » (40), ainsi que la reprise du thème de la mort (67, 70, 88) permettent des parallèles avec la situation de la narratrice, explicite dans *Une Femme*, mais non-dite dans ce second texte.

Autre exemple de blessures: les deux textes d'Ernaux sont sous le signe de la démence, de la schizophrénie. Or la schizophrénie, c'est ce qui fragmente, ce qui défait, ce qui refuse la totalisation. Les deux textes l'inscrivent aussi bien comme thème (comme noté précédemment) que dans leur structure. Dans *Une Femme*, la fille finit par imiter les actes de démence de la mère, dans son écriture. C'est en ces mots, en effet, qu'elle note les premiers signes de la maladie chez sa mère

> Elle ne se retrouvait pas entre les différentes pièces de la maison. (89)

> Elle a oublié l'ordre et le fonctionnement des choses. (90)

> Elle n'avait plus d'autres sentiments que la colère et le soupçon. (91)
>
> Elle vidait son armoire, étalait sur le lit ses robes, ses petits souvenirs, les replaçait sur d'autres rayons, recommençait le lendemain, comme si elle n'arrivait pas à trouver la disposition idéale. (91)
>
> Elle a perdu les noms. Elle m'appelait « madame » sur un ton de politesse mondaine. (92)

N'est-ce pas tout à fait aussi la démarche de la narratrice qui ne sait comment arranger ses souvenirs, qui se parle, et qui recherche un ordre idéal dans son écriture?

> Je passe beaucoup de temps à m'interroger sur l'ordre des choses à dire, le choix et l'agencement des mots, comme s'il existait un ordre idéal, seul capable de rendre une vérité concernant ma mère—mais je ne sais pas en quoi elle consiste—et rien d'autre ne compte pour moi, au moment où j'écris, que la découverte de cet ordre-là. (*Une Femme*, 43-44)

Le texte évoque donc la démence de la mère, dans les mots et son morcellement (qui sera analysé plus tard), mais il suggère aussi la potentielle démence de la fille/narratrice, qui cherche à instaurer un ordre. Dans *Journal du dehors*, la narratrice ne communique avec personne et se parle à elle-même! Alors qu'elle prend ouvertement ses distances avec les bourgeois et les intellectuels[9], elle reste également froide et distante à l'égard des prolétaires, c'est-à-dire des gens qui reflètent son passé et auxquels elle s'associe car elle retrouve chez eux son histoire et des traces ou des reflets de ses parents ou d'elle-même. A aucun moment elle ne montre un désir quelconque de communiquer avec eux. Au contraire même, sans cesse elle commente la déficience des échanges qu'elle surprend, traduisant bien un isolement total et réel des êtres humains, y compris son propre isolement. Elle finit donc par imiter le silence de ses parents, de sa classe d'origine (sauf dans ses traces écrites).

A en croire l'année citée en tête du premier chapitre (1985), Ernaux débute l'écriture de *Journal du dehors* quand sa mère tombe malade puis meurt, et la continue durant quatre ans après ce décès. *Journal du dehors*, recueil de traces mnémoniques, inclut donc ces blessures, sans toutefois les évoquer directement. La narratrice du *Journal du dehors* a conscience de « se voir » à travers les personnages dont elle relate les activités:

> Noter les gestes, les attitudes, les paroles de gens que je rencontre me donne l'illusion d'être proche d'eux. Je ne leur parle pas, je les regarde et les écoute seulement. Mais l'émotion qu'ils me laissent est une chose réelle. Peut-être que je cherche quelque chose sur moi à travers eux, leurs façons de se tenir, leurs conversations. (36-37)

Au-delà du besoin d'identité de la classe ouvrière, ces deux livres d'Ernaux révèlent le problème de la construction de la mémoire, qui s'avère être une construction sociale. Ce problème de la mémoire s'impose comme une nécessité, un combat non encore achevé chez Ernaux. La mémoire se cache dans les profondeurs de la société, à travers les générations successives. Ses livres constituent des canaux de la mémoire sociale, puisque la narratrice enregistre des informations, mais aussi des sensations, des sons, des images, la vie anodine pour lutter contre l'oubli. La mémoire est bien plus qu'une restitution, elle est une reconstruction du passé, grâce aux souvenirs et à l'oubli. L'oubli peut être une condition d'appartenance: un groupe peut avoir besoin d'oublier pour survivre; la mémoire de la souffrance ou de dieux ou de lieux peut être éradiquée; ou bien encore un groupe peut être condamné à l'oubli ou au silence, faute de moyens de s'exprimer, ou par timidité ou peur de témoigner. Tout est ouvert à réinterprétation. Mémoire et oubli font de l'individu un être socialisé. Comme le rappelle Ricoeur « nous avons le devoir de la mémoire et la nécessité de l'oubli ». Parallèlement aux traces, il faut évoquer l'oubli car « il y a oubli là où il y a eu trace » (374). Comment s'inscrit l'oubli dans ces deux textes d'Ernaux?

> Le phénomène de l'oubli a la même ampleur que les deux grandes classes de phénomènes relatifs au passé: c'est le passé dans sa double dimension mnémonique et historique qui, dans l'oubli, est perdu. L'oubli n'est pas seulement l'ennemi de la mémoire et de l'histoire, car il existe aussi un oubli de réserve qui en fait une ressource pour la mémoire et pour l'histoire. (Ricoeur, 374)

Aux diverses traces correspondent diverses formes de l'oubli. Il est question de l'oubli de traces mnésiques puisque la mère de la narratrice d'*Une Femme* souffre de la maladie d'Alzheimer, qui est une forme d'oubli synonyme de destruction de soi. L'oubli ici apparaît surtout comme un dysfonctionnement de la mémoire. Il est synonyme d'effacement d'une empreinte, lié à la détérioration ou la dégénérescence du substrat cortical concerné. La narratrice redoute les manifestations affligeantes de l'amnésie sénile chez sa mère, et aussi pour elle. Une angoisse s'empare d'elle au point de bouleverser sa personnalité. Elle a conscience de franchir parfois le monde de la démence.

> Je parlais d'elle à des gens qui ne la connaissaient pas. Ils me regardaient silencieusement, j'avais l'impression d'être folle aussi. Un jour, j'ai roulé au hasard sur des routes de campagne pendant des heures, je ne suis rentrée qu'à la nuit. J'ai entamé une liaison avec un homme qui me dégoûtait. (*Une Femme*, 93)

Quant aux traces mnémoniques,

> L'oubli associé avec les traces mnémoniques est un « oubli de réserve ou de ressource » qui se rapporte au « caractère inaperçu de la persévérance du souvenir, sa soustraction à la vigilance de la conscience ». (Ricoeur, 570)

Certains mots entendus, qu'elle croyait avoir oubliés, tels des mots de patois ou des expressions populaires, transportent la narratrice dans son enfance:

« On a trop mangé, une crêpe, ce serait pas appréciable! » Je suis étonnée d'entendre ces mots, ces expressions (une femme a dit aussi, « qu'est-ce qu'il est de la gueule! ») si familiers de mon enfance. Ainsi s'expérimente toujours cette loi: croire, parce qu'on cesse d'employer certains mots, qu'ils ont disparu, que la misère n'existe plus quand on a de quoi vivre. (*Journal du dehors*, 74)

Il y a chez Ernaux des souvenirs qui la hantent, qu'elle a tenté d'ensevelir dans le passé refoulé, mais qui sont bien ineffaçables et reviennent. Ainsi en est-il de souvenirs malheureux qu'elle aimerait oublier, mais qui ne disparaissent pas et resurgissent à l'improviste. Certains souvenirs sont tellement douloureux quand ils remontent à la surface que la narratrice opère par déplacement pour les évoquer, ces souvenirs refoulés pleins de haine, qui l'ont affectée, continuent à être gravés en elle et à produire des effets. Comme le suggère Greisch:

S'il y a une menace, ce n'est pas que le temps vorace puisse engloutir nos souvenirs les plus chers, c'est au contraire que l'ineffaçable que nous préfèrerions ensevelir dans le passé puisse revenir nous hanter. (Greisch, 89)

Ainsi en est-il de la violence de la mère, et de la souffrance de la fille, évoquées dans les deux textes par la même scène de mères africaines exciseuses:

En écrivant, je vois tantôt la « bonne » mère, tantôt la « mauvaise ». Pour échapper à ce balancement venu du plus loin de l'enfance, j'essaie de décrire et d'expliquer comme s'il s'agissait d'une autre mère et d'une fille qui ne serait pas moi. Ainsi, j'écris de la manière la plus neutre possible, mais certaines expressions (« s'il t'arrive un malheur! ») ne parviennent pas à l'être pour moi. [...] Au moment où je me les rappelle, j'ai la même sensation de découragement qu'à seize ans, et, fugitivement, je confonds la femme qui a le plus marqué ma vie avec ces mères africaines serrant les bras de leur petite fille derrière son dos, pendant que la matrone exciseuse coupe le clitoris. (*Une Femme*, 62)

> On assoit la petite fille sur une chaise. Des femmes la tiennent, l'une lui enserre le torse, une autre lui tourne les bras par-derrière, une troisième lui écarte les jambes. La matrone exciseuse coupe le clitoris avec un couteau ou un morceau de verre. Elle coupe aussi les petites lèvres. La petite fille hurle, les femmes l'empêchent de s'enfuir. Il y a plein de sang. Femmes castratrices, heureuses de perpétuer leur être de femme excisée. Fées attentives penchées sur le milieu du ventre, arrachant par avance tous les cris de jouissance dans ce hurlement de douleur initial.
> (*Journal du dehors*, 44)

Imagination historique et fiction littéraire

Monde et identité fragmentés

Tout en ayant établi des preuves documentaires, des traces historiques qui lui permettent de construire des explications sur la vie de sa mère et sur sa classe sociale d'origine, Ernaux va faire toutefois primer et jouer avec la forme littéraire de son récit.

Elle entretient avec le passé qu'elle reconstitue une relation affective, si bien que différentes notions de temps apparaissent et donnent lieu à un nouveau calendrier. Ainsi le présent du passé se révèle dans la mémoire:

> Ma mère est morte le lundi 7 avril à la maison de retraite de l'hôpital de Pontoise, où je l'avais placée il y a deux ans. (*Une Femme*, 11)

> A l'adolescence, je me suis détachée d'elle et il n'y a plus eu que la lutte entre nous deux. (*Une Femme*, 60)

> En 1967, mon père est mort d'un infarctus en quatre jours. (*Une Femme*, 73)

Le présent du futur devient l'attente dans l'exemple précédemment cité: « je suis dans le vrai temps où elle ne sera plus jamais » (*Une Femme*, 68-69) et le présent du présent s'exprime dans l'attention à l'écriture.

> Il y a deux mois que j'ai commencé, en écrivant sur une feuille « ma mère est morte le lundi sept avril ». (*Une Femme*, 43)

> On ne sait pas que j'écris sur elle. Mais je n'écris pas sur elle, j'ai plutôt l'impression de vivre avec elle dans un temps, des lieux, où elle est vivante. (*Une Femme*, 68)

> [Ma mère] a toujours été là. Mon premier mouvement, en parlant d'elle, c'est de la fixer dans des images sans notion de temps: « elle était violente », « c'était une femme qui brûlait tout », et d'évoquer en désordre des scènes, où elle apparaît. Je ne retrouve ainsi que la femme de mon imaginaire, la même que, depuis quelques jours, dans mes rêves, je vois à nouveau vivante, sans âge précis, dans une atmosphère de tension semblable à celle des films d'angoisse. (*Une Femme*, 22)

Le temps est à la fois un temps vécu, avec des dates précises, mais aussi un temps universel et un temps social (lorsqu'Ernaux relate des rêves ou des expériences que connaissent tous les êtres humains, tels la mort, les naissances, la maladie, la vie routinière, les querelles d'enfants). Cette confusion de temps permet aux lecteurs de se sentir plus proches de la narratrice et de s'identifier à elle et ses expériences.

Le *Journal du dehors* repose sur une chronologie dérangée, malgré ses apparences de chronologie: le texte est divisé en huit chapitres, portant chacun, en titre, le chiffre d'une année de 1985 à 1992. De rares expressions adverbiales de temps (« ce soir », 11, 95 ou 103; « samedi matin », 13; « ce dimanche matin », 16; « depuis longtemps », 17; « vers six heures du soir », 81; « toute la journée », 86; « dimanche matin », 97; « plus tard », 100; « d'autres fois », 106) ne suffisent pas à construire un récit bien différencié dans le temps. Le lecteur se rend vite compte que l'essentiel n'est pas dans la linéarité, ce n'est pas la chronologie qui génère le texte. La semblance de structure chronologique le confond même, puisqu'il n'y a pas de reprises de personnages ni d'évolutions de situations d'un chapitre à l'autre, sauf le « ramasseur de caddies » qui resurgit dans ses fonctions (12, 16, 39) puis, finalement avec sa femme, quand son emploi a été supprimé (56-57). Sinon, tout semble rester identique, et se répéter: Ernaux n'utilise la chronologie que comme principe d'organisation traditionnelle d'un journal. L'écriture met en valeur le présent de l'écriture, et l'immédiateté des saynètes, narrées au présent, plus rarement à l'imparfait ou passé-composé (11, 12, 16, 18, 19, 21, 22, 26, par exemple).

Ernaux fait parler ou met en scène des individus (et leurs traces) dont les actes intimes sont ignorés d'ordinaire par l'historien, faute de documents ou de témoignages. En outre, elle inscrit l'oubli non seulement dans les blessures et coupures évoquées précédemment, mais aussi dans son écriture: à travers les fragments, qui démontrent combien l'oubli est « fondateur » (Ricoeur, 573). L'oubli n'est pas destruction, mais au contraire rend le travail de mémoire historique possible. Ernaux se situe à la jointure de l'histoire et du littéraire. Mais, comment lire cette écriture fragmentaire? comment lire les blancs? comment les paragraphes fonctionnent-ils entre eux?

Etymologiquement, le fragment se réfère à la désintégration ou à l'inachèvement d'une totalité. Pourtant, en littérature, l'écriture fragmentaire ne renvoie pas seulement à la réception lacunaire d'un texte, ou à sa composition incomplète, mais bien à un genre littéraire, en particulier depuis les romantiques allemands, au début du dix-huitième siècle, tels Novalis ou les frères Schlegel. En France, les fragments sont une des caractéristiques de l'écriture des années 80-90, qui a vu le retour du récit avec des éléments traditionnels (intrigue, personnages), sans pour autant reposer sur une narration classique. Le fragment s'inscrit dans une tradition d'épurement, remise à la mode en particulier par Barthes dans *Roland Barthes par Roland Barthes* ou encore *Fragments d'un discours amoureux*. Chez Barthes, les fragments sont des germes, des projets d'une œuvre dont la totalité est refusée; ils forment un cercle au centre absent et signalent le refus de toute fixité du sens et de toute construction globale du sujet.

Ernaux ne présente pas ses narrations comme des collections de fragments, mais plutôt comme des récits centrés sur un ou deux personnages, sa mère ou son père, les voisins ou les habitués du R.E.R. et la narratrice. Si les fragments montrent ostensiblement la discontinuité, ils n'empêchent pourtant pas la cohérence. Ses textes ne sont pas discontinus.

La fragmentation n'y produit ni incohérence, ni chaos. A la parataxe, sur le plan syntaxique, correspond l'absence d'enchaînements linéaires, sur le plan narratif. Quels principes d'organisation règnent-ils donc? Pourquoi utiliser des fragments?

Deux groupes de principes peuvent être distingués: d'une part, les fragments imitent le monde de la narratrice, monde marqué par l'atomisation, la solitude des êtres, l'écartèlement d'identité de la narratrice, ainsi que l'oubli, mais aussi monde marqué par le visuel et traduit au rythme du visuel, au rythme d'instantanés ou d'images télévisées. Pourtant, tout en imitant et en exacerbant un chaos apparent, les fragments permettent de le surmonter. Car, et tel est le deuxième aspect de la fragmentation chez Ernaux, ces fragments signalent l'inscription d'une réflexion, d'un questionnement sur ce qu'est l'écriture, sur l'organisation des textes—mais pas sous forme de textes théoriques. Par ces fragments, Ernaux questionne sans cesse la représentation et reconstruit la mémoire. Le récit n'avance qu'au ralenti, les fragments retardent un dénouement sans cesse différé. En même temps, toutefois, les blancs accentuent une certaine attente chez le lecteur, et font donc avancer le récit. Tout en imitant et donc révélant les oublis, la fragmentation fait avancer le récit en multipliant les attentes.

La fragmentation est associée, traditionnellement, au manque de totalité, à l'inachèvement, l'incohérence, la discontinuité, le désordre et le chaos. Ces concepts en fait reflètent non pas l'écriture d'Ernaux, mais le monde de ses textes. Quel est ce monde? Elle procède par addition pour rendre compte d'un monde parcellisé, d'individus atomisés. Les fragments imitent le monde contemporain, de la narratrice, monde perçu sous l'égide de la diffraction, de l'éparpillement. D'ailleurs, Jameson associe la fragmentation à la « pathologie culturelle » du postmoderne: le sujet a glissé de l'aliénation à sa fragmentation[10]. Les fragments rendent compte du pluriel du monde, où l'identité des individus est elle-même fragmentée. Le monde décrit dans *Journal du dehors* est un monde désolé, un monde de solitude, une « ville nouvelle » qui est une « ville virtuelle, amalgame imaginaire des banlieues parisiennes »[11], envahie par la technologie et ce qu'Augé appelle les « non-lieux »[12] (supermarchés, ascenseurs, voitures, distributeur de billets, compartiments de train et de métro, garages souterrains, autoroutes, radio et télévision). Les fragments du *Journal du dehors* reflètent donc bien l'isolement inéluctable de ces individus, dans un monde qui vit à la vitesse des trains et des images télévisées, des publicités et des médias. Ils soulignent également la déshumanisation des lieux, qui va si loin que les décors deviennent interchangeables: un supermarché devient cathédrale, abattoir, hôpital ou morgue (50), un train devient une scène de théâtre où les passagers font figure d'acteurs ou de public (45-46), un hôpital psychiatrique est assimilé à un hôtel (48) et le métro est une scène pour exhibitionnistes (56). Le monde est vécu comme dans une vision schizophrénique (47) dont les déchirures sont inguérissables. Les notes de la narratrice dans cette multitude de lieux imitent la vitesse de changements de lieux. L'écriture du journal devient un voyage, une errance. Mais les espaces blancs évoquent également l'idée de mise en scène, confortée d'ailleurs par de nombreuses réflexions sur le théâtre, soulignant combien la vie est un spectacle, mais un spectacle vide. Ainsi, pour commenter un incident à la poste (évoqué plus haut), la narratrice commente: « Théâtre spontané, avec unité de la forme et du fond » (60). Ou bien encore:

> Les voix se donnent la réplique avec ostentation, mêlant le ton de la plainte à celui de la violence, à l'usage de la vingtaine de voyageurs du wagon. A la différence du théâtre, les spectateurs de cette scène évitent de regarder les acteurs, font comme s'ils n'entendaient rien. (104-5)

Le manque de liens, les vides, les blancs reflètent, dans *Une Femme*, la perte que la narratrice vient de connaître. La coupure d'avec la mère lui permet de se reconstituer et de faire le portrait de sa mère, ainsi que d'un monde pluriel, à partir de morceaux. Son écriture incorpore ce morcellement. Dès la première page, le fractionnement du récit et la fragmentation de la vie sont ostensiblement mis en valeur. Le premier paragraphe de six lignes est séparé, par un large blanc, de la suite du récit, qui décrit la préparation du corps de la défunte pour la mise en bière. Ce corps est rapidement déshumanisé car il est évoqué non pas comme un tout, mais à travers des fragments, des parties séparées, sans adjectif possessif (« la tête », « le menton », « la peau », « la bouche », 11) pour finalement être associé à une « petite momie ».

Seuls des termes génériques (« mes fils », mon « ex-mari », « l'infirmier », « une femme »—reprenant le titre, pour se référer à la mère de la narratrice, mais aussi à toutes les femmes d'une certaine classe et époque) qualifient les personnages principaux de ce monde dépersonnalisé, qui pourrait être le monde de bien des lecteurs, où la mort laisse une impression de vide, vide suggéré par les vides que sont les blancs entre les fragments.

Les fragments ne nient pas une totalité, ils la postulent. Mais, cette totalité, ici le monde de la narratrice, reste en suspens. Chaque fragment l'accomplit et vaut également comme un tout; chaque fragment est à la fois individuation et totalité. Le tout est affirmé non pas dans la somme des fragments, mais dans leur co-présence. Ernaux traduit ainsi la pluralité de son monde, perçu sur le mode de la dispersion et de la juxtaposition.

Pourtant, les blancs et les fragments traduisent aussi l'expérience de l'écart, de la discontinuité, de l'écartèlement, de la déchirure, de la rupture et de la souffrance que la narratrice a connus dans la construction de son identité[13]. Il s'agit ici d'une histoire critique qui présente les traces comme des blessures avec lesquelles la narratrice veut rompre. Les blancs sont donc aussi des marques de déracinement. Ernaux inclut ainsi dans son écriture fragmentaire une possibilité de construction identitaire, qui comprend et surmonte divisions et écartèlement, aliénation et intégration. Cette expérience de béance, d'écartèlement, évoque bien sûr l'écriture d'auteurs de cultures croisées, telle celle de Sebbar, Djebar, ou Begag et révèle la similitude de la situation de la narratrice avec celle des enfants d'immigrés. Toutes évoquent l'expérience de l'aliénation culturelle, mais aussi de l'intégration, pour certains grâce à leur éducation et leur écriture.

L'émiettement du texte met en scène une écriture de l'errance et une écriture à la recherche de son genre. L'écriture à la fois inscrit et surmonte la démence, inscrit et surmonte la fragmentation de l'individu et de son monde comme le traduit la phrase isolée des courts paragraphes environnants et mise en valeur par des blancs exagérés, vers la fin d'*Une Femme*: « Maintenant, tout est lié » (103). Le « je » écrivant, tout en affirmant sa permanence, dans la succession des livres, dans ses traces écrites, et son besoin d'ordre a une conscience de soi et des autres individus marquée par le morcellement, la coupure, la dispersion, le discontinu—traduits par des blancs dans le texte.

Les fragments, esthétique de l'aléatoire et du livre en germe

Le rapprochement entre la mère et la fille d'*Une Femme* a été suggéré dans l'expérience de la démence, mais il est réalisé dans leur goût d'inventer des histoires. Alors qu'elle ne reconnaît plus personne, la mère par exemple « avait toujours envie de communiquer... Elle inventait la vie qu'elle ne vivait plus » (98-99). Les personnages qui fascinent la narratrice du *Journal du dehors* sont ceux/celles qui ont l'art de raconter des histoires (45-46, 78). Et Ernaux réitère son amour de la littérature dans ses interviews et à travers ses narratrices. Selon elle, la littérature fait l'inverse de ce qui est facile, et donc s'oppose, par exemple, « aux disques »[14], qui suscitent « émotion, plaisir, et angoisse que la chanson finisse, mais également une insatisfaction que la répétition ne comble pas », « on ne sort pas du désir dans la chanson », « brutalité et pauvreté ». N'est il donc pas paradoxal de voir chez elle une écriture qui semble inscrire la facilité même qu'elle dénonce? une écriture qui semble être définie par les mots qu'elle utilise pour qualifier les disques? En quoi son écriture produit-elle « richesse », « beauté » et surtout « résolution du désir » dont elle parle pour dire ce qu'est la littérature? C'est en partie la fragmentation qui lui permet précisément de créer un texte pluriel, et d'attirer l'attention, au-delà des anecdotes, sur l'écriture même du texte. Ses textes ne se contentent pas de reconstruire une mémoire, d'écrire un monde passé. Les fragments rompent la fascination du lecteur pour un récit dont il attend le dénouement: ils provoquent aliénation et distanciation—évoquant les techniques brechtiennes de *Verfremdung*—redoublant donc le questionnement de la narratrice elle-même sur l'écriture:

> Ce que j'espère écrire de plus juste se situe sans doute à la jointure du familial et du social, du mythe et de l'histoire. Mon projet est de nature littéraire, puisqu'il s'agit de chercher une vérité sur ma mère qui ne peut être atteinte que par des mots. (C'est-à-dire que ni les photos, ni mes souvenirs, ni les témoignages de la fa-

mille ne peuvent me donner cette vérité.) Mais je souhaite rester, d'une certaine façon, au-dessous de la littérature. (*Une Femme*, 23)

Par « au-dessous de la littérature » Ernaux désigne son écart des règles classiques de composition (avec un début, un milieu et une fin) et son choix de la fragmentation et de l'aléatoire. Son texte n'est pas gouverné par un discours rationnel continu, ni par la chronologie (qui suppose une progression, un plan, un développement). Le texte n'est pas non plus gouverné par la linéarité, il suit les contours de l'écriture même qui suit, elle, des détours, ceux d'une pensée qui vient sans cesse interrompre la narration. La fragmentation ainsi que la parataxe sont des choix qui permettent de refléter le mouvement perpétuel d'une pensée et surtout reflète le travail d'anamnèse. Ainsi s'y inscrivent mouvements circulaires, répétitions, bonds en avant, retours en arrière, et silences—signalant l'omniprésence de la narratrice, de sa pensée, de son projet.

Le désir de faire avancer le récit est sans cesse interrompu par ces interventions de la narratrice. On se demande quel est l'objectif du livre, on se pose des questions auxquelles le livre n'offre pas de réponse: par exemple, pourquoi la narratrice du *Journal du dehors* prend-elle le train à sept heures pour aller à Paris? Pourquoi circule-t-elle dans des trains et métros bondés? Pourquoi est-elle fascinée par le pousseur de caddies ou les SDF dans le métro? Pourquoi la narratrice s'associe-t-elle à une « putain » (69)? Pourquoi dans *Une Femme* évoquer de Beauvoir par rapport à la mort? Pourquoi mélanger le « je » autobiographique et le « je transpersonnel » (Ernaux, « Vers un je transpersonnel », 219-21)? Les fragments sont à rattacher à des « figures de l'interruption et du court-circuit », rappelait Barthes (97), telles l'asyndète, l'anacoluthe, l'ellipse et l'euphémisme, figures de rupture, de discontinuité, de manque de liaison: ils suggèrent plus qu'ils n'expliquent. Faute de réponse, le lecteur se met à établir des liens entre divers fragments, imagine diverses hypothèses quant à l'objectif du *Journal du dehors:* est-ce un livre sur la vie dans la banlieue parisienne? sur la France des années 80? sur la classe ouvrière? sur les femmes? *Une Femme* et *Journal du dehors* sont des textes donc parcourus en surface par plusieurs lignes qu'il revient au lecteur de poursuivre dans diverses directions. Le lecteur doit jongler avec des vides, du non-dit, des décalages dans le temps et l'espace et des changements de sujets. Il est libre de combler les interstices entre les fragments par des questions par exemple, ou bien d'établir des liens entre les fragments, établissant ainsi un système rhizomique, que Deleuze et Guattari décrivent en ces termes

> Dans un livre, il y a des lignes d'articulation ou de segmentarité, [...]; mais aussi des lignes de fuite, des mouvements de déterritorialisation et de déstratification. (9-10)

> N'importe quel point d'un rhizome peut être connecté avec n'importe quel autre, et doit l'être. (13)

> [Le rhizome est fait] de directions mouvantes. Il n'a pas de commencement ni de fin, mais toujours un milieu, par lequel il pousse et déborde. (31)

Les textes, grâce à ces blancs et ces fragments, n'avancent qu'au ralenti, le dénouement en est sans cesse différé. Mais, en même temps, ces blancs et fragments produisent chez le lecteur une certaine attente et le poussent à juxtaposer des événements sans lien apparent. La fragmentation est donc synonyme de dissimulation, d'omission autant que de multiplicité et d'hétérogénéité puisque, tout en différant le dénouement, fragments et blancs font avancer le récit en multipliant diverses pistes. Et le lecteur est sans cesse interrompu par cette narratrice qui questionne le monde et son écriture et juxtapose des scènes passées au présent de l'écriture, en train d'être composée. L'« ordre idéal » provoque des silences.

Les fragments traduisent donc ce questionnement, ces hésitations, les blancs marquent l'émergence du livre, le travail en train d'être réalisé et soulignent le présent de l'écriture et la reconstruction de la mémoire. Dans *Journal du dehors*, les descriptions à la troisième personne sont sans cesse interrompues par des commentaires sur l'écriture, souvent à la première personne.

> En écrivant cette chose à la première personne, je m'expose à toutes sortes de remarques, que ne provoqueraient pas « elle s'est demandé si l'homme à qui elle était en train de parler n'était pas celui-là ». La troisième personne, il/elle, c'est toujours l'autre, qui peut bien agir comme il veut. « Je », c'est moi, lecteur, et il est impossible—ou inadmissible—que je lise l'horoscope et me conduise comme une midinette. « Je » fait honte au lecteur. (18-19)

> En quelques lignes, un tableau des désirs de la société, une narration à la troisième personne, puis à la première, un personnage à l'identité ambiguë, savant ou magicien, au nom poétique et théâtral, deux registres d'écriture, le psychologique et le technico-commercial. Un échantillon de fiction. (30)

> Pourquoi je raconte, décris, cette scène, comme d'autres qui figurent dans ces pages. Qu'est-ce que je cherche à toute force dans la réalité? Le sens? Souvent, mais pas toujours, par habitude intellectuelle (apprise) de ne pas s'abandonner seulement à la sensation: la « mettre au-dessus de soi ». Ou bien, noter les gestes, les attitudes, les paroles de gens que je rencontre me donne l'illusion d'être proche d'eux. (36)

Des notes de bas de page (*Une Femme*, 30 et *Journal du dehors*, 80) interrompent les récits. Ernaux les commente de la sorte:

> J'utilise des notes de bas de page quand il me semble que le propos rompt trop fortement le récit, qu'il constitue une réflexion extérieure. Mais comme je suis consciente que parfois j'intègre au corps du texte ce qui pourrait apparaître aussi comme une rupture, je me dis qu'il y a une autre raison, quelque chose comme pratiquer des « portes de sortie » dans le texte, que le lecteur est libre d'emprunter ou non (parce que cela demande un effort, que ce n'est pas courant dans l'écriture littéraire). (Fort, 991)

Non seulement l'évolution du récit est sans cesse freinée, mais les fragments signalent également le désir de la narratrice de sans cesse recommencer à nouveau une histoire. Ernaux visiblement n'aime pas clore ses textes, elle n'aime pas les fins. Même lorsque la fin est connue dès l'ouverture du livre, comme dans *Une Femme*, qui s'ouvre sur la mort de la mère, arriver à dire et accepter cette mort à la fin du livre est difficile.

> J'écris de plus en plus difficilement, peut-être parce que je voudrais ne jamais arriver à ce moment. (89)

c'est-à-dire le moment où la démence de la mère est évidente, ou bien

> Il fallait que ma mère, née dans un milieu dominé, dont elle a voulu sortir, devienne histoire, pour que je me sente moins seule et factice dans le monde dominant des mots et des idées où, selon son désir, je suis passée. (106)

Même chose dans *Journal du dehors,* où l'objectif du livre n'est dit qu'à la dernière page. Les fragments permettent donc à Ernaux de toujours recommencer des petits récits, de s'adonner au plaisir d'écrire des débuts, rappelant Barthes:

> Aimant à trouver, à écrire des *débuts*, il tend à multiplier ce plaisir: voilà pourquoi il écrit des fragments: autant de fragments, autant de débuts, autant de plaisirs (mais il n'aime pas les fins: le risque de clausule rhétorique est trop grand: crainte de ne savoir résister au *dernier mot*, à la dernière réplique. (*Roland Barthes*, 98)

Une des anecdotes du *Journal du dehors* souligne bien ce plaisir de taire et de recommencer: Ernaux surprend une conversation entre deux amies. L'une d'elle raconte une histoire dont la fin est facilement prévisible, mais elle fait durer le plaisir de raconter en insérant des détails, des gestes, des commentaires pour remettre à plus tard la fin de l'histoire. Ainsi, sa manière de raconter exhibe la jouissance de la narration, qui ralentit le processus menant à la fin, pour augmenter le désir de l'auditoire et Ernaux d'ajouter: « Tout récit fonctionne sur le mode de l'érotisme » (*Journal du dehors*, 46). L'écriture fragmentaire incarne à la fois le projet à réaliser et son inachèvement, le fragment manifeste la volonté et l'impossibilité d'accomplissement, et souligne le texte en germe, en devenir.

Dans ces deux textes fragmentaires s'inscrit un questionnement sur l'organisation du texte. Les fragments en effet reflètent le fonctionnement disruptif de la pensée du « je » écrivant, la discontinuité de son esprit et sa manière fragmentaire de se connaître. Ernaux recherche « un ordre idéal ». Son entreprise va donc bien au-delà de la recherche d'une « vérité », bien au-delà de l'écriture d'un rapport sociologique, historique qui rendrait compte d'un monde atomisé, morcelé. Pour éviter la progression traditionnelle par la causalité ou/et la chronologie, Ernaux se tourne vers l'aléatoire. Ainsi est-il question d'« instants » dans *Journal du dehors*, soumis au hasard des jours, des années, des lieux, au hasard des rencontres et des événements. Les fragments reflètent bien cet intérêt pour l'aléatoire.

Ernaux se tourne aussi vers le marginal et les marginalisés, relève des gestes anodins et s'intéresse à tous ceux qui vivent à la périphérie, soit géographiquement (dans *Journal du dehors*, la banlieue parisienne; dans *Une Femme*, la campagne normande et la petite ville de province), soit socialement: il s'agit d'ouvriers à la vie dure, de démunis, ou de défavorisés, donc d'exclus de la parole et de l'écriture. D'ailleurs, si Ernaux reconstitue la mémoire collective de la communauté d'ouvriers/d'employés banlieusards dans *Journal du dehors,* elle évoque une autre communauté en marge de cette première: en effet, ces banlieusards sont repliés sur eux-mêmes et s'enferment dans leur routine, au point d'être aveugles et sourds aux cris de plus démunis, aux souffrances d'une communauté encore plus marginalisée, celle des SDF et des clochards. Les fragments illustrent à la fois la mise à l'écart de ces communautés, mais permettent aussi d'envisager—grâce à leur évocation rapprochée dans ce livre—une réconciliation possible, une justice. Les fragments sont donc des marques d'affranchissement de ces êtres et de ces communautés et des marques d'affirmation d'identité.

Les fragments permettent de brouiller les frontières entre genres (s'agit-il d'un journal autobiographique? d'un rapport scientifique? d'un essai? d'une nouvelle? d'un roman?). Ils sont donc la marque d'un composite générique et permettent de souligner LE geste de l'écrivain, plutôt que LA geste. Ils mettent en valeur le travail d'une écriture en train de se faire plutôt qu'une image définitive d'un monde. Ce n'est pas seulement le récit, mais également le texte qui attirent l'attention. Le texte devient œuvre de fiction autant qu'œuvre de critique, qui exhibe le plaisir de narrer.

Sous une apparence de facilité, les textes d'Ernaux travaillent la forme, comme le signalent par exemple l'encadrement des récits par un thème central (la mort de la mère dans *Une Femme,* l'anonymat, les supermarchés et le R.E.R. dans *Journal du dehors*) ou la reprise de motifs conducteurs (violence de l'enfance, excision de petites filles, manque de communication, par exemple), ou encore les fragments et les blancs. Les blancs deviennent les chevilles du texte, qui lui est en lambeaux, tout à fait à l'image de la mémoire du monde de la narratrice qu'elle se charge de reconstruire. Ainsi la littérature d'Ernaux exemplifie bien le retour de l'histoire dans la fiction, dans les années 80. Ses textes affirment les racines d'une communauté et constituent en quelque sorte un monument à la mémoire de la classe ouvrière. La mission de la littérature d'Ernaux n'est pas de transfigurer, de transcender la vie, de donner accès à la contemplation, mais plutôt de dénoncer les rapports de force des classes et de dénoncer une langue et une littérature idéalisantes.

4

La Quête de l'Utopie chez Marie Redonnet

UN DOUBLE CONSTAT S'IMPOSE A LA LECTURE des textes de Redonnet: on y découvre un monde de la violence, du mal, de la destruction, opposé à un monde utopique. Ainsi, les deux protagonistes de *Mobie Diq* sont les seuls survivants du naufrage d'un paquebot, et tous les canots de sauvetage du « Tango » coulent (11); ils vont croiser sur des eaux troubles une baleine putréfiée. La voiture « toute neuve » qu'Onie, dans *Seaside,* conduit pour la première fois tombe en panne et « sent le brûlé » (12); le théâtre où Endel et Onie dansaient, comme danseurs étoiles de la troupe, « est en démolition » (18). *Tir et Lir* débute avec l'annonce de la blessure à la jambe de Tir « par une balle perdue au cours d'un entraînement » (10) et l'odeur du ventre en décomposition de Mab indispose son époux, Mub. Dans *Forever Valley*, l'église est en ruine, le presbytère s'écroule et le père est gagné par la paralysie. « Les papiers se décollent des murs à cause de l'humidité » (9) dans le Splendid Hôtel, régulièrement envahi par les araignées, les moustiques, les rats, les punaises ou les mouches. Mais la citation en exergue du *Splendid Hôtel*, extraite des *Illuminations* et surtout de la section *Après le déluge* de Rimbaud annonce une lutte envers et contre tout (« Les caravanes partirent. Et le Splendide-Hôtel fut bâti dans le chaos de glaces et de nuit du pôle ».) dans le triptyque romanesque et le triptyque théâtral. Si les situations peuvent être cauchemardesques, les personnages n'en sont pas pour autant désespérés, et ils sont dépourvus d'angoisse. L'humour de Redonnet aide les lecteurs à affronter les dystopies et dysfonctionnements qui s'accumulent (misogynie et exploitation des femmes, ou tempêtes et montées des eaux, par exemple). Mais, c'est surtout l'utopie que Redonnet propose comme pensée émancipatrice, comme moyen de lutte pour la survie, incluant donc à la fois la dénonciation de relations de domination et l'expression du besoin de se situer à l'intérieur d'un cadre de domination. Les textes de Redonnet sont des textes de résistance.

Quels pouvoirs Redonnet dénonce-t-elle, qui génèrent violence et destruction? le patriarcat, la religion, la culture, mais surtout la mondialisation de l'exclusion et la violence du monde contemporain. Redonnet offre une mise en garde contre les conditions du monde postmoderne, ce monde « global », de plus en plus réduit grâce à la technologie qui efface les distances, mais aussi monde réduit et étriqué par une vision unique. L'unité du monde est possible grâce aux moyens techniques et à l'octroi de l'autorité à un seul groupe, par exemple les hommes, mais Redonnet dénonce précisément cette unité, la défie et finit par dénoncer le partage universel des mêmes idéaux de vie. Elle déploie une imagination utopique, pour surmonter les difficultés du présent conflictuel, en réfléchissant au passé et va suggérer un retour aux sources, un retour à des manières de vie et de survie imaginées par l'humanité au cours de son histoire, un retour à une simplicité de vie. C'est ainsi qu'elle suggère le respect de la nature, qui ne doit pas être réduite à une source possible d'énergie ou une source d'argent. Le cinéma et les photographies doivent permettre de lutter contre l'amnésie individuelle et collective et le théâtre/la littérature confrontent les êtres humains à leurs vraies responsabilités. Cette imagination utopique propose donc une multiplicité de formes de vie pour maintenant et le futur tout en incluant la remise en question des principes, autorités, et valeurs d'ordre politique, social, écologique ou culturel en vogue dans le monde occidental des années 80.

Prise de parole de femmes et de démunis ou marginalisés

Les romans de Redonnet (*Splendid Hôtel*, 1986, *Forever Valley* et *Rose Mélie Rose* de 1987) sont des récits initiatiques de femmes qui mettent en scène des êtres qui se découvrent, expriment leurs désirs, révèlent leurs manques, racontent leur histoire. Au cœur de chaque roman une narratrice parle à la première personne, femme vieillissante dans le premier roman, jeune fille dans le deuxième et adolescente dans le troisième. C'est sa « voix » qui engendre « l'écriture ». La narratrice du *Splendid Hôtel* a hérité d'un hôtel qui tombe en ruine et s'enlise dans un marais. Elle est également responsable de ses deux sœurs, maniaco-dépressives qui se sont installées dans l'hôtel. Dans *Forever Valley*, la situation de la narratrice semble tout aussi cruelle et injuste. Elevée par un père (le texte n'explique pas s'il s'agit de son père ou d'un curé), l'héroïne ne sait pas écrire, ne sait lire que deux mots (dancing et barrage), est initiée à la sexualité et poussée à la prostitution par la voisine, avec l'accord tacite du père. Elle entreprend le projet de rechercher des morts dans le jardin de l'église en ruine, avant que tout ne soit englouti par les eaux du barrage. A la fin, elle commence une nouvelle vie comme couturière dans la vallée du bas. Dans *Rose Mélie Rose*, Mélie est livrée à elle-même à l'âge de douze ans, lorsque sa mère adoptive meurt. C'est à cet âge qu'elle a ses règles, et quitte son pays natal. Mais elle devient adulte et indépendante, crée un livre, se marie et donne naissance à une petite fille qu'elle abandonne et qui répétera le cycle de la vie de sa mère. Cette troisième narratrice, Mélie, semble avoir bénéficié des tentatives de ses deux sœurs romanesques, puisqu'elle seule est vraiment en mesure d'arrêter le cycle des injustices et d'ouvrir la voie à une nouvelle histoire, à un nouveau cycle créateur. Dans ces trois romans, on a affaire à des femmes qui évoluent dans un monde de détresse et de mort et essayent de se transformer. Seules les narratrices réussissent à s'émanciper en luttant, en construisant, en créant. Et grâce à son rôle créateur, Mélie est la seule qui ait un nom et qui devienne héroïne éponyme, contrairement aux deux protagonistes des autres romans, encore dominées par leur environnement (l'hôtel et la vallée).

Les pièces de théâtre (*Tir-Lir*, 1988, *Mobie-Diq*, 1989, et *Seaside*, 1992) ne se limitent pas à des voix de femmes, elles incluent des êtres démunis également. A cet effet, il est intéressant de noter que les textes de Redonnet s'inscrivent dans une France des années 80, marquée par une « désidéologisation » (Brami, 7). Contrairement aux textes de femmes des années 70, marqués par un féminisme parfois violent ou radical, ceux de Redonnet se distinguent moins par une idéologie féministe que par leur humanisme et l'affirmation d'un monde autre, et non un monde séparatiste. Le triptyque théâtral en est une illustration.

Tir-Lir présente un couple de parents âgés, Mab et Mub, malades et alités, dont l'état se détériore au fil des pages, comme celui de leurs deux enfants, Tir et Lir. Mobie et Diq dans *Mobie-Diq* sont les seuls rescapés d'un naufrage et se sont réfugiés dans une barque abandonnée aux courants marins. *Seaside* narre la rencontre d'Onie et de Lolie, jeune fille de treize ans qui est initiée à la vie sexuelle et à laquelle Onie donne le goût de la danse. Ces trois pièces de théâtre symbolisent la perte des illusions et la décrépitude de plusieurs générations, en même temps que l'idée d'un passage dans un monde futur meilleur. Ainsi, la fin de *Mobie Diq* reste ouverte: les personnages vont peut-être mourir, ou bien on peut croire qu'ils se trouvent dans une baleine, tel Jonas. Ou dans *Seaside*, Lolie, bien que seule au monde, puisque la grand-mère, le grand-père et Lend sont morts, Onie et le jeune homme, visiteurs de passage, partis, Lolie donc décide d'écrire un journal, abandonne tous ses biens et prend le large.

Ces textes sont des quêtes utopiques sur l'origine de la vie, la mort, l'identité, des initiations à la féminité, à la maternité, des textes d'apprentissage. La femme apparaît à divers stades de son développement (fillette, jeune fille, femme mûre et vieille femme), elle dit son corps (corps sujet et corps objet) et ses réalités féminines dans un monde non séparatiste. Et c'est aux femmes qu'il revient de créer des utopies. Mobie est certes une naufragée, mais elle pense au futur et à une nouvelle vie. Elle s'imagine un moment enceinte et rêve d'avoir un descendant. Redonnet a expliqué les raisons biographiques de sa venue à l'écriture: elle réécrit son histoire, réinvente sa famille, et il est sans cesse question de cycles et de règles, au sens physiologique dans le corps féminin et au sens littéraire—cycle romanesque, règles de composition, fluidité de l'écriture (Leclerc 64, 70). Redonnet signale elle-même que les narratrices de sa trilogie romanesque sont une métaphore pour l'écrivain qu'elle est. Rappelons-nous que la narratrice du *Splendid Hôtel* lutte pour sauver son hôtel des eaux, celle de *Forever Valley* creuse des tombes et Mélie crée un livre fait de douze photos annotées.

L'hôtel Splendid est un monde de femmes, au rythme biologique, au temps cyclique, monde qui résiste et finit par se dresser dans toute sa lumière, tel un navire: « on pourrait croire qu'on est sur un bateau… Il n'a aucune chance de sombrer » (125-26). Redonnet elle-même livre une lecture de certains signes de son roman:

> Y apparaissait masqué dans le titre le nom du père (L'Hospitalier…hôtel) que j'avais rejeté pour devenir écrivain. C'était aussi la première fois chez moi qu'une voix de femme engendrait l'écriture et que l'écriture s'incarnait dans le même mouvement (à la fois dans les corps des sœurs du Splendid et dans le corps que représente l'hôtel lui-même). (« Redonne après Maldonne », 162)

Selon Redonnet, l'écrivain construit des textes pour surmonter la mort d'une littérature, l'utopie perdue d'une génération, une société en crise et réinventer une histoire (Stump, 113). L'ancienne littérature, et l'ancienne histoire sont évoquées dans *Rose Mélie Rose*, par exemple, dans ces livres écrits dans un alphabet passé que seul un ancien bibliothécaire Nem a pu décoder, donc inaccessibles et appelés à être remplacés. Ou bien dans *Mobie-Diq*, les deux personnages sont frustrés de ne pas avoir de lecture, le journal de bord du Capitaine, propriétaire présumé de la barque, ne servant à rien, puisqu'il est « écrit dans une langue qu'on ne connaît pas » (38). L'ancienne littérature et l'ancienne histoire ont été léguées par les pères qui sont soit absents (dans *Splendid Hôtel*, *Rose Mélie Rose*, ainsi que dans *Seaside*, puisque Lend, le père de Lolie, ne revient pas), soit destructeurs et finalement enterrés (dans *Mobie-Diq*, le capitaine est mort, échoué sur l'île; le maire et le père ne laissent que ruine dans *Forever Valley* et le mari de Mélie disparaît après leur mariage dans *Rose Mélie Rose*).

Redonnet offre des textes à rapprocher des textes nés après 1968 qui se caractérisent par ce que Jean-Marc Moura nomme la « résurgence du primitivisme » (166), textes mettant en scène des personnages et des sociétés « primitives », idéales, offrant « une constellation de notions et d'images présentant un espace originel, doté de toutes les séductions qui font défaut au monde moderne ». (167) Un des personnages centraux des textes est la femme-enfant, une espèce de fée, personnage mythique traditionnel, associant beauté et innocence, mais aussi pouvoir créateur et pouvoir géniteur (Lolie dans *Seaside*, Mélie dans *Rose Mélie Rose*). Et malgré leurs mésaventures, elles ne perdent pas espoir dans un futur indépendant et prometteur. Les noms de ces protagonistes sont très révélateurs. Ainsi, « Mélie » peut être associé à « m'élis », « me lie » et « me lis », soulignant donc le rôle précurseur du personnage élu, l'importance des liens avec les autres et l'importance de la lecture. « Miel » vient aussi à l'esprit et évoque la douceur d'une vie simple, que la mort ne saurait ternir. Enfin, toutes ces connotations mêlées sont recélées également dans le mot « méli-mélo », qu'il revient au lecteur de dénouer. Lolie, quant à elle, jeune femme de treize ans qui a ses règles depuis un mois, et se métamorphose en femme dans sa robe neuve confectionnée par sa grand-mère, ses hauts talons et avec boucles d'oreille et rouge à lèvres (41) évoque une Lolita stéréotypée, ce que comprend le jeune homme de passage qui la viole. Alors que Lolie ressemble de plus en plus à Onie (Lolie danse comme une professionelle en germe, leurs robes sont tachées, toutes deux sont indépendantes, par exemple), la combinaison des deux noms Lolie-Onie évoque l'adverbe anglais « lonely », solitaire, seule, qui caractérisait la condition des deux femmes. En outre, Lolie évoque aussi—elle lit—son pouvoir de lecture (du journal de Lend, dont elle continuera l'écriture) et de lien ou ralliement—elle lie—elle finit par reprendre toutes les aptitudes des personnages de la pièce et liera, en elle-même, la faculté d'écrire et de raconter des histoires, acquise de Lend, la faculté de rêver apprise grâce au grand-père, l'art de danser d'Onie et la mémoire du passé, transmise par la grand-mère.

Utopie-écriture: Résister au bruit

Les textes de Redonnet peuvent être considérés tout autant comme des textes d'apprentissage de la vie que comme des textes d'apprentissage de l'écriture, comme une recherche d'écriture.

> It is the writing that contains the fiction, it is the writing that creates meaning. When I am not engaged in the process of writ-

ing, I know nothing of the story I am going to write. My style is in a state of rupture, of radical otherness, in relation to what French literature calls style, according to the grand tradition, of which the *Nouvelle Revue Française* is the guardian. (Redonnet, in Stump, *Forever Valley*, 103-4).

C'est l'écriture qui contient la fiction, c'est l'écriture qui crée le sens. Lorsque je ne suis pas engagée dans le processus d'écriture, je ne sais rien de l'histoire que je vais écrire. Mon style est en rupture, il est radicalement différent de ce que la littérature française appelle style, selon la grande tradition et dont *La Nouvelle Revue Française* se fait le gardien. (ma traduction)

Comment qualifier l'écriture de Redonnet? Minimaliste pour certains, comme Warren Motte, « écriture blanche, innocente » pour d'autres (Leclerc, 163), c'est une écriture qui recherche la clarté, la simplicité comme dans les livres de contes, mais qui recherche aussi le mal dit, le maladroit, la maladresse hors académisme. En fait, les textes de Redonnet peuvent être définis comme minimalistes à tous les niveaux évoqués par John Barth:

> Il y a des *minimalismes d'unité*, de forme et d'échelle: des mots courts, des phrases et des paragraphes courts, des histoires super courtes, ... Il y a des *minimalismes de style:* un vocabulaire réduit au minimum, une syntaxe pauvre, ..., une rhétorique limitée au minimum,..., un ton limité au minimum, dénué d'émotions. Et il y a des *minimalismes de matières:* des personnages limités, une exposition limitée, ... des mises en scène réduites, une action minimale, une intrigue réduite. (2; ma traduction, et c'est moi qui souligne.]

Un minimalisme de forme, un minimalisme comme procédé narratif et un minimalisme stylistique illustrent le travail de Redonnet. En voici quelques exemples: les textes de Redonnet se distinguent par leur économie de forme: ils ne comptent jamais plus de cent trente pages (*Splendid Hôtel*, cent vingt-cinq pages, *Forever Valley*, cent vingt- six pages, *Tir-Lir*, soixante-dix-sept, *Mobie-Diq*, quatre-vingt-onze, *Seaside*, quatre-vingt-dix) et chaque texte est morcelé en fragments ou chapitres (*Splendid Hôtel* est organisé en paragraphes séparés par des blancs, *Forever Valley* compte douze chapitres, *Mobie-Diq* suit les huit jours d'une semaine, *Tir-Lir* se déroule sur dix lundis). A quoi sert cette compartimentation? à conférer à l'intrigue un cadre temporel que la langue n'est pas à même de créer car le temps verbal qui prédomine est le présent, confirmant l'idée de la narratrice du *Splendid Hôtel*: « Il n'y a que le présent qui compte » (41). Ces organisations sont aussi à même de donner une sensation de chronologie, construite ici par des structures rappelant les divisions des semaines ou des années, et enfin elles soulignent la monotonie et la répétitivité de l'existence.

Sur le plan syntaxique, c'est le règne de la parataxe: Redonnet se complaît à user de courtes phrases, omettant souvent les conjonctions de subordination ou de coordination. C'est au lecteur qu'il revient vraiment d'établir des relations plus complexes de cause, de temps, de conséquence et de but, par exemple dans *Mobie-Diq*: « J'ai pensé alors: il faut courir vers la barque (12)—où les deux points remplacent la conjonction « que », que l'on peut comprendre comme un anglicisme, ou comme une simplification de la syntaxe. Ou bien « On a réussi à traverser presque sans dommage la zone des récifs. C'est un exploit, on n'est pas des marins » (35), supprimant « puisque » ou « car ». Cet emploi récurrent de l'asyndète, c'est-à-dire l'ellipse de l'élément corrélatif, donne à l'écrit la souplesse syntaxique du langage parlé, ou de la poésie, liée au silence et à l'épuration, fort éloignée par exemple de l'écriture des médias qui se multiplient dans les années 80. Si l'écriture de l'information est liée au bruit, l'écriture de Redonnet s'en écarte, et se tourne vers l'introspection. La parataxe illustre un dialogue avec le silence et souligne la communion de l'écriture de Redonnet avec les mythes fondateurs, et le retour à l'origine. Mais, ce retour à l'origine est à concevoir dans une perspective d'évocation, de nostalgie restaurative pour la construction du futur. Il s'agit donc d'un retour « au futur »: l'écriture de Redonnet implique la circularité, qu'on pourrait évoquer de manière poétique comme l'écho (évoqué par tous les doubles et les effets miroirs trompeurs). Les images de caverne, de forêts et de silence semblent directement surgies des mythes fondateurs de la poésie, tels ceux d'Orphée qui enchantait la forêt et apaisait les bêtes sauvages, par sa musique, tout en étant profondément attaché à la magie du silence. La littérature de Redonnet se réduit aux quelques thèmes de la poésie recirculés de génération en génération.

En outre, la parataxe n'est, elle-même, pas toujours maintenue correctement: la syntaxe est parfois démantelée ou suspendue, les phrases incorrectes ou elliptiques, maladroites ou mal dites: « C'est la faute à grand-mère » (*Splendid Hôtel*, 9). « Il y a trop de choses à s'occuper en même temps » (*Splendid Hôtel*, 33). « On dormait si profond » (*Mobie-Diq*, 31). De nombreux exemples d'omissions de l'inversion peuvent être relevés: « de quelle couleur elle est? » (*Mobie-Diq*, 53), « quel jour on est? » (*Mobie-Diq*, 34, 59, 61, 76). Tous ces écarts signalent un mélange de langue écrite et de langue orale, si bien qu'écrire n'apparaît pas « comme une sorte de trahison par rapport à la parole » (Didier, 32). Cette langue aux mots d'une extrême simplicité, presque enfantins, quotidiens, recèlent pourtant une force, voire même une cruauté qui contrastent avec le ton.

Dans son écriture-utopie poétique, Redonnet se démarque de l'écriture de l'actualité en incluant l'intempestif, mais aussi le jeu: les références littéraires sont nombreuses. Outre celles à Rimbaud—cité en exergue de *Splendid Hôtel*—analysées par Gaudet, les références à Melville, Beckett et Duras sont frappantes. Pensons au titre Mobie-Diq, noms de deux personnages créés à partir du livre de Melville et s'y référant dans la situation (une lutte sur un océan, une baleine blanche). M. Darrieussecq y voit même la référence fondamentale de tous les textes de Redonnet:

> Redonnet rejoue les vieux polars américains, mais fondamentalement, à chacun de ses lisses récits, et depuis le début, elle ré-écrit *Moby Dick*—comme un fantasme littéraire, une ombre dans le fond de ses décors faussement policés où la mer—le lac, l'eau—ouvre la faille absolue. (192)

Les noms de ses personnages et le monde de ses livres évoquent Beckett, son monde en décomposition, aux règles mystérieuses et jamais révélées, monde de la mort, mais teinté d'humour et de mélancolie. Pensons à Mub et Mab, Tir et Lir, la série des Rose, Ada et Adel, beaucoup de noms ne diffèrent que d'une lettre pour différencier le sexe de la personne (comme le souligne Raymond Bellour, « La Baleine », 66) et rappellent des jeux de mots beckettiens comme Hamm et Clov, Winnie et Willie. Comment ne pas penser à Beckett également dans l'emploi de l'anglais et de jeux de langue? Pensons aux titres *Forever Valley, Splendid Hôtel,* le lieu Oat, prononcé O-at, évoquant Watt de Beckett ou bien « what? » Les jeux avec les mots « gravé » et « grave » (la « tombe » en anglais), par exemple dans *Seaside* (28), dans *Rose Mélie Rose* (11) ou dans *Splendid Hôtel* (114, 117), traduisent l'obsession de certains personnages avec la mort. Toutefois, le monde de Redonnet est, contrairement au monde de Beckett, un monde en construction, un monde de l'avenir.

C'est dans la place conférée aux voix de femmes et dans l'écriture en rupture avec l'écriture traditionnelle que Redonnet rappelle Duras. Ici même recherche du maladroit, de la parataxe, couplée à la poésie. En outre, le mélange d'autobiographie et de fiction, et la reprise, sinon de la même histoire, comme chez Duras, du moins d'histoires parallèles ou qui se font écho renforcent ce rapprochement. Par exemple, *Splendid Hôtel* et *Tir-Lir* dépeignent tous les deux l'état progressif de détérioration—d'un hôtel et d'un vieux couple décrépit; le couple à la dérive de *Mobie-Diq* et la narratrice de *Forever Valley* sont des rescapés de désastres produits par l'eau; Onie pensait avoir hérité d'un hôtel au bord de l'eau, qui a disparu, dans *Seaside*, et rappelle la sœur de *Splendid Hôtel*. Certaines situations évoquent directement les histoires de Duras. Dans *Seaside*, les deux femmes ont « presque le même nom » (33, Lolie/Onie), comme Elisabeth et Alissa dans *Détruire dit-elle* et le rêve de la grand-mère l'associe au personnage de la mère du *Barrage du Pacifique* et de la petite fille de *L'Amant*, puisqu'elle tient en permanence un album de photos et

> elle rêve qu'elle creuse la terre et qu'elle rencontre la mer. Alors la mer recouvre toute la terre et c'est le vrai déluge qui commence pour ne jamais finir. (35)

Si Redonnet rend hommage à certains écrivains (elle évoque aussi, dans ses interviews, Kafka, Camus ou Céline), elle s'applique à s'écarter du « style académique ». Son écriture produit un effet de discontinuité, de rupture et crée une écriture « hors-la-loi ». Redonnet combine le jeu, l'épuration, et la lenteur pour exprimer sa rébellion ou sa résistance à une certaine écriture, une certaine littérature.

L'écriture libérée de Redonnet produit souvent un humour de surface, humour renforcé par des jeux de langue, de mots, mais aussi des situations incongrues, des mélanges de tons, ainsi que des clins d'œil intertextuels. En voici quelques exemples: le titre « Tir-Lir » est l'homonyme d'un mot commun (la tirelire). Les deux prénoms cités l'un à côté de l'autre (32, 33, 34) évoquent le rôle de l'argent pour Mub et Mab, qui se consolent de l'amputation des deux jambes de leur fils en pensant à sa pension qui leur permettra de vivre, avec leurs deux enfants (64). Ils exhortent aussi leur fille à reprendre sa profession malgré sa maladie contagieuse, car son argent leur est indispensable. « Tir » évoque également le tir de balles qui causera la mort du fils, et « Lir » le rôle de la lecture (ce sont les lettres qui rythment et donnent un sens à la vie des parents et des enfants). Autres exemples: les contrastes concret/abstrait, les juxtapositions inattendues ou l'absurde détendent l'atmosphère. Dans *Mobie-Diq*, « Il faudrait que tu te décides à ramer un peu Mobie, si tu veux arriver quelque part. Tu ne voudrais pas arriver nulle part? » (50). L'ouverture de *Splendid Hôtel* ne manque pas de piment non plus: « Le Splendid n'est plus ce qu'il était depuis la mort de grand-mère. Il faut sans arrêt déboucher les sanitaires » (9). L'hôtel est de plus en plus délabré (l'électricité est coupée, les meubles vendus, les sanitaires hors d'usage et la narratrice de remarquer: « il y a un peu de laisser-aller » (57). Dans *Seaside*, Onie, en panne, et perdue sur la route, évoque la vie de l'oncle d'Endel: « Il était au sommet de sa carrière quand il a fait sa chute de cheval » (17). Ou bien, dans *Splendid Hôtel* la juxtaposition de phrases courtes indépendantes finit par créer un méli-mélo de catastrophes et dysfonctionnements: « Ada est ravie des crampes d'Adel. Elle en oublie son tic. La bassine déborde. Le couvreur fait le mort » (59). Ou encore, la narratrice affiche une information dans le hall, mais en même temps l'apporte « au client pour qu'il en prenne connaissance le premier » (123) alors qu'il est le seul client! Autre source de comique également: les répétitions de gestes des personnages (la narratrice du *Splendid Hôtel* débouche sans cesse les sanitaires, les parents de *Tir et Lir* lisent les lettres de leurs enfants tous les lundis matins, et leur répondent tous les lundis après-midi), les répétitions de situations (il y a trois naufrages de paquebots identiques et deux barques semblables dans *Mobie-Diq*, toute une série de Rose dans *Rose Mélie Rose*).

Sources d'utopie: la nature, le théâtre et le cinéma

—*La Nature*

L'espace utopique à la Redonnet est fascinant, même s'il n'est pas développé. L'utopie suppose une communion entre les êtres humains et la nature, ou en tout cas un profond respect des cycles naturels. Ainsi, *Rose Mélie Rose* s'ouvre sur une description d'une nature idyllique:

> Les rochers noirs qui bordent la rivière sont en quartz, comme le sable... Au bout de la rivière, il y a les cascades. J'ai toujours vécu près des cascades. C'est tout blanc là où il y a les cascades à cause de l'écume. Parfois, on voit apparaître l'arc-en-ciel au milieu des cascades. (7)

Les êtres humains vivent en osmose avec les éléments naturels. Le cycle vie/mort s'y inscrit de manière naturelle:

> Rose était morte.. A midi, quand le soleil est entré, la lumière a éclairé Rose. Elle avait l'air de dormir... Je l'ai enterrée dans la grotte, ... C'est un abri sûr. Sur la paroi, j'ai gravé son nom, et le mien aussi. Et puis je les ai reliés... Rose est morte le jour de mon anniversaire... C'est mes premières règles. (11-12)

De même dans *Seaside*, la mort relève d'un cycle naturel. La grand-mère « disait que la mort n'existe pas » (53). Lolie continue de bercer la grand-mère morte dans son rocking-chair, puis conçoit la mort de sa grand-mère comme une libération lui permettant d'écrire son propre journal (53). Le jeune homme de passage constate aussi, en regardant la grand-mère morte: « On dirait qu'elle fait un voyage dans la mort sans être morte. J'ai envie de la regarder longtemps comme si c'était ma grand-mère » (63-64). Et Onie compare la grand-mère « à une grande poupée » (72) lorsqu'elle la porte pour l'enterrer, soulignant ainsi un nouveau cycle de vie pour cette morte, dans l'imaginaire des vivants.

Dans *Splendid Hôtel*, bien que le marais détruise peu à peu son hôtel, la narratrice le respecte: « Si on n'assèche pas le marais, c'est parce que le marais est utile » (80). En outre, elle reconnaît que c'est la mort qui fait recouvrer aux sœurs leur vraie identité: « maintenant mes sœurs sont devenues vraiment mes sœurs » (114), c'est-à-dire lorsqu'elles sont décédées.

L'osmose de Lolie dans *Seaside* avec la nature est illustrée dans l'épisode de la taupe qui détruit ses plantations, mais qu'elle ne veut néanmoins pas tuer:

> Une taupe aussi peut se tromper de route. Elle était toute petite quand elle est arrivée, plus petite qu'un tout petit moineau. Elle a mangé beaucoup de graines, et maintenant elle a beaucoup grossi. [...] Si Lend savait qu'il y a une taupe qui vit dans l'enclos, il la tuerait. Il y a un piège à taupes sous son lit. Ça ne me dérange pas qu'elle mange les graines que j'ai semées puisque les graines ne peuvent pas pousser à cause du manque d'eau. Quand je ne dors pas, je l'entends qui gratte la terre et qui fait des bonds. Je ne me montre pas, elle se sauverait. (32)

Et au moment de partir, Lolie de nouveau s'inquiète de l'avenir pour sa taupe: « De quoi va vivre la taupe? » (87) Ces lieux idylliques et de symbiose présentent toutefois des dangers. Ainsi dans *Rose Mélie Rose*:

> La lumière est plus forte ici.. ça a dû finir par lui brûler les yeux.
> Elle cligne les yeux tout le temps...
>
> Les rochers glissent, il faut faire attention en sautant. (7)

ou bien dans *Seaside*, la nature paradisiaque est aussi une menace permanente pour les maisons, les plantes, et la vie des humains: « Par ici, il n'y a pas d'hôtel, la mer est trop violente, les grandes marées emportent tout. Il y a même des raz-de-marée » (37), ou dans d'autres textes le marais, la mer, la vallée peuvent être hostiles (le marais détruit l'hôtel, la mer engloutit les bateaux). Mais cet espace « primitif » est là pour s'opposer au monde à rejeter et pour permettre aux protagonistes de se distancier d'une civilisation pourrie, de faire la transition vers un monde qu'il leur reste à créer, riche de promesses. De même qu'on ne trouve pas de portrait physique, ni psychologique des protagonistes, les paysages se distinguent par leurs caractéristiques génériques. Il s'agit de lieux de l'authenticité perdue dans le monde postmoderne, dont la technologie est critiquée. Les protagonistes et les lecteurs sont transportés dans des « ailleurs », qui permettent d'évaluer des évidences invisibles du monde contemporain, et donc d'étonner les lecteurs et les faire réagir. Que les récits se déroulent dans un hôtel au bord d'un marais, un bungalow entre un désert de sable et un lagoon d'un bleu profond, ou une chambre à coucher, les lieux recèlent de valeurs fondamentales telles que la créativité, l'appartenance à une famille, la maîtrise et un refuge loin de la technique et de l'économique.

L'utopie n'est possible que si la nature est considérée non pas comme ressource potentielle, comme fonds exploitable, mais comme lieu à protéger car il est menacé par la technologie. Ainsi, une chute d'eau est une chute d'eau, et non pas une source d'énergie, un barrage, par exemple.

—*Le Théâtre*

Les références au théâtre et l'écriture de pièces de théâtre offrent une autre dimension utopique. Attardons-nous sur quelques remarques apparemment anodines dans *Splendid Hôtel*. Adel, une des deux sœurs, « ne renonce pas à sa carrière théâtrale » bien qu'elle se soit « retirée au Splendid » (13):

> Elle écrit aux directeurs de théâtre pour leur demander un rôle. Elle n'a pas une belle voix pour une comédienne. Elle n'a jamais joué que des petits rôles. Les grands rôles qu'elle répète dans sa chambre, elle n'a jamais eu l'occasion de les jouer. (13)

Adel a toujours rêvé de faire du théâtre, mais n'a jamais reçu d'offre. Elle n'est donc jamais montée sur une scène... jusqu'au jour où:

> On lui proposait un petit rôle sans parole. Elle devait rester assise au fond de la scène, le dos tourné au public, immobile. Elle a réfléchi longtemps sur l'intérêt du rôle. Elle nous a dit que c'était le plus beau rôle qu'on lui avait proposé, mais qu'elle n'était plus capable de le jouer maintenant, depuis le temps qu'elle avait abandonné la scène. (53)

A la première lecture, ces lignes font évidemment rire. Pourtant, sous cet humour de surface, Redonnet ne propose-t-elle pas une réflexion sur le théâtre? Si cette femme Adel n'a jamais pu jouer, est-ce, comme l'affirme la sœur cadette, en raison de sa voix inadaptée? Ou bien est-ce l'illustration de l'histoire théâtrale jusqu'au début du XXe siècle où les femmes étaient reléguées au second plan? Ou bien encore où elles incarnaient non de vraies femmes, mais un paradis perdu conçu par des hommes et pour des hommes. Dans son triptyque théâtral, Redonnet offre aussi une réflexion sur le théâtre comme utopie. Elle ne va pas simplement inverser les rôles assignés traditionnellement par sexe, elle va au contraire renouveler l'espace, distribuer aux hommes et femmes des rôles comparables en importance, et exiger plus du spectateur. *Tir et Lir* illustre l'évolution des conditions de vie des femmes. La mère ne sait ni lire, ni écrire, mais sa fille est non seulement indépendante, elle fait aussi vivre la famille par ses gains, tout comme le fils d'ailleurs. La mère, en outre, prise la lecture des lettres de son mari et de ses enfants, et organise toute sa vie autour de ces lettres jusqu'à affirmer « Heureusement que nous pouvons nous écrire, c'est une chance » (43). Dans *Seaside*, tous les personnages, hommes et femmes initient Lolie à l'amour de la nature, à la lecture, à l'écriture, à la danse, au rêve et à l'imaginaire et lui permettent d'assumer son indépendance. Les fantasmes utopiques de Redonnet donne une visibilité à des personnages encore marginalisés dans la société, donc sans pouvoir en réalité.

Le théâtre est un espace à la fois de séparation et de rassemblement entre la scène et la salle, entre les comédiens et les spectateurs. Il a pour objet le spectateur, sa place dans la salle, et son rôle dans le processus d'écriture et de la représentation. Depuis Artaud, on sait que la séparation scène-salle n'est pas immuable. L'un des enjeux de cet art est le regard du spectateur sur le monde de la scène, qui est l'envers de la scène du monde.

La pièce proposée à Adel envisage un rôle féminin comme une silhouette muette, et de dos, illustrant peut-être le rôle—ou l'absence de rôle—des femmes, mises à l'écart, dans la société; ou bien cette silhouette ne représente-t-elle pas le rôle des spectateurs eux-mêmes, spectateurs fossiles, invisibles et réduits au silence, dans le théâtre « décor » traditionnel? Adel dans ce rôle serait réduite à une protagoniste de point de vue. Ainsi, on peut penser qu'Adel refuse le rôle, non pas seulement par manque d'assurance, mais par rébellion. En outre, Redonnet va, elle, écrire des pièces et construire des espaces qui vont obliger les spectateurs/lecteurs à réagir, se questionner, à jouer un rôle, à s'engager, en se libérant de l'ordre logique du réel, pour faire travailler leur imaginaire. Elle va provoquer, plutôt que le regard, le regard intérieur. Le spectateur n'est plus un simple voyeur muet qui utiliserait sa raison, mais un créateur, dont le texte sollicite l'imaginaire par le jeu poétique de la langue. Ce regard intérieur est un regard tourné vers soi, la limite classique entre scène et salle est surmontée, le spectateur est appelé à « voir » au-delà de ce qui lui est montré, au-delà du visible. Ainsi, « tourner le dos », c'est tourner le dos aux responsabilités, à l'action, à la communication, à la participation. A titre d'exemple d'une lecture oblique, dans *Tir et Lir*, les parents Mab et Mub, coincés dans leur chambre, imaginent recréer dans cette chambre, puis à l'hospice un lieu idyllique d'une famille unie. Ce lieu fait penser à un œuf, ou bien à l'utérus de la mère, ou bien encore au cerveau, ou bien à un espace intérieur, ou à notre conscience. Ce lieu rappelle en fait la grotte de *Rose Mélie Rose*, microcosme de la vie, semblable au giron de la mère. Et les terribles échanges ou faux échanges de Mab et Mub abordent des sujets qui concernent tous les êtres humains, tels la peur de la mort, ou bien l'amour-haine dans un couple et dans une famille, ou encore le non-dit, la solitude, la maladie, mais aussi le rêve, la lecture et l'écriture comme moyens de survie. *Seaside* évoque le passage de l'enfance à l'âge adulte. Dans cette utopie qu'est le théâtre de Redonnet, les spectateurs deviennent les personnages centraux, en lisière de la scène, absents de la scène mais présents, invités à s'y imaginer, en dialogue avec le texte. Ainsi, c'est pour mettre en valeur le rôle du spectateur/lecteur que Mub lit à voix haute les lettres qu'ils reçoivent et celles qu'il écrit. Les spectateurs/lecteurs en deviennent les destinataires et deviennent le double autant des parents que des enfants, tout en conservant une position privilégiée d'invités. Et même plus: ils deviennent les vrais acteurs puisque les parents se décomposent et les enfants sont absents. Il revient donc aux spectateurs/lecteurs de prendre en charge et de répéter l'utopie que la lecture et l'écriture des « lettres » permettent. Cette utopie de l'écriture et cette écriture utopique donnent le vrai sens à la vie, elles sauvent du cauchemar et libèrent de l'angoisse. Le théâtre doit en effet faire réfléchir et faire comprendre la condition des mortels, la peur de l'autre, la peur de la mort et de la solitude. A l'époque de la télévision et du cinéma qui désormais veulent offrir de l'*entertainment*, veulent amuser, Redonnet semble rappeler la nécessité pour les humains de réfléchir à la condition humaine, aux fonctionnements de la société, aux notions d'épreuves, de peurs, de mesure, donc aux manifestations oppositionnelles de co-existence.

—*Le Cinéma*

L'utopie à la Redonnet repose sur l'usage de la photographie et du cinéma, ou leur évocation. C'est grâce à eux que les personnages peuvent se projeter dans le futur. Ainsi, c'est dans son film préféré « Splendid Hôtel » que la grand-mère avait trouvé l'idée de son hôtel, en avait pris le nom et avait donc rêvé de son entreprise (86). Dans *Mobie-Diq*, les deux personnages comparent le spectacle du naufrage à un « film catastrophe » (15) et un peu plus tard pensent à faire du cinéma (41). Les notions de vue et de vision ou projet d'avenir sont très proches: Mobie est handicapée car elle a perdu ses lunettes (« De quoi tu parles? sois plus claire quand tu me parles. Tu ne vois donc pas que j'ai perdu mes lunettes », 10), mais c'est aussi son imaginaire qui s'en trouve limité.

> Quand on ne voit pas à plus de dix mètres, c'est difficile d'imaginer ce qui arrive au-delà, même quand on vous le raconte. (12)
>
> Pour moi, c'est comme si au-delà n'existait pas. (15)
>
> C'est comme si on ne parlait plus la même langue si on ne voit plus la même chose. (18)

Mais Mobie mettra Diq en garde de ne pas se « fier seulement à (sa) vue, ta vue peut te tromper » (30) et donc de jouer avec l'imaginaire, de rêver. « Réapparaître sous un autre nom, je n'y avais pas pensé. C'est peut-être une bonne idée, surtout si on veut faire du cinéma » (49) et Mobie se rassure en s'imaginant sur un écran:

> ça me fait du bien de regarder la lanterne. La barque est pleine de reflets. On dirait une lanterne magique au milieu de la mer. On ne pense pas qu'on est naufragés quand on regarde la lanterne. (54)

Le cinéma devient son salut. L'influence du cinéma, et plus particulièrement du cinéma muet, et l'importance des photographies sont des leitmotive en outre dans *Seaside*. L'hôtel dont Onie avait hérité avait été construit par « l'un des plus grands acteurs du cinéma muet », qui avait dû « renoncer à sa carrière d'acteur » (16) après un accident de cheval. Toute sa vie a été rythmée par le cinéma, jusqu'à sa mort survenue « au début du cinéma parlant » (17). Le jeune homme de passage se passionne pour le cinéma, il affirme que « les plus beaux films du cinéma muet ont été tournés dans les décors du Seaside Hôtel » (64). Il envisageait d'y tourner un film parlant avant de découvrir que l'hôtel s'est écroulé et qu'il n'a pu réaliser qu'un « court métrage », muet, sur la façade de l'hôtel, seul vestige du bâtiment (65). La grand-mère s'agrippe à un album de photos (25)—même dans son sommeil, et finalement dans la mort—pour raconter à Lolie son passé et lui présenter des photos de sa mère, chaque soir. Onie est choquée de constater que les photos que la grand-mère montre à Lolie sont celles « d'une petite femme dans un corps de petite fille. Elle a le même regard que la poupée ». « Elle n'est pas habillée, elle porte seulement des dessous en dentelle » (40), comme si la grand-mère voulait préparer sa petite fille au rôle de poupée, ou de prostituée, et lui enseigner la fatalité de la condition d'une femme. D'ailleurs, c'est dans un attirail similaire qu'elle apparaît juste après:

> La petite fille réapparaît dans l'embrasure de la porte du bungalow où elle s'arrête un instant pour qu'Onie la regarde bien. Elle porte des souliers à talons, une robe en broderie anglaise blanche

> avec une ceinture framboise. Elle a changé sa coiffure, elle s'est mise des boucles d'oreille et du rouge à lèvres. Elle fait presque jeune fille tout à coup. (41)

Onie pourtant lui permettra de découvrir ses talents de danseuse; elle se révèle être plus douée qu'Onie. Mais, même sur cette photo de petite prostituée potentielle, la petite fille tient dans sa main « un appareil de photo miniature, comme un jouet. On dirait qu'elle veut prendre en photo quelqu'un ou quelque chose » (40). Cet appareil est à comprendre comme le signe d'une promesse.

La photographie et le cinéma sont présentés comme des témoins du passé, ou bien des moyens de construire le passé, des moyens de contrôler le passé et la mémoire ou même d'inventer la mémoire, de construire la mémoire pour mieux se projeter dans le futur. Ainsi, même si elles sont floues ou même si elles ne représentent pas ce qu'elles devaient représenter (par exemple, dans *Rose Mélie Rose*, la photographie, prise par Cob, de Yem et Mélie est une photo sans eux!), elles sont précieusement mentionnées. La photographie semble indissociable de l'écriture, et de l'écriture de textes littéraires ou historiques. Mélie écrit au dos de ses photographies le sujet des photographies, ou bien l'idée qu'elle en avait: c'est vraiment à l'écriture, à la langue bien plus qu'à la photographie seule que les personnages de Redonnet font confiance, mais la photographie permet de résister à l'amnésie personnelle et à l'amnésie collective, de préserver donc la mémoire, de construire l'identité, mais surtout de construire des utopies.

> Grand-mère dit que mère ne voit personne. Mais je vois mère chaque soir sur les photos de grand-mère. Grand-mère ne se sépare jamais de son album de photos où mère est photographiée quand elle avait mon âge. Je regarde les photos avec grand-mère chaque soir avant de m'endormir. (*Seaside*, 30)

Le parallèle entre photographie et écriture est apparent dans *Seaside*. « Lend m'a appris à lire et à écrire. Il tient un journal aussi grand que l'album de grand-mère ». Et ce journal évoque l'écriture même de Redonnet:

> C'est comme une histoire qu'il raconte chaque jour dans son journal. Le journal de Lend, c'est mon livre de lecture. Il me le donne chaque matin après l'avoir écrit pour que je lise la suite de l'histoire. Ce qu'il raconte dans son journal, je ne sais pas où ça se passe. Lend dit que ça se passe au cœur du temps. C'est un journal sur le temps. (36)

Tout comme Mobie associe cinéma et théâtre (« Le cinéma est peut-être un art majeur, comme le théâtre », 15), ou bien encore la narratrice du Splendid Hôtel (qui se demande « Peut-être qu'Adel aurait fait une belle carrière au cinéma? Pourquoi est-ce que mère l'a poussée à faire du théâtre, seulement du théâtre, et pas du cinéma? », 85), Redonnet ne se limite pas à faire de nombreuses références au cinéma, elle va jusqu'à utiliser un écran dans certaines pièces. La scène deux de la pièce *Seaside* se déroule avec un écran blanc de cinéma en arrière-plan sur lequel est projetée une ombre géante, « en ombre chinoise », celle de Lend transformé en « rameur géant » immobile « à l'avant d'une barque » (42). Un écran noir est substitué à l'écran blanc dans les scènes trois et quatre, sur lequel sont projetées d'abord la même silhouette du rameur qui se déplace très lentement, puis l'image d'une barque blanche avec une « grande voile blanche » sans rameur dans la scène suivante. Utiliser l'écran au théâtre évoque une certaine utopie créée par le cinéma, associée ici avec la magie manipulatrice des marionnettes: le cinéma, les ombres chinoises et le théâtre participent à la construction de l'identité de chacun, en réduisant l'altérité sans la détruire. Filmer et regarder l'interdit, l'étrange, l'inconnu, le lointain, ce qui est différent, c'est les inclure dans sa vie. Les ombres projetées et les images de cinéma conjurent et domestiquent l'inconnu, le hors-champ et sont un moyen de faire renaître des morts. Le cinéma est renaissance. Ainsi, l'ombre d'un rameur met en scène Lend, tout en annonçant indirectement sa mort. Cet usage de l'ombre sur l'écran souligne l'association du spectral et de l'image. L'ombre de Lend devient un fantôme, mais il s'adresse à l'imagination et aux fantasmes de Lolie et du spectateur. L'écran est donc associé à la mémoire et au hors-champ: Lolie raconte son passé et construit son futur à la lueur de cet écran, qui immortalise l'être qui lui a enseigné la lecture et l'écriture, tout en lui interdisant le privilège qu'il se réservait, ramer et naviguer dans le lagoon.

Autre aspect intéressant de cette projection: Lend rame, mais reste sur place, symbolisant donc à la fois la vie et la mort, mais aussi l'acteur (qui agit) et le spectateur de cinéma qui normalement est cloué sur son siège et ne bouge que dans l'imagination, par projection et identification. Lolie et Onie vont finir par imiter l'acteur Lend, puisque Onie s'embarque et disparaît dans le lagoon, tandis que Lolie va aider le grand-père à pousser la voiture (à la place de Lend) et va poursuivre l'écriture du journal de Lend, qu'elle fait sien. Lolie et Onie sont à la fois des spectatrices et des rêveuses éveillées. Redonnet rappelle aussi que le cinéma est une mise à distance dans le temps et l'espace d'événements qui sont vécus dans l'urgence et la nécessité. Un film en effet est vécu dans le présent, alors qu'il est un ailleurs et un avant, qui auront des effets sur un après. Il décale le visible dans le temps et l'espace et surtout il cache, autant qu'il montre. Le noir, l'ombre est nécessaire à la constitution de l'image. Donc le blanc et le noir sont nécessaires. « Noir sur noir, ce n'est pas visible » affirme Mobie (14). Le cinéma se construit bien par dissimulation et révélation progressives, comme un récit. Les références au cinéma chez Redonnet illustrent son écriture et offrent des clés de lectures: tout comme le spectateur, le lecteur ici doit accepter de ne pas tout voir, tout à la fois, ni en même temps. Et le non-dit et le non-visible sont peut-être plus puissants que ce qui est directement exprimé et dit.

Plaidoyer contre la technologie

Les relations entretenues avec la technologie ne sont pas ambivalentes chez Redonnet: la technologie n'est ici pas présentée comme l'espoir d'une vie meilleure, ou la promesse d'une société meilleure où solitude et souffrance reculeraient, et où les distances seraient réduites. La technologie est ici dénigrée, caricaturée, et représentée plutôt comme une menace à l'imaginaire et une menace ou la cause d'une déshumanisation d'autant plus pernicieuse qu'elle se réclame de valeurs de solidarité et de progrès.

Redonnet fait référence aux technologies qui ont donné naissance à un imaginaire de la mise en réseau des objets, des hommes et de la société, et plus précisément aux chemins de fer, au télégraphe et au téléphone, ainsi qu'aux voitures ou paquebots. Ces technologies portaient la promesse d'un rapprochement des êtres humains et semblaient être le moyen de conduire l'humanité sur la voie d'une unification par les déplacements et l'échange incessant de nouvelles. Mais, véhicules potentiels d'utopies, elles n'apportent que déceptions, et échecs. Ces technologies ne peuvent pas fonctionner, en effet, car elles s'opposent à la nature. Ainsi, la construction du chemin de fer, dans *Splendid Hôtel*, se révèle impossible puisque le marais envahit la région.

> C'est un coup dur pour la compagnie. Tous les rails sont rouillés et bons pour la ferraille. La digue s'affaisse plus nettement qu'avant aux endroits que j'avais déjà signalés au chef de chantier. (115)

Ou bien, les technologies sont des échecs techniques et donnent lieu à des scènes grotesques ou tragiques. Dans *Mobie Diq*, les deux protagonistes sont rescapés d'un naufrage sur un paquebot qui était « tout neuf. C'était le plus moderne et le mieux équipé de tous les paquebots... Il y avait tous les systèmes de sécurité » (11). Ils ont pris refuge non pas dans les canots de sauvetage du navire, qui coulent tous (11), mais dans une « vieille petite barque », d'un ancien modèle dont le moteur ne marche pas.

> Mobie: Tu es bien sûr que c'est impossible de mettre le moteur en marche? Tu as vérifié qu'il y a de l'essence?
> Diq: Si je te dis que le moteur ne marche pas, c'est qu'il ne marche pas. Il n'y a rien à faire, Mobie. Si le moteur de la barque ne marche pas, c'est qu'il a été mal monté. (9-10)

La critique de la technologie est claire dans *Seaside* qui se déroule dans « un désert de sable » (14), au bord d'un « lagoon » [en anglais dans le texte] (15), la route s'y arrête, monde naturel, simple et dépourvu de techniques ou presque:

> Il n'y a pas de cabine téléphonique pour appeler une dépanneuse au bord de cette petite route. Ce n'est même pas une route départementale. Il n'y a même pas de poteaux téléphoniques au bord de la route, il n'y a que des poteaux électriques. (14)

Les voitures n'ont ici aucune raison d'être, le grand-père s'est d'ailleurs constitué, dans un hangar, une collection de toutes les voitures tombées en panne à côté du bungalow! Et Onie désespère car « une auto neuve, ça ne devrait pas tomber en panne. Je n'avais pas du tout pensé qu'il pouvait y avoir un défaut de construction dans le moteur » (14). Lolie rappelle à Onie que « la barque, c'est plus sûr que l'auto, ça ne tombe pas en panne » (29). Seule la luminosité de la nature arrive à métamorphoser la voiture en panne, dans l'imaginaire d'Onie pour finalement rendre utile ce rebut:

> Le bleu du lagoon est si bleu par rapport au bleu de la quatre-chevaux. La quatre-chevaux se reflète dans le lagoon. Elle s'y reflète seulement à moitié. On dirait une grosse tortue, une tortue géante au fond du lagoon ». (20)

La résistance à la technologie est bien sûr dûe en partie aux limites des moyens économiques des protagonistes ou à leur goût du « naturel » et du « sans bruit ». Dans *Seaside*, « les ampoules du bungalow éclairent mal. C'est les plus faibles ampoules qui existent » (46) et, pour satisfaire la grand-mère, « il n'y a pas de radio » (49). Pourtant, Onie saura quelque peu renouveler l'horizon de Lonie en lui cédant son « magnéto à piles » qui fonctionne (48), à l'étonnement de Lonie habituée à ne voir que des objets technologiques défaillants et inutilisables. Grâce au magnéto, la musique va bouleverser et ouvrir le monde de Lonie. Le monde ne peut évidemment pas être envisagé hors de la science et de la technologie, il est perpétuellement transformé par elle. Mais Redonnet insiste sur l'idée de choix à faire dans les projets scientifiques et technologiques, qui menacent la nature.

Pour une société renouvelée à venir

Comme elle l'explique dans son essai autobiographique « Redonne après maldonne », Marie Redonnet considère que sa « définitive naissance en tant qu'écrivain » s'est opérée non pas avec ses premiers livres,

> *Le Mort et Cie* (1985) et *Doublures* (1986) ont été publiés aux éditions P.O.L. C'était ma naissance en tant qu'écrivain, mais elle n'était pas encore achevée. (162)

mais plutôt avec son triptype romanesque et son triptyque théâtral publiés chez Minuit. Les Editions de Minuit, créées en 1941, sont associées à un nom depuis 1948, celui de Jerôme Lindon, au nouveau roman et à de nombreux prix. Commentant sa décision de publier ses textes aux Editions de Minuit, Redonnet signale que passer aux Editions de Minuit, c'était comme

> symboliser... ma définitive naissance en tant qu'écrivain. Toute seule cette fois je le devenais, et dans la maison d'édition où étaient publiés les écrivains qui chacun à leur façon m'avaient aidée à assumer et à porter l'étrangeté de mon écriture, si peu accordée à la tradition littéraire française. (« Redonne après maldonne », 162)

Redonnet continue donc un travail initié par d'autres. Mais, elle relève de la nouvelle génération d'écrivains qui n'a plus besoin de se définir par rapport au « nouveau roman », soit en épigone, soit en s'y opposant, nouvelle génération d'écriture qualifiée de minimaliste ou d'impossible, sans pour autant former une école homogène. Citons par exemple Echenoz, Deville, Bon, Toussaint (aussi évoqué par l'utilisation du Polaroid de Mélie et de ses douze photos, parallèlement au narrateur de l'*Appareil Photo*), qui réhabilitent certaines notions que l'on croyait périmées (intrigue, personnages) et donc ressuscitent un genre (le roman) que l'on croyait ruiné par le soupçon.

Pour Bellour, Redonnet écrit des mythes qui s'adressent à chacun de nous. « Le mythe est un monde clos, qui compose et recompose, comme à l'infini, un nombre fini d'éléments (Bellour 92). Elle semble bien construire ses textes sur le thème mythique par excellence qu'est « le monde d'avant », monde plein de promesses, fini et ouvert, avec des éléments reconnaissables, mais ouvert aux interprétations. Ses personnages sont à la dérive dans un monde pauvre, mais attirant par ses lieux banals, institutionnels ou mystérieux (forêt, grotte, hôtels, paquebot, barque, école, mairie). Les éléments symboliques traditionnels y abondent: l'eau y est omniprésente (l'océan dans *Mobie-Diq*, les cascades dans *Rose Mélie Rose*, le marécage dans *Splendid Hôtel*, le lagoon dans *Seaside*) et symbolise la vie ou la mort. Les personnages sont des doubles ou des couples (nombreuses femmes prénommées Rose, Tir et Lir, Mobie et Diq, Mab et Mub, Lolie et Onie—qui deviennent la même personne) et signalent l'ouverture sur l'autre. Ils relèvent de l'ordre de l'idéal. Ils sont tous parents, ou prétendus tels et sont désignés souvent non par un nom, mais par leurs relations ou leur fonction (trois sœurs, les parents et les enfants, des couples, un grand-père, une grand-mère, un jeune homme, un facteur, par exemple). Ils témoignent d'un imaginaire rudimentaire, mais plein de jeu. Chaque texte invite à une lecture symbolique. A titre d'exemples, les trois sœurs de *Splendid Hôtel* peuvent évoquer les trois Grâces, les trois Parques ou bien les sœurs de Tchekov (Van der Starre), mais elles illustrent peut-être simplement divers aspects d'une même personne. Elles sont visiblement des constructions textuelles. Leur monde n'a rien de réaliste. Dans cet hôtel qui s'enfonce dans un marais et tombe en ruine, on ne mange jamais, les clients viennent de nulle part et défilent, représentant une panoplie de métiers, comme dans une comédie (géologues, ingénieurs, plombiers, menuisiers, etc). Bien qu'aucune date spécifique ne soit évoquée, le passage du temps est traduit par le cycle des saisons et des intempéries extrêmes (neige/grandes chaleurs/brouillard et pluie). Dans *Forever Valley*, la jeune narratrice analphabète recherche ses racines, un passé, et entreprend des excavations dans le jardin du presbytère, dans un ordre gouverné par les points cardinaux, ordre qui reflète l'organisation géométrique des textes de Redonnet, ordre qui permet de dominer le vide, l'angoisse du passage du temps. Les points cardinaux peuvent aussi être appelés la « rose des vents » et permettent de faire un lien avec Rose, ils évoquent également de manière humoristique les prélats de l'Eglise catholique. Dans *Seaside*, la grand-mère rêve aussi de creuser la terre, pour atteindre la mer et Lolie, dès le début de la pièce, creuse pour planter des graines et transformer son horizon envahi par le sable en un jardin fleuri. Fallaize offre une lecture détaillée des symboles de *Rose Mélie Rose*, autre mythe de la construction de l'identité d'une femme, et signale que les textes de Redonnet

> stages scenarios closely related to the concerns of some of Julia Kristeva's writing of the 1980's—in particular the concern with the unconscious and with the role of the mother, the assumption of the relationship between the construction of the individual psyche and the socio-cultural milieu within which it is elaborated, and the exploration of the darker sides of human experience. (321)

> mettent en scène des scénarios aux problématiques proches de celles des écrits de Julia Kristeva dans les années 80—en particulier débatant de l'inconscient, du rôle de la mère, de la présomption de la relation entre la construction de la psyché individuelle et le milieu socio-culturel dans lequel elle se développe, l'exploration des aspects sombres de l'expérience humaine. (ma traduction)

L'organisation des textes et des repères sont très simples, linéaires, géométriques, chiffrés (*Forever Valley* se compose de douze parties, *Rose Mélie Rose* compte douze personnages, évolue en douze chapitres et Mélie prend douze photos, par exemple). Ainsi semblent-ils traduire l'idée des personnages selon laquelle le monde est fait de chiffres, de signes, qu'il revient aux êtres humains de déchiffrer—bien qu'aucune clé ne soit jamais livrée pour comprendre ces signes. Ces signes ne sont pas des références à la réalité: ainsi l'appareil Polaroïd qu'utilise Mélie peut faire douze photos, alors que ce type d'appareil ne fonctionne qu'avec des pellicules de dix photos! Redonnet nous plonge bien dans le monde des contes et des rêves.

Pourtant, au-delà des mythes, les textes de Redonnet offrent des utopies. Mythe et utopie peuvent utiliser les mêmes images et symboles.

Mais, l'utopie porte en elle les germes de l'inédit, de l'inexploré, une vision proposée pour le futur, en rupture avec un présent problématique. Bien que des distances vis-à-vis de la réalité peuvent être décelées, plusieurs aspects permettent de situer les textes dans un monde contemporain. Les références à la technologie, au cinéma et aux photographies évoquent bien sûr le XXe siècle. Plus que d'un monde spécifiquement français, il est question chez Redonnet d'un monde contemporain global. Ainsi, Diq « ne sait pas dans quelle mer on est » (25), et il se rassure d'être à la dérive car il sait qu'« aucune mer n'est infinie » (50) tandis que Mobie affirme avoir « changé d'hémisphère » (82). Les relations entre les personnages sont des relations d'amour et de haine (en particulier pour les couples, tel Mab et Mub, ou les sœurs, telles Ada, Adel et leur sœur), mais aussi de travail ou d'oisiveté et de jeu. Redonnet met en lumière des relations de domination d'êtres humains par d'autres êtres humains, et les personnages sont confrontés à un présent conflictuel. Ils aspirent au bonheur dans un lieu utopique, c'est-à-dire un « non-lieu » et dans un « non-temps », puisque c'est surtout le présent qui est pris en compte. Ainsi, Mab et Mub tour à tour s'aiment et se détestent, se mentent et se disent la vérité, pensent à leurs enfants ou bien se créent des enfants imaginaires, pour surmonter la peur de la mort, la solitude, la souffrance. Leur cheminement dans ces non-lieux devient un cheminement intérieur, vers leur vérité, une certaine plénitude, à venir.

Les aventures des personnages de Redonnet débutent par une rupture d'une utopie (étayée sur le technologique—le chemin de fer ne sera jamais construit près de l'hôtel, la croisière est tragiquement interrompue, par exemple) qui laisse pourtant place à une nouvelle utopie; ou plutôt la promesse d'une utopie, par exemple en suspens dans le premier roman, et ensuite reprise dans les deux romans suivants: une utopie aux mains de femmes ou d'autres qui essayent de développer une tradition héritée de femmes, et transmise à d'autres, sans compétition de pouvoirs. Si Redonnet remet en cause la technologie et les projets de société fondés sur la technologie, elle reprend la promesse de liens, de passage, de mouvement qui semblait être celle de la technologie.

L'utopie, c'est un rêve, qui à la fois repose sur la projection d'un monde meilleur, et contient une critique d'un système existant. L'utopie d'opposition est essentielle pour maintenir la vision d'un monde sans opprimés. On peut voir de l'utopie dans l'approche féministe de Redonnet qui contribue à maintenir une vision d'un monde sans barrières de sexe, ni de classe. Les textes de Redonnet décrivent des rencontres et des alternatives aux mouvements d'oppression de femmes ou de marginalisés, et des systèmes différents des systèmes idéologiques dominants contemporains. Elle suggère une condition idéale, imaginée comme réelle dans un temps mythique des origines, ou bien censée représentée l'essence du monde, des êtres humains. Et sa littérature, ses pièces de théâtre en particulier, rendent les spectateurs/lecteurs responsables désormais d'assumer et de réaliser l'utopie.

Ricoeur assigne trois stades à l'utopie: dans le premier, elle est vue comme évasion, incapacité à affronter les réalités sociales de la vie. Dans le deuxième, elle agit comme provocation envers l'autorité et le pouvoir et essaye de démasquer les aspects frauduleux de la légitimité du pouvoir, de l'idéologie et de détecter les corrections qu'il est nécessaire d'apporter à un ordre social déterminé. A ce stade, l'utopie joue donc un rôle réactif et révélateur. Dans le troisième, l'utopie est vue comme l'imagination sociale elle-même, critique de l'idéologie. L'utopie motive le changement social: c'est à ce troisième stade que l'utopie débouche sur un bouleversement, une réforme de la société. Si les deux premiers romans illustrent le deuxième stade de l'utopie, le troisième stade est particulièrement bien exploité dans *Rose Mélie Rose*.

Le premier roman illustre la critique la plus courante que l'on oppose à l'utopie, c'est-à-dire son inefficacité. L'héritière du *Splendid Hôtel* cherche à gérer un établissement, qui pourtant ne cesse de sombrer. Elle entrevoit l'utopie dans l'imagination: maintenir le rêve de sa grand-mère et faire de l'hôtel une brillante entreprise dirigée par une femme. Une partie de l'utopie est certes réalisée puisque, dans ce monde du *Splendid Hôtel,* des femmes jouent le rôle d'initiatrices, et le « pouvoir » se transmet de génération en génération. La sœur nouvelle propriétaire, en outre, se réclame de celles qui l'ont précédées et insiste sur l'héritage venu de sa grand-mère, passé d'abord à sa mère avant qu'elle ne l'obtienne. L'accent est donc bien mis ici sur l'initiation des filles par les grands-mères et mères et une tradition entre femmes, bien que les alliances mère-fille ne fonctionnent pas toujours. Il n'y a donc pas lutte, mais passation de pouvoirs ou de propriétés. Mais, l'oubli de la distance et du temps nécessaires pour atteindre les limites de l'utopie délivrent des préoccupations matérielles. Tel est le problème de cette utopiste qui recherche une fin, sans toutefois mettre en pratique ou sans disposer des moyens appropriés pour la réaliser. Pire même, elle peut collaborer au maintien d'une situation inchangée, voire créer une société opposée à celle qu'elle envisageait, puisqu'elle devient de plus en plus esclave de son hôtel, vivant dans l'illusion de gérer un hôtel devenu une ruine. Une confusion profonde au cœur du problème de l'utopiste, c'est la confusion entre la fin, l'intention finale, l'objectif envisagé, le projet d'une part, et la fin, le terme de l'action, l'événement réalisé, l'action concrète, un ordre supérieur de valeurs réalisé d'autre part. En revanche, le troisième roman illustre des bouleversements notoires.

Mélie donne naissance à une petite fille qu'elle baptise Rose, comme sa mère adoptive, et répète les rites de sa propre naissance, abandonnant son bébé dans une grotte, avec le livre de légendes légué par sa mère et le livre qu'elle-même a créé. Le monde de Mélie arrive à concilier l'ancien et le moderne, son éducation a été fondée sur le livre de légendes, mais elle écrit en utilisant l'alphabet nouveau, et en combinant mots et photographies. La grotte d'où elle vient évoque son osmose avec la nature, et en outre non seulement « l'espace matériel de la conception et de la naissance » (Fallaize, 322), mais aussi une chambre noire, et le nom même de Mélie ressemble bien à celui de Méliès (surtout dans les textes en anglais, au génitif, en complément de nom), ce pionnier du cinéma, créateur de la mise en scène cinématographique, inventeur de nombreux trucages au début du XXe siècle. Le monde nouveau prôné par les narratrices de Redonnet est fortement marqué par le visuel.

Redonnet propose à ses personnages d'habiter le monde autrement, ils sont en quelque sorte des déviants qui dénoncent certains aspects du réel pour en recréer un meilleur: seul(e)s ceux/celles qui ont accès à l'utopie, et ont les moyens de la réaliser accèderont au bonheur. Les hommes ne sont pas exclus de l'utopie, ils sont par exemple nécessaires à Mélie dans *Rose Mélie Rose* et à Lonie dans *Seaside* et leur permettent de réussir leur vie. Mais Redonnet remet en question un monde où ils domineraient, et finit par exclure ceux qui vivent en contradiction avec les principes nécessaires à l'utopie. Ainsi, dans *Splendid Hôtel*, les hommes sont trop soumis à la technologie, puisqu'ils ne sont là que pour construire un chemin de fer. « Le chef de chantier ne pense qu'à la voie de chemin de fer ». (88) ou bien des « représentants » « ne s'intéressent pas au théâtre, ils s'intéressent uniquement à leur travail ». (43) En outre, ils ne comprennent pas la nature: « Les géologues n'ont pas tout prévu. Leurs études ont été très superficielles. Je m'étais bien rendu compte qu'ils ne comprenaient rien au marais » (92). Dans *Seaside*, Lend s'alloue des droits interdits aux femmes: « C'est le seul à avoir le droit de traverser tout le lagoon en barque. Il est fier de son droit. Il en profite au maximum » (33), alors qu'il interdit à Lolie de monter dans sa barque. Beaucoup d'hommes sont présentés comme des violeurs, réellement, tel Lend, ou bien métaphoriquement, tel Diq, qui comprend qu'il « n'aurait jamais dû forcer une porte aussi bien fermée. C'est comme si j'avais violé un tombeau » (70).

Une relation harmonieuse avec la nature, voire même une symbiose avec la nature va de paire avec l'accès à l'utopie et sa réalisation. La nature est en danger si elle est conçue comme ressource. Etre sensible aux mouvements cycliques de permanence et de transformation dans le monde naturel permet de comprendre les cycles de la vie humaine et d'avoir une autre relation à la vie et à la mort de l'être humain. Enfin, l'utopie doit être imaginée dans une « nouvelle » littérature et ne peut pas être traduite par une langue compliquée.

La littérature de Redonnet est une littérature du potentiel, qui décrit la possibilité de changer la vie, en se souvenant que les mortels vivront mieux s'ils comprennent leur condition de mortels, non pas bercés dans l'utopie d'un bonheur éternel, mais conscients de l'inéluctabilité des angoisses, peurs, souffrances. L'utopie est la condition d'une régénération morale. Elle devient un choix de vie et se réfère à deux formes d'autorité, celle de l'être humain sur la nature et celle de l'être humain sur d'autres êtres humains. Redonnet peut nous inspirer par sa vision d'une autre vie, d'un autre monde, et nous invite à changer notre monde, non pas pour vivre dans le meilleur des mondes, mais dans un monde meilleur. Elle nous suggère de nous demander ce qu'on peut perdre, ce qui est menacé dans le monde contemporain, afin de le protéger et de faire de bons choix. Elle nous met en garde contre les méfaits des sciences et technologies, et de l'économie de marché et nous rappelle que la nature devrait être respectée. Toutefois, elle ne suggère pas de se conformer à un modèle, et en cela évite l'écueil de la conformité qui se révélerait dangereuse. En effet, l'utopie imposée devient instrument de répression, alors que l'utopie positive aspire aux progrès.

L'utopie de Redonnet n'est pas inoffensive, en dehors du réel. Elle n'est pas régressive non plus, c'est-à-dire qu'elle ne suggère pas simplement un retour à un passé mythique. Ses romans et pièces de théâtre sont à prendre comme une proposition utopique pour le futur, où les êtres humains sont des sujets responsables et critiques, dans un monde où cohabitent l'imaginaire, le mythique, et l'affectif, et non pas seulement l'économique ou le technologique de plus en plus valorisés par le politique depuis les années 80.

5

Négociation de l'identité des personnages chez Linda Lê

L'HOSPITALITÉ EST UN ÉCHANGE ENTRE UN HÔTE et un invité qui illustre autant l'identité de l'un que de l'autre. Pourtant dans le cas de l'hospitalité offerte par des pays à des exilés ou des immigrés, les règles de l'hospitalité deviennent assymétriques. Derrida dans *Adieu à Lévinas* distingue « l'éthique de l'hospitalité » d'un « droit ou d'une politique de l'hospitalité » (45). En réalité, l'éthique de l'hospitalité entre souvent en conflit avec les lois et la politique de l'hospitalité.

L'hôte, 'l'hosti-pet-s', celui qui donne l'hospitalité, c'est, comme le rappelle Benveniste (88), étymologiquement le « maître de l'hôte », celui qui personnifie l'identité, qui assume l'identité d'une personne ou d'un groupe au point de la résumer en lui-même. Donc, l'hôte incarne l'identité de l'invité (91). Tel est le cas pour les pays d'accueil, qui exercent une violence certaine sur les immigrés impatients de définir leur identité dans une culture étrangère. En France, les immigrés peuvent aspirer à obtenir des droits égaux à ceux des Français de longue date, mais ils doivent s'assimiler, ou bien selon des formules plus ou moins euphémisées s'adapter, s'intégrer ou s'insérer, comme le veut le modèle républicain français, réaffirmé après la seconde guerre mondiale (après le gouvernement de Vichy) et confirmé en 1984.

Le thème de l'hospitalité et du respect mutuel de certains codes est un thème classique en littérature. L'écrivain Linda Lê, originaire du Vietnam, publie en France depuis 1988 (*Les Evangiles du Crime*, 1992; *Calomnies*, 1993; *Les Dits d'un Idiot*, 1995; *Les Trois Parques*, 1997; *Voix*, 1998; *Lettre morte*, 1999). Ses personnages, la plupart immigrés d'un pays asiatique et vivant en France, prennent le rôle à la fois d'invités et d'hôtes, d'immigrés et de maîtres donc, d'hôtes accueillis et d'hôtes accueillants, car ils acquièrent une identité qui déborde des définitions traditionnelles de ce qu'est être immigrés en France. Tout en voulant être assimilés, ils imposent leurs marques et permettent d'illustrer une identité française multiethnique et multiculturelle, caractéristique des années 80-90 en France et au cœur du nouveau débat sur l'intégration culturelle.

Expérience de l'hospitalité comme violence

Linda Lê écrit à l'encre noire de la rancœur, de la haine, de l'aversion et son écriture pourrait être qualifiée d'émétique, c'est-à-dire provoquant le vomissement. Ses textes font affronter l'abject, c'est une littérature de l'horreur, le lieu d'une apocalypse, d'angoisses, de haines, de désespoir et de paranoïa, où les personnages luttent pour définir leur identité car ils sont arrachés de leur pays natal (le Vietnam) et en proie à des cauchemars et une imagination morbides. Il s'agit en fait d'une littérature qui exprime ce qui est d'ordinaire refoulé, comme l'évoquent ces mots de Kristeva dans *Pouvoirs de l'horreur:*

> L'abjection est en somme l'autre côté des codes religieux, moraux, idéologiques, sur lesquels reposent le sommeil des individus et les accalmies des sociétés. Ces codes en sont la purification et le refoulement. Mais le retour de leur refoulé constitue notre 'apocalypse'. (246-47)

La littérature de Lê met en scène une « apocalypse » au sens kristevien du mot car elle est l'expression de l'abject, c'est-à-dire exprime ce qui perturbe l'identité des personnages, ce qui perturbe un ordre.

Les textes de Lê, s'ils mettent en scène en France des personnages d'origine étrangère (vietnamienne pour les principaux membres de la famille, américaine ou suisse pour quelques autres personnages), n'abordent pas directement la question de l'hospitalité, de la tension hôtes/invités. Ici, pas de plaidoyer contre la France, pas de dénonciation du racisme ou de la difficulté de s'insérer dans la société. C'est donc de manière indirecte que ces textes sont révélateurs.

Lê écrit la violence de la vie quotidienne pour ses personnages en quête d'identité. Tous les êtres de Lê sont des immigrés, des étrangers, des exilés, des réfugiés, donc des hôtes en France qui traversent une psychose endémique avec des pulsions de mort et de destructivité. Par exemple, dans *Calomnies*, nombreuses sont les images d'amputation, de noyade, de destruction, de dévalorisation, d'automutilation (62, 83, 105); dans *Les Evangiles du Crime*, les suicides se succèdent (Reeves et Prof. T), le texte « Klara V. » est un long vomissement dirigé contre les hommes et d'innombrables images horribles de pourriture, de maladie et d'infection représentent le danger et la menace venus de l'extérieur. Les personnages embrassent la mort, l'absorbent dans leur être, certains reconnaissent leur folie, tous sont confrontés à la souffrance. Pourquoi? parce qu'ils sont hantés par leur passé, hantés par leur village natal au Vietnam, leur famille disséminée par la guerre, la fin de la colonie française, l'immigration en France et ils sont persécutés par le sentiment de culpabilité d'être partis, d'avoir abandonné le père, la maison, le village et leur culture.

> Souviens-toi quand ton peuple a commencé de quitter le Pays. Les fugitifs se sont entassés par centaines sur des embarcations si fragiles qu'on eût dit des boîtes d'allumettes géantes. Ils ont franchi les mers sur ces embarcations. Les gens d'ici se sont frotté les mains. Ils voyaient là des victimes idéales qu'ils baptisaient les combattants de la liberté. (*Calomnies*, 43)

> Si tu tombes dans le piège qu'il te tend, il fera de toi une poupée coupable, il te forcera à rentrer au Pays, à réapprendre la langue natale, il te mettra dans la tête que tu as trahi le Pays, que tu dois écrire dans ta langue. (*Calomnies*, 70)

C'est à titre de victime que Linda Lê narre par bribes l'histoire tragique de son pays au fil de la décolonisation et des transformations sous le régime communiste.

> Saïgon rangea ses fards. Les enseignes se mirent au gris, l'air faussement modeste et prude, puis sincèrement lugubre, baissant ses paupières sur les magasins qui ne regorgeaient que de vent, de rats, de poussière et de cafards. (*Les Trois Parques*, 223)

> Il fallut gratter l'épaisse couche d'individualisme passéiste et recouvrir les formules de la superstition millénaire (qui, au fronton des échoppes, en appelait au Bonheur, à la Prospérité, aux Mânes des ancêtres et à la Manne céleste) par de beaux slogans tout aussi ronflants, forgés par des stakhanovistes du Verbe, grâce auxquels l'ex-*modern girl* afficha ses vertus socialistes sur des enseignes, peintes à la six-quatre-deux, qui se plaçaient sous le patronage des Héros du jour, agitaient la bannière du peuple, brandissaient l'étendard de la Solidarité et ne voulaient, en fait d'enrichissement, que rendre florissant le commerce des Travailleurs aux grands principes socialistes. (*Les Trois Parques*, 224)

Elle ne montre pas de solidarité avec le Vietnam d'aujourd'hui. Cette évocation du passé fait des personnages vivant désormais en France des habitants de l'imaginaire, car ils reconstituent dans le présent quelque chose qu'ils ont vécu jeunes, qui n'existe plus. Ils sont donc en deuil en permanence de leur pays natal: leur évocation de leur pays ou de leur famille perdue se fait dans une parole de déprimé, répétitive, monotone, obsédante, en litanies.

> Toute mon enfance est contenue dans ces lettres écrites pendant les vingt années de séparation. Les mots de ces lettres ont l'odeur poivrée des fleurs que mon père cultivait, l'odeur âcre du tabac qu'il fumait tôt le matin, l'odeur sucrée des confiseries achetées au coin de la rue. Je revois la maison de mon enfance, sa cour ombragée, ses pièces vides. Je revois mon père me guidant à travers le dédale des rues quand nous partions en promenade. (*Lettre morte*, 15)

> Mon père [...] était né dans une famille de paysans, au milieu d'un jardin peuplé de singes et d'oiseaux. En arrivant en ville, il avait gardé la nostalgie de la nature. Dans ses lettres, il me disait que, de temps à autre, il prenait le bateau et allait à la mer, ou le train pour se rendre au nord, au pays de sa jeunesse. (*Lettre morte*, 24)
>
> Il avait vu toutes les guerres, assisté à toutes les révolutions. Il avait quitté le Nord après la partition du pays, avait franchi clandestinement le dix-septième parallèle, était arrivé dans le Sud où il avait erré de cité en cité avant d'échouer dans la grande ville où nous devions vivre. (*Lettre morte*, 25)

Les textes de Lê illustrent le discours du déprimé évoqué par Kristeva dans *Soleil Noir* (« le déprimé est nécessairement un habitant de l'imaginaire », 72). Les litanies pleines d'horreur et d'amertume sont souvent indéchiffrables: ce n'est que grâce à des clés livrées dans certains textes que le lecteur s'y retrouve et peut comprendre des énigmes des textes précédents (par exemple *Les Trois Parques* explique *Calomnies*, *Les Dits d'un Idiot* et *Les Evangiles du Crime* tandis que *Lettre morte* explique *Calomnies* et *Voix*). L'exil des personnages est dit et répété, leur souffrance est nommée, disséquée et exaltée, mais également dépassée dans l'écriture, comme on le verra plus tard.

Autre aspect de la violence de la vie de ces hôtes: ces personnages vivent dans un monde en crise, un monde où il y a crise de la dénomination et crise de l'autorité. Tous les textes de Lê sont des « réflexions cyniques » et des « histoires amères » (*Les Evangiles du Crime*, 123) et horribles. La famille est détruite: le père est mort, absent ou désavoué tandis que la mère est indisponible, dépressive, abusive, voire tortionnaire ou abjecte. De nombreuses femmes ont des relations abusives avec un homme, comme pour se punir d'avoir abandonné le père (*Lettre morte*); d'autres veulent se venger contre tous les hommes de ce que le père a fait à leur mère (Klara dans *Les Evangiles du Crime*). Certains personnages sont dénués de noms et définis par leurs relations familiales—à la manière vietnamienne traditionnelle—(« la nièce », « l'oncle », « la mère »), qui pourtant ne fonctionnent plus, sont vidées de leur contenu. D'autres sont caractérisés par des initiales (Prof. T ou Reeves C dans *Les Evangiles du Crime*) ou simplement par un prénom

(Klara) ou une multitude de surnoms (l'amant dans *Lettre morte* est surnommé « Morgue »; la mère, la Mandragore et Ariane sont un même personnage dans *Les Dits d'un Idiot*). Ces divers marqueurs d'identité produisent souvent une grande confusion puisqu'ils ébranlent les modes d'identification français traditionnels. Ici pas de Marguerite Dupont, ni de Jean Conti, ni même de nom vietnamien qui servirait de repère. La crise de la dénomination affecte aussi le pays natal et la famille: ni nom, ni date ne sont utilisés pour les évoquer, tout est narré par allusions.

Évocation d'un patrimoine vietnamien et prise de distance

Si les personnages de Lê jouissent de l'hospitalité de la France, la France hospitalière doit à Lê plusieurs actes inauguraux: en effet, ses personnages recouvrent la mémoire et racontent leur culture indochinoise/vietnamienne. Ils obligent les lecteurs français à se remémorer un passé enfoui dans le silence, celui d'une ancienne colonie, et à comprendre la souffrance des êtres expatriés, mais aussi les richesses de la culture vietnamienne. Alors que les textes de Lê expriment l'horreur de la vie d'immigrés, il n'y est pourtant pas question de la forme la plus élémentaire de l'abjection, à savoir le dégoût alimentaire[1]. Au contraire, la cuisine est source de plaisirs, et source de souvenirs (de l'enfance, du pays natal et de la famille vietnamienne).

C'est surtout dans *Les Trois Parques* que cette image de la cuisine et de la gastronomie est exploitée. Trois femmes, deux sœurs et une cousine, originaires du Vietnam, mais exilées en France depuis vingt ans, se retrouvent dans la maison luxueuse de la cousine, en banlieue, pour se parler et préparer la venue du père résidant toujours au Vietnam. Le lieu de l'action est la cuisine. La narration se déroule au présent, mais les femmes évoquent à la fois leur passé, et leur espoir de revoir leur père, parlent de leur famille au Vietnam, de la prise du pouvoir par les communistes et de leur vie en France. Des changements de lieux, de temps et de narrateurs s'opèrent constamment, créant un imbroglio de narrations. La cuisine, comme lieu, mais aussi au sens de gastronomie, montre donc sa virtuosité dans le dérèglement des valeurs temporelles et spatiales: elle permet de faire la transition avec le passé et un pays natal dont les personnages sont en deuil. Elle sert en outre à accepter, à créer, à programmer l'avenir dans le pays d'accueil qu'est la France. La cuisine intègre tradition et savoir-vivre dans un nouveau pays, harmonise passé et présent: elle est donc manipulation de l'espace et du temps.

Ce qui frappe dans cette cuisine, c'est sa propreté. « La cuisine rutilait, renvoyant comme dans un miroir le ventre rond de l'aînée et les longues jambes de la plus jeune » (10) ou bien il est question de la « grande table rutilante » ou encore du robinet qui « reflétait les pommes rouges disposées en pyramide sur une coupe » (11). Cette cuisine française contraste fortement avec le restaurant vietnamien dans Paris, où les trois femmes dînent après la mort de leur grand-mère: les récipients et les tables y sont « malpropres », voire « crasseuses »[2]. Cette propreté confère ainsi à la cuisine un aspect de miroir qui reflète les personnages, qui permet aux personnages de se voir, de se raconter et de se souvenir. La cuisine devient un lieu de production d'histoires, de souvenirs et de paroles. C'est dans la cuisine que l'aînée des cousines exprime ses rêves de « famille idéale » (elle veut faire venir son père de Saïgon pour « procurer au vieillard délaissé un dernier plaisir, lui permettre de quitter son trou, de franchir les mers, de venir applaudir à l'étalage et à l'ordonnance des vertus domestiques—la petite famille, la cuisine rutilante et la chambre d'enfant— », 14) et sa sœur ainsi que la « Manchote » doivent sortir de la cuisine (pour fumer par exemple, 19-20) ou bien y sont surveillées de près par l'aînée pour qu'elles ne « salissent » pas cet espace. L'aînée remarque que « le moignon [de la Manchote] appuyé contre l'évier traç[ait] des auréoles sur le bord en inox » (19) et elle est décidée à « défendre son gîte et sa *petite famille* contre les sinistres imprécations muettes de la Manchote, qui s'était toujours complu à appeler de tous ses vœux le désastre » (15). De la cuisine sont exclus tout élément sale, toute souillure qui représenteraient le monde extérieur dans lequel les personnages ont tant de difficultés à vivre. C'est dans la cuisine que se constitue un clan familial, ou plutôt un clan de femmes, dans un lieu propre opposé au monde extérieur souillé, sale et abject.

Mais, comment expliquer la saleté dans le restaurant vietnamien évoquée dans la citation précédente? Elle est associée à un ailleurs, et un passé mort. Kristeva rappelle les remarques de l'anthrophologue anglaise Mary Douglas, selon lesquelles la souillure, la saleté est à associer avec un risque, un danger et l'exclu.

> La saleté n'est pas une qualité en soi, mais ne s'applique qu'à ce qui se rapporte à une limite et représente l'objet chu de cette limite, son autre côté, une marge. (84)

> L'excrément et ses équivalents (pourriture, infection, maladie, cadavre, etc.) représentent le danger venu de l'extérieur de l'identité: le moi menacé par du non-moi, la société menacée par son dehors, la vie par la mort. (86)

Alors que la saleté marque le restaurant vietnamien, et donc signale une démarcation entre la France dans le présent et le passé révolu au Vietnam, cette cuisine propre constitue une unité. Elle permet ici aux femmes immigrées en France d'instaurer des frontières avec l'extérieur, de s'affirmer par la parole et de se définir un espace à elle, dissocié maintenant du Vietnam relégué dans le passé et à l'extérieur.

Rien d'étonnant que la cuisine définisse l'identité nationale ainsi que la classe sociale. Dans leur rapport à la nourriture, les Vietnamiennes exilées en France agissent comme des bourgeoises, alors que le père au Vietnam a une attitude de paysan, pour reprendre les catégories de John Berger dans *Sense of Sight*. Encore un signe qu'elles se démarquent bien de leur famille et de leur héritage. Ainsi, pour le père au Vietnam, manger est un acte entrepris avec mesure et précision, et la nourriture doit être variée, naturelle, choisie en fonction de l'humeur et dégustée avec parcimonie, et non pas jusqu'à satiété, afin de laisser place au souvenir et au rêve du goût de certains aliments (« Jamais une tranche de trop. Juste de quoi réveiller l'appétit d'anguilles et en laisser la nostalgie au fond du gosier, pour que le couineur puisse y rêver après », 83). Il illustre l'attitude du paysan vis-à-vis de la nourriture décrite par John Berger: en effet, il mange ce qu'il pêche et cultive, sa « nourriture signifie un travail accompli » et par conséquent le repos (Berger, 62): enfin, il mange en silence. « L'appétit, satisfait, se tait » (Berger, 62). En revanche, en France, la nourriture est ou devrait être source de consolation, un « remède contre l'ennui » (Berger, 78). Les femmes mangent ce qu'elles achètent, leur réfrigérateur détient des « trésors » (134) qu'elles achètent surgelés ou tout préparés (18). Elles ont une relation de consommatrices aux aliments, donc distanciée de leur production, et les dégustent tout en parlant. Ce n'est en outre pas seulement la nourriture, mais tout le décor, le rite et les conversations qui leur importent, comme pour les bourgeois, selon John Berger. Ainsi s'explique aussi l'insistance sur la propreté de la cuisine. Et comme pour les bourgeois, « l'ennui hante la salle à manger dans son isolement ». L'évocation de l'ennui dans la cuisine ponctue tout le texte de *Les Trois Parques* (19, 20, 34, 38, 107, par exemple) alors que le récit et la conversation sont très denses. Pour surmonter l'ennui, l'accent est bien mis sur la discussion à table, l'esprit, et la conversation, confirmant la conclusion de J. Berger:

> Le « manger paysan » est centré sur l'acte lui-même et sur la nourriture absorbée: il est centripète et physique. Le « manger bourgeois », en revanche, est centré sur la fantaisie, le rituel et le spectacle: il est centrifuge et culturel. Le premier peut se réaliser dans la satisfaction: le second, au contraire, ne se réalise jamais pleinement et fait naître un appétit qui est, par essence, insatiable. (Berger, 65)

En plus d'être une marque de la classe sociale, la nourriture manipule le temps car elle permet de redéfinir le calendrier, désormais organisé non plus en jours, mois ou saisons, mais par référence à des repas ou des plats. Ainsi, ces femmes se souviennent d'une lettre que l'une d'elle pense avoir nichée dans un de ses livres de cuisine « sûrement à la page des rösti, qu'elle avait appris à préparer pour le cas où [son mari suisse] aurait le mal du pays » (12). Ne pouvant toutefois pas la retrouver, elle se rappelle que cette lettre était arrivée « le jour des rognons de moutons » (12). Ou bien encore « elle était pourtant presque sûre maintenant d'avoir laissé macérer la prose du [père] à la page des oreilles de porc à la vinaigrette. Elle se rappelait encore les petites tranches d'oreilles qu'elle broyait entre ses dents en lisant la lettre ».

Quels plats français sont ici évoqués? Il s'agit de plats congelés tels des encornets à la provençale (qui ne font guère saliver lorsqu'ils sont évoqués comme un « céphalopode » (19) et provoquent plutôt le rire: « les encornets en hibernation et les blocs de carne givrée », 20) ou bien de charcuterie et de fromages, de légumes nains issus de la culture biologique (207), de viandes rissolées (40) avec des « relents de graillon » (107), des plats lourds et gras, de courgettes détrempées ou de cervelle d'agneau (207). Les femmes préparent des plats français, mais souvent sans succès (« Les rognons de mouton. Une sale affaire, restée dans toutes les mémoires. Il avait fallu flanquer tout à la poubelle », 12). Aucune place pour la créativité dans cette cuisine française, qui est la cible de critiques grinçantes. Ainsi, la grand-mère vietnamienne, ou plutôt son fantôme, reproche à la cuisine française d'être trop propre, « tout y sentait la lessive et le détergent » (107), « la peinture et la javel » (108). La cuisine des colons français en Indochine et au Vietnam suscitait les mêmes réticences (« [Les] anguilles congelées. Elles avaient un goût de papier mâché, le goût des hosties », 87). Quant aux plats vietnamiens, ils révèlent une recherche du subtil et de l'inattendu dans la combinaison d'épices et de parfums et évoquent des souvenirs d'odeurs et de consistance de plats préparés dans la famille, tels le potage au tamarin et au poisson (63), des boules de coco cuites à l'étuvée (64), des oreilles de porc macérées dans une huile pleine d'épices et de parfums et servies dans une vinaigrette bien relevée (91-92). Ou bien encore des nids d'hirondelle, des anguilles grillées, du sang caillé de canard parfumé au basilic, des beignets de crevettes roses (232). Mais, si ces plats font rêver les Vietnamiennes, et ne sont dégustés qu'à de rares occasions par ces femmes en France (quand la grand-mère meurt), ou bien constituent le menu rêvé, mais irréalisable, du mariage de l'une d'entre elles, ou encore sont le signe d'un passé (des « mots imprononçables » et des « odeurs oubliées », 115), ils provoquent dégoût ou moquerie sarcastique chez le mari suisse (qui les considère trop délicats, trop onéreux, trop exotiques et bizarres, les qualifie de « dentelles », de « broderies » pour « palais délicat », ou encore de « potions royales », 92). Qu'ils soient français ou vietnamiens, ces plats traduisent un décalage permanent entre les deux cultures, un enfermement, et sont en fait toujours associés avec la perte, la mort, l'absence et le rêve, comme on le verra ultérieurement. Toutefois, grâce à l'évocation de goûts et plats divers, des images du père resurgissent, la grand-mère est ressuscitée et l'histoire de l'Indochine/du Vietnam est évoquée par bribes.

Si ce n'est donc pas de l'art culinaire qu'il s'agit, il faut pourtant comprendre que la cuisine est un lieu de création. La cuisine est un lieu de transition entre deux cultures, où ni l'une, ni l'autre n'arrive plus ou pas à s'affirmer, ou en tout cas où ces deux cultures—si elles s'opposent—ne s'excluent pas. Ce lieu/cet espace de création permet l'expression de l'image paradoxale de l'identité dans l'altérité, de l'appartenance dans la séparation: ces femmes ne peuvent plus faire la cuisine vietnamienne, mais en ont encore le souvenir nostalgique et essaient de faire la cuisine à la mode française, mais sans succès. Il leur est impossible de s'affirmer dans une seule culture, leur identité s'affirme dans cette coexistence de deux cultures.

La cuisine est aussi et surtout un lieu de création langagière, et de création d'écriture. Plus que de nourriture, c'est en fait de mots que les personnages se remplissent. La cuisine est un lieu sûr qui permet de se souvenir du pays natal, et de rêver à des recettes enseignées par les ancêtres. Une des femmes a transcrit des recettes de sa grand-mère dans un livre, évoqué comme un « codex » ou un « codex secret », ou bien encore un « grimoire » ou une « pharmacopée ». Les recettes deviennent des « préparations officinales », des « formules secrètes ».

> Quant les plats lourds, épicés, ne la soulageaient plus de ses quintes d'ennui, ma cousine ouvrait son grimoire et se faisait ses préparations officinales, exactement comme grand-mère le lui avait appris et comme elle en avait consigné les formules dans son codex secret. (91)

Et les plats du Vietnam sont pour les immigrées vietnamiennes en France « [leur] pharmacopée personnelle, [leur] provision de révulsifs, [leurs] mithridates exotiques, [leurs] recettes du pays, appliquées de loin en loin, comme des cataplasmes sur les petites brûlures nostalgiques » (90, 91). Par le biais des mots « pharmacopée », « mithridate », « cataplasme », « codex »,

« grimoire » et « préparations officinales », cette cuisine évoque la « pharmacie de Platon » de Derrida, texte dans lequel ce dernier rejette la prédominance de l'écrit sur l'oral, et reproche à l'écriture d'endormir la mémoire, contrairement au logos. Ici, la cuisine, au sens de lieu et au sens de préparation alimentaire, est présentée comme catalyseur ou *pharmakon*, à la fois poison et antidote, supplément dangereux et *aide-mémoire* de la communauté (pour reprendre les mots de Derrida), et permet de réconcilier les irréconciliables. La cuisine et les livres de cuisine sont les lieux de consolation et de conciliation, les outils du souvenir et l'espace où les notions passé/présent, oral/écrit, homme/femme, esprit/corps, mort/vivant, naturel/surnaturel, Orient/Occident et colon/colonisé sont réconciliés. Ces notions binaires traditionnelles dans le monde occidental sont ici surmontées. Comme dans le texte de Derrida, il est question aussi d'« hypomnesis » et de « mnesis » qui sont ici également unies. L'hypomnesis, c'est la récollection, la consignation, la remémoration (par des « inventaires, des copies, des listes, des doubles, des citations, des notes, des récits ou des références et des archives », Derrida, 121) et la mnesis, c'est la mémoire vivante et connaissante. L'hypomnesis serait les recettes de la grand-mère qui éveillent la mémoire, les histoires de famille, et font revivre le passé. La cuisine permet aux femmes de sortir de leur emprisonnement paranoïaque et c'est parce qu'elles invitent leur père et imaginent sa visite qu'elles sont à même de parler, de se révéler et de se remémorer. C'est donc l'absence du père et l'éloignement du pays d'origine qui sont à l'origine de la prise de parole et de la mémoire, dans cette cuisine, qui ainsi remplit une fonction exorcisante et mnémonique: elle ravive des souvenirs du Vietnam natal et délie les langues, elle fait revivre la grand-mère et ses histoires de fantômes, le pays abandonné, l'histoire d'inceste entre la cousine et un frère, la chute de Saïgon, l'évocation de la fuite désespérée des « boat people ». Ainsi sont chassés l'angoisse de l'exil, le deuil et le vide de leur vie. Elle permet aussi l'évocation par bribes de l'histoire tragique du pays natal au fil de la décolonisation et des transformations sous le régime communiste. Ces femmes n'en ont que des souvenirs ténus: le Vietnam devient ainsi un pays imaginaire. La cuisine illustre bien la nouvelle identité hybride de ces femmes exilées.

Si la cuisine est bien un des aspects de la mythologie de l'enfance de ces femmes vietnamiennes, c'est pourtant d'être perpétuée et réinventée par les filles et petites filles, maintenant en France, dans une cuisine où passé et avenir, ici et ailleurs, cru et cuit, salé et sucré se mélangent que cette cuisine devient un art et continue à vivre. Ici, ce sont la langue et la cuisine qui se mêlent et sont profondément liées. Ainsi les odeurs de la cuisine sont-elles associées aux sons de la langue vietnamienne:

> Des odeurs de cuisine qui revenaient chatouiller les narines. Des odeurs de patates douces fumantes, coupées en deux dans le sens de la longueur et saupoudrées de sucre. Des odeurs de fruits verts à la croque-au-sel et au piment rouge. Des odeurs de mots chuchotés à l'heure de la sieste. Le fumet de l'idiome abjuré revenait titiller les papilles de la mémoire. (115)

> Ma cousine se redressa, s'étira longuement et alla chercher le codex qui exhibait, impossible, son ventre blanc piqué de fourmis bleues. Elle plongea le museau dans la fourmilière bleue, renifla une dernière recette de grand-mère, se grattant la tête devant le mystère des o et des u ornés d'une petite breloque fichée sur la tempe et parfois surmontés d'un signe suspendu en l'air, comme un crochet. (117)

Le vocabulaire de la cuisine est utilisé pour exprimer des émotions ou des actes quotidiens, et produit de succulents calembours et métaphores qui provoquent le rire. Des expressions idiomatiques sont bouleversées et manipulées à la sauce du jour: ainsi est-il question de « mijoter non pas du rata, mais bien une ripaille commémorative » (90), « caler sa fringale d'amour », « ne pas avoir une seule pincée d'émotion à se mettre sur la langue depuis des années » (91), « attiré par le fumet des retrouvailles » (72), « l'ambiance était morose, l'air manquait d'épices » (34), « [les] criailleries du volatile déconfit, pris dans sa graisse repentante » [pour évoquer le mari repentant] (171), et pour qualifier un être en détresse, avide de consolation: « le morceau d'âme perdue était bleu de peur, gigotait comme un lièvre à l'agonie et vous demandait, vous suppliait de la napper d'une sauce onctueuse » (207). Pour évoquer la décomposition du corps mort de la grand-mère « la grand-mère était allée rejoindre ses pairs pour servir de plat de résistance au banquet des vers » (190), et enfin, un mari détesté a l'air « d'un gras-double oublié sur le plateau d'une cantine d'entreprise » (93).

Certaines coutumes ainsi que la langue et l'écriture vietnamiennes sont évoquées, parfois glorifiées:

> Les fourmis rondes à l'encre bleue[3] couraient sur le papier, qui bruissait d'une langue bizarre, où les intonations aigres de grand-mère se mélangeaient à la voix du [père]... (*Les Trois Parques*, 115)

> [...] Quelques mots de l'idiome mis au rancart, un mot incompréhensible, orné d'une couronne en forme de demi-lune, ou trois tout petits mots, avec des accents en pagaye. Ça tintait comme des grelots au collier d'un chien perdu. (*Les Trois Parques*, 115)

> Tout ce qu'elle se rappelait de la fourmilière, c'était la fête de la Lune. On mangeait des gâteaux épais et doux. Un carré tout blanc ou entouré d'une croûte dorée, avec un grand idéogramme gravé dessus et, à l'intérieur, de la crème de lotus piquée d'éclats sucrés. On avait l'impression de manger un sceau. [...] Le sceau blanc était élastique, il laissait dans la bouche un petit goût frais. Le brun doré en imposait plus, avec son air sombre, inexorable. Quand on le brisait, il y avait toujours des surprises. A la place de la crème sucrée, on trouvait une farce salée et, au milieu, un jaune d'œuf comme une lune pleine. (*Les Trois Parques*, 195-96)

> Dès que la nuit tombait, les enfants sortaient des maisons avec leur lanterne suspendue au bout d'un jonc. Les rues étaient pleines de dragons rouges, de poissons verts, de papillons écarlates, d'oiseaux bleu indigo. Ça faisait comme une ménagerie fabuleuse en train de voleter dans la ville, une bougie dans le ventre. (*Les Trois Parques*, 196)

Fortes de leurs souvenirs du Vietnam, ces femmes vont pourtant trouver leur vraie identité en s'affirmant dans un monde international et multiculturel.

Référence à un monde interculturel de la création

Les personnages de Lê sont des êtres en suspension entre diverses cultures. La nièce de *Calomnies* vient d'un pays asiatique, vit à Paris et s'avère avoir le prénom américain Linda, révélé vers la fin du livre; le narrateur de Reeves C. dans *Les Evangiles du Crime* s'identifie à un couple de romanciers américains, la cousine dans *Les Trois Parques* est mariée à un « expatrié zurichois » (12). Les personnages sont intégrés (ils parlent français, travaillent) mais s'affirment dans leur différence[4]. Pour eux/elles qui n'ont plus de père (le père de l'interdit, ou bien le père aimant ou le père-objet d'amour), donc qui n'ont plus le père qui serait garant de leur unicité subjective, la révolte et l'identification vont se faire non plus par cette figure d'autorité, mais par une multitude de repères qui se substituent au père. Les personnages de Lê se définissent non seulement dans leur propre culture nationale, mais aussi par référence à une culture internationale, une communauté d'artistes internationaux, non nommés, mais évoqués soit par des initiales, soit par des descriptions de leurs chefs-d'œuvre. Tous ces artistes crient leurs souffrances, leur exclusion, leur anxiété. Ainsi, dans *Calomnies*, les initiales K.K. font certainement référence à la sculptrice berlinoise Käthe Kollwitz, qui a dénoncé les conditions de vie des ouvriers et plus spécifiquement des tisserands, et qui toute sa vie a pleuré la mort d'un de ses fils à la première guerre mondiale. Dans *Voix*, on peut peut-être reconnaître le monde de Peter Handke et celui du peintre Bosch (« Des têtes coupées flottent sur l'eau », 21: « Les têtes coupées me mangent par les cheveux, me tirent vers le fond », 30). Dans *Les Evangiles du Crime*, il est question d'une nouvelle d'un écrivain autrichien qui pourrait bien être Thomas Bernhardt. A de nombreuses reprises, Lê évoque laconiquement un peintre viennois (« La petite fille s'attacha au criminel—« assassin, espoir des femmes », dit un peintre viennois », *Les Evangiles du Crime*, 215), un auteur américain (« J'ai lu hier un auteur américain qui mettait en scène le Christ sorti de son tombeau », *Les Evangiles du Crime*, 208), un écrivain tchèque, le philosophe danois Kierkegaard ou bien des images qui rappellent celles des expressionnistes allemands ou du mouvement de la « Neue Sachlichkeit » (« La Nouvelle Objectivité »), dépeignant la décadence de la société allemande ou autrichienne après la première guerre mondiale, l'anxiété, les tumultes nationaux et personnels, tels Kokoschka, Max Beckmann, Otto Dix, Georg Grosz (par exemple: « Je l'imaginais comme ces femmes dans les tableaux d'un peintre allemand: le visage recouvert d'un maquillage épais, la bouche tordue, les seins lourds, les cuisses grasses, le ventre barré d'une large cicatrice, le sexe glabre », *Les Evangiles du Crime*, 157).

Ainsi, tout en étant confrontés à des expériences de violence, les personnages ne sont pas que des déprimés, mais bien des révoltés. Leur révolte recouvre les aspects que Kristeva aborde dans *Contre la Dépression Nationale*, il s'agit d'une révolte au sens de « retournement, découvrement, dévoilement et de remise à neuf » (103). Et c'est, en effet, non seulement à travers cette communauté d'artistes qui crient leurs souffrances, mais également grâce à la création, aux arts que les personnages de Lê vont se révéler, et plus particulièrement pour eux dans des créations langagières déstabilisantes. Ces personnages dépassent les limites de leur identité et de leur culture d'origine ainsi que de leur identité et culture d'adoption, pour s'associer à des êtres et surtout des artistes-créateurs de diverses cultures, qui eux-mêmes ont vécu des expériences humaines et nationales tragiques. Ainsi se forgent-ils une communauté non pas tant de souffrances que de dépassement par la « culture », au sens de création artistique. Toutes ces références aux artistes peuvent être considérées comme une métaphore de l'auteur Lê elle-même, qui sauvegarde la mémoire de ses ancêtres et de son pays natal grâce à l'écriture. La littérature de Lê est une littérature de la révolte, une littérature de récrimination, qui dérange: c'est aussi une littérature de l'exil, et du réapprentissage d'une langue et d'une culture. C'est le dire qui permet aux personnages de vivre, mais ici la langue française est ébranlée et renouvelée. Les personnages vont acquérir une nouvelle langue et une nouvelle culture leur permettant de recouvrer la mémoire.

Créations langagières

Linda Lê manipule la langue française avec brio et effronterie. Ses textes sont une ouverture à l'altérité, une ouverture à une langue française différente. En effet, ses textes sont au croisement de plusieurs langues et cultures, évoquant le phénomène de métissage expliqué par Lionnet dans « Logiques métisses » (tout particulièrement dans les textes de Maryse Condé, Assia Djebar, Simone Schwarz-Bart et Leïla Sebbar).

Le premier signe évident de cette ouverture réside dans l'ébranlement des règles de ponctuation. Ainsi, les points disparaissent (par exemple à la fin de chaque chapitre de *Les Dits d'un Idiot*) et peuvent être remplacés par des virgules. Parfois, seules des majuscules après les virgules signalent le début d'une nouvelle phrase. Ou bien encore les virgules, les guillemets ou toute autre forme de ponctuation sont absents. Et enfin, les chapitres peuvent débuter par des points de suspension (tel est le cas de tous les chapitres de *Les Dits d'un Idiot*). En outre, les règles classiques de composition sont démantelées: ainsi, aucune transition ne peut être décelée dans *Les Trois Parques*. Ce livre est constitué de deux cent-quarante-sept pages denses, divisées seulement en vingt-deux paragraphes. Il s'agit bien de méthodes visant à déstabiliser les règles et faire avancer la narration tout en problématisant les règles de la langue française écrite.

> Elle se lève, déambule dans le corridor, revient vers moi, J'ai envie de te dessiner. J'entends, J'ai envie de t'assassiner. Elle se rassied, se serre contre moi, tremble de tout son corps, J'ai peur, On est en prison ici, On devient fou, Il y a de mauvaises influences. (*Voix*, 7-8)
>
> ...
>
> il fallait qu'elle me les montre là tout de suite en sortant de la boutique il fallait que j'admire sa folie du jour elle est passée en coup de vent elle restera juste le temps d'étrenner sur mon dallage les bottines qu'elle a enlevées de leur papier de soie *le cuir sent si bon qu'elle en défaille les lacets enserrent les chevilles le petit talon est irrésistible et ce joli bout pointu on dirait un nez coquin prêt à fouiner par-*

> *tout* comment elle fera pour marcher avec ça sans s'étaler de tout son long. (*Les Dits d'un Idiot*, 185)

La lecture est ardue car il est souvent impossible de distinguer les divers interlocuteurs, précisément en raison de l'ébranlement de la ponctuation, mais aussi parce qu'on n'est jamais sûr à qui se réfèrent les pronoms personnels. Les textes deviennent un imbroglio de voix, une communauté de voix, un groupe de personnages dont l'identité est instable ou bien dont les identités se confondent. En outre, les textes ne sont pas organisés de manière chronologique, mais sont constitués, par exemple *Les Trois Parques*, de narrations encastrées les unes dans les autres avec bonds en avant et en arrière. Pourtant, on peut suivre les récits.

Autre technique pour problématiser la langue: le français littéraire ou spécialisé côtoie le français parlé ou vulgaire et devient une langue hybride. Citons dans *Les Trois Parques* une « ordalie dyspeptique » (85), « marcescible », des « opimes », un « esquif » (243), « sybarite » (146), « chélicère » (162), « trypanosome » (219), « épithalame » (230), « anophèle » (229), « tu nous bassines avec… » (10), du « rata » (90), un « ratichon » (140), « clamsée » (62), un « patelin » (62), « fini le tintouin » (143), « trou duc » (170), pour ne citer que quelques exemples. Lê insère également des citations littéraires sans les signaler (comme des vers de Hugo (*Les Trois Parques*, 189, 190, 240-41), du poème *Demain à l'aube* ou de Hérédia (*Les Trois Parques*, 190); ou bien de nombreux mots d'anglais et des mots de vietnamien (117, 154, 193, 226, 227, 229, 230), dont les lettres sont caractérisées de « fourmis hiéroglyphiques » qui, en l'absence de tout glossaire ou note de bas de page, déstabilisent le lecteur français. La langue est donc bien déterritorialisée à l'image de l'identité des personnages:

> dans mon taudis mon mouroir made in Motherland. (*Les Dits d'un Idiot*, 37)

> le mari ne fut plus qu'un cierge consumé par une gigantesque flamme *le mad movie continuait* le mari calciné avait pris la même tangente que le fantôme paternel. (*Les Dits d'un Idiot*, 62)

> Ariane après ces nuits stériles avec son sparring-partner se mit en tête de poursuivre son entraînement ailleurs. (*Les Dits d'un Idiot*, 63)

> [...] les longues jambes qui, remises de leur théotropisme, ne voulaient plus rentrer à la bergerie, où l'attendait le loup affamé et fin schlass. (*Les Trois Parques*, 234)

De même que l'identité des personnages est métissée, la langue française de Lê se distingue par son métissage puisqu'elle est à la fois parlée, littéraire, poétique, vulgaire et constituée de mots étrangers à l'occasion. Lê s'approprie donc le français, mais l'ébranle, l'adapte, le conteste, en y insérant des mots étrangers intraduisibles, voire opaques pour le lecteur qui ne connaît pas le vietnamien.

Troisième technique récurrente de déstabilisation du français littéraire: des expressions sont écrites en italique (*Lettre morte*, 9, 13, 94, 96: *Les Trois Parques*, 12, 226, 244 ou bien encore dans *Les Dits d'un Idiot*, à presque chacune des deux cent trois pages) comme pour conférer une dimension orale au texte, comme pour inviter le lecteur à lire à voix haute ces expressions, ou bien comme pour problématiser ces mots mis en relief et jouer avec le style direct et le style indirect libre, sans guillemet, ni différenciation des interlocuteurs. Par exemple, dans *Les Trois Parques*, des questions pour des sondages (faits par une des femmes) ponctuent sans cesse le texte, ou bien des pensées intérieures ou encore des paroles de personnages absents ou morts.

L'accumulation d'onomatopées permet de faire avancer les narrations sur un ton comique:

> Et crac! Une fissure de plus dans le grand amour. Crac! Crac! [...] Au début, c'était tout feu tout flammes tout craquant, puis, à force de manger les craques de son crack bien-aimé, sœurette avait fini par craquer et le grand amour n'avait accouché que d'une ribambelle d'onomatopées *oui! oui! gazouillis! hi! hi! crac! dodo! à dada! roucouroucou! miaoumiaou! bof! bof! pouah! berk! grrr! grrr! pif!*

paf! vlan! crac! patatras! ouf! et zut au grand amour! et sus à l'ennemi! (*Les Trois Parques*, 176)

Notons également l'usage de répétitions, que ce soit des répétitions d'expressions (par exemple dans *Voix:* « la seule vérité, c'est la solitude de l'homme sur terre », 13-17, ou bien « je ne sais pas où je suis », 8-9, « On est en prison ici », 7, 10, 11, 14, ou bien dans *Les Dits d'un Idiot,* le mot « cierge » est répété dix fois sur une demi-page, 61) ou bien encore de nombreuses allitérations (dans *Les Trois Parques*, en « v », 243, ou en « z », 227) ou des listes de synonymes. Autant de techniques qui génèrent des narrations et provoquent le rire, alors que les textes portent sur la mort et la souffrance. Mais il s'agit également de tactiques pour ébranler, contester, et renouveler la langue française écrite.

Enfin, il faut évoquer les nombreux jeux de mots et jeux avec des homonymes, la création de mots et le démantèlement d'expressions idiomatiques: dans *Les Trois Parques*, un « costume copurchic » (119), qui évoque les mots ou expressions couture, haute couture, coupure, pure laine et chic; seigneur devient « saigneur » (144), qui combine saigner, le sang et seigneur; albatros devient « l'Albatroce » (123), jouant avec l'adjectif atroce; « la Vierge entée pour la vie hantée » (182), au rythme binaire fondé sur l'allitération en « v » et les homonymes enter/hanter; « ses pièces sonnantes et son parler trébuchant » (39), où trébuchant peut être compris au sens propre, mais aussi au sens figuré pour évoquer l'expression idiomatique « des pièces/espèces sonnantes et trébuchantes »; « une mouche passa, suivie d'un ange » (114) provoque le rire car cette phrase joue avec l'expression « un ange passe »; « tarabiscoto » (142) évoque tarabiscoté et le mot familier biscoteau, pour biceps, muscles; « concerto en rut majeur » (175), où ut et rut sont associés!; « maya, tantra, tentera pas » (138), peut rappeler l'expression avoir maille à partir, autant que la civilisation précolombienne et les livres sacrés du tantrisme et joue avec les homonymes tantra(s)/tentera; « ce corps accort » (185), évoque un corps gracieux, mais aussi calque l'expression corps à corps; « Mânes » et « Manne » (224); « le lit du zeph que l'ire… » (243), qui crée une anaphore en li, et démantèle le zéphir; « étouffe coquin » (191), variante de étouffe-chrétien; « les paisseurs transhumants » (184) rappelle les mots l'épaisseur, les passeurs et le verbe paître; « théophile », « théophage », « théoclastique » (169, 173-74); « cloaque », « clinquant », « clique », « clones », « cloués » (228). Dans *Lettre morte*, « Morgue, gué de la mort, amer amour, amour tu, amertume, tumeur de l'amour » (105), pour n'en citer que quelques exemples.

Lê manipule la langue française qui devient un hôte en accueillant d'autres signes linguistiques et en combinant divers registres et niveaux de langue. La langue de Lê transforme la langue française en résistant au français littéraire et en produisant un discours de résistance à l'intégration, en créant de nouveaux paradigmes interculturels.

A l'image de la cuisine à l'aigre doux du Vietnam, l'écriture de Lê mélange des critiques grinçantes, des complaintes lancinantes avec des remarques laconiques humoristiques. Elle mélange également des genres littéraires (pièces de théâtre, poésie, romans): ces textes sont profondément marqués par le métissage littéraire puisqu'ils prétendent tous être des composites de textes (on remarque, par exemple, de prétendus échanges de lettres dans « Vinh L. » dans *Les Evangiles du Crime;* des carnets sont inclus dans la narration principale de « Klara V. » dans *Les Evangiles du Crime*, ou bien des notes, des rapports ou des journaux, dans *Voix*, *Lettre morte*, *Calomnies* ou *Les Trois Parques*). A cette hybridité textuelle fait écho un croisement de personnages. Tous les personnages fonctionnent par double, marqués par la persécution, la schizophrénie, la neurasthénie ou la folie. Cet effet de miroir produit l'inversion de nombreux sentiments (l'amour est transformé en haine et en guerre, la vie devient mort, le plaisir devient douleur, les vivants se métamorphosent en fantômes). Pourquoi tous ces métissages et renversements? précisément pour expliquer l'expérience de l'hospitalité et la quête de l'identité.

Ce qui « sauve » ces êtres, c'est non seulement l'apprentissage de la langue française, mais aussi la création d'une nouvelle langue française par eux, donc l'accueil d'une autre langue: cette langue est la langue de l'hôte et la langue comme hôte (Derrida, *Adieu à Lévinas*, 70). Les immigrés ici ne sont plus des victimes, mais des bâtisseurs d'une nouvelle communauté au-delà des définitions de l'identité nationale française.

L'expérience de l'hospitalité est une expérience de la violence: la France est un « asile », donc un refuge, mais également un asile d'aliénés, les personnages sont doublement exilés puisqu'ils sont expatriés, mais aussi parce qu'ils sont « différents ». C'est pourtant non pas en dénonçant les torts de l'hôte, ni en pleurant leur propre exclusion qu'ils s'imposent, mais au contraire en accueillant la langue française et en y laissant leurs marques, donc en manipulant la langue de l'hôte, en affirmant leur différence, et en affirmant leurs liens avec une communauté interculturelle, communauté de créateurs et communauté de souffrance et d'amour.

6

Traverses, croisements, métissages chez Leïla Sebbar

C'EST LE DÉPLACEMENT QUI MARQUE L'ÉCRITURE de Sebbar: ses personnages principaux sont des fugueurs, ou bien des nomades, et c'est autour de leurs déplacements, de leur errance, leurs errances et leurs rencontres que s'organisent les récits. Ses textes, récits, nouvelles et romans des années 80 prennent eux-mêmes des allures de « fugues » musicales, où plusieurs parties semblables semblent se fuir et se poursuivre tour à tour. Ils s'inscrivent dans une tradition de réécriture (de romans picaresques et de contes oraux, de romans de formation et de romans réalistes, et de textes de la littérature nord-africaine écrite et orale) dans une perspective postcoloniale et féministe, dans une France multiethnique des années 80, marquée par la montée du Front National, mais aussi l'organisation et la prise de paroles des jeunes de la seconde ou troisième génération issue de l'immigration. L'écriture de Sebbar devient une terre pour décliner sa véritable identité et la libérer de ses angoisses d'exilée.

Négociation de l'identité dans le croisement

Pour se présenter, dans *Lettres parisiennes, Autopsie de l'exil,* Sebbar, née en Algérie d'un père algérien et d'une mère française, et qui écrit en français et vit en France, affirme:

> Je ne suis pas immigrée, ni enfant de l'immigration. Je ne suis pas un écrivain maghrébin d'expression française. Je ne suis pas une Française de souche. Ma langue maternelle n'est pas l'arabe. (125)
>
> Les sujets de mes livres sont les signes de mon histoire de croisée, de métisse obsédée par sa route et les chemins de traverse. (126)

Ce qui frappe dans cette présentation d'elle-même, c'est bien sûr l'amoncellement de négations, donc la difficulté pour cette femme de faire son auto-portrait, fait du croisement d'histoires, de civilisations, de langues, de religions, de cultures et de paysages. Sebbar en effet est à la fois héritière de la culture algérienne et arabe, musulmane et d'une ville maritime par son père, et de la culture française, chrétienne, et de l'intérieur de la France, par sa mère. L'équilibre entre ces deux extrêmes relève d'une négociation constante entre les repères identitaires, dans la peur d'un déséquilibre, la peur de la folie, la peur d'un reniement si un côté de ces héritages devait prendre le dessus. Ainsi, l'identité hybride, si elle est un enrichissement, est indissociable d'un déchirement, d'une souffrance, d'une crainte de la perte, du rejet, de la non-appartenance et donc d'une vulnérabilité profonde et d'une division intérieure.

Les personnages de Sebbar n'en sont point épargnés: au contraire, ils sont profondément marqués par ce concept de croisement et ce sentiment de déséquilibre constant. Ils ont tous une identité plurielle, hybride, multinationale, attachée à des cultures multiples, dont ils vivent tout en vivant en marge d'elles, qu'ils soient immigrés—telles les femmes à la laverie— où

> les bruits et les chansons parlent comme si c'était la même histoire, de la Caraïbe à la mer Noire, de la mer Morte à la Méditerranée africaine. (« Le sofa de pierre » dans *La Négresse à l'enfant*, 25)

ou bien de parents maghrébins, tels Shérazade ou Mohamed, ou bien descendants d'immigrés d'autres origines et depuis de nombreuses générations, ou encore « Français de souche » dont on souligne les origines régionales, tels la grand-mère bretonne dans « La cousine », ou la mère dans « J'aime l'outre-mer »

> Sa mère a ce carré de vigne sur le côteau, c'est tout; la maison aussi, bien sûr, mais par ici c'est normal une maison, c'est là que la famille se fait depuis Charlemagne, comme dit sa mère. (*La Négresse à l'enfant*, 56)

ou encore Julien—dans *Shérazade* ou bien *Le Fou de Shérazade*—qui est pied noir, son père « avait quitté une petite ville charentaise pour venir enseigner en Algérie » et sa mère

> savait faire aussi bien la cuisine arabe que la cuisine française. Fille de colons du côté de Sétif dans l'est algérien, elle avait dû s'exiler dans l'Oranais, par amour. (*Shérazade*, 15-16)

Yaël est Israélienne, de parents juifs marocains (*Le Fou de Shérazade*, 62); Mohamed du *Chinois vert d'Afrique* a des parents maghrébins (Aïda et Slim) et une grand-mère vietnamienne, immigrée en Algérie après la guerre d'Indochine, durant laquelle elle a fait connaissance de son futur époux algérien, Mohamed. Le squatt à Paris dans lequel se réfugie Shérazade est un microcosme ethnique où habitent Français d'anciennes colonies et Français de parents immigrés d'autres pays (Basile est Guadeloupéen, Krim est un Beur, de mère berbère, Pierrot est fils d'un émigré polonais, Djamila est née en France d'un père Algérien, retourné en Algérie et d'une mère française, pour n'en citer que quelques exemples). Le brassage culturel et religieux n'est ici pas idéalisé; au contraire les problèmes qu'il occasionne sont évoqués. Agressivité et hostilité interethniques resurgissent: « Driss éclatait en invectives contre les Algériennes qu'il traitait d'allumeuses » *(Shérazade*, 80). La « liberté » des squatters est fortement marquée par la violence et nombreux sont ceux qui s'associent avec des figures de révolutionnaires ou d'opprimés, tels Bob Marley ou Luis Armstrong, dans *Shérazade*, pour exprimer leur malaise à trouver leur place dans la société française. Pourtant, ce brassage va de pair avec un sens aigu de la communauté, du partage et de la fraternité et une recherche sur l'histoire et les racines de chacun.

Seuls les personnages à l'esprit borné sont privés de noms multiples (tels les agents de police Bonnin et Mercier dans *Shérazade*), ou bien dénoncent le multiculturalisme, tels, dans *Le Fou*, la milice révolutionnaire à Beyrouth qui finalement délivre Shérazade en lui rappelant que « Ce pays n'est pas votre pays. Retournez chez vous » (127) alors que les personnalités les plus riches glorifient les communautés internationales, interethniques et interculturelles, telle la mère de Shérazade, qui se sent proche des geôliers libanais de Shérazade:

> Les hommes là-bas, on dit que ces hommes sont des frères, ton père m'a dit que les hommes qui habitent ce pays sont comme nous, des frères du même sang, de la même religion, ils parlent notre langue... enfin... pas la langue d'ici, ils parlent l'arabe eux aussi. (137)

et les personnalités les plus riches ont plusieurs noms. Les prénoms multiples permettent à l'individu à la fois de jouer avec sa différence ethnique et religieuse, et de la déjouer. Ils permettent d'effacer la différence irrémédiable qu'un nom exotique révèle, et de travestir son origine. Ainsi l'ouvreuse de cinéma, Française aux racines kabyles, surnommée Mimi, a comme prénom Malika, mais certains pensent qu'elle s'appelle en réalité Mireille ou Emilie, ce qui est un avantage dans une France raciste (*Shérazade*, 52). Ou bien encore l'identité « croisée » du jeune Mohamed, dans *Le Chinois vert d'Afrique* est reflétée dans l'amoncellement de noms ou surnoms que sa famille, ses amis et les inconnus lui confèrent: pour sa grand-mère, il est Hamou, Hammi ou Hammidou (62), pour sa sœur Madou (31), et pour sa mère Mehmet (32) ou Méhémet (69), mais il répond aussi aux dénominations du « Chinois vert d'Afrique », avec ses yeux bridés (36), ou encore Momo (25). Sa grand-mère Minh est dénommée Bà Nôi, Ma et Mina par son petit-fils Mohamed, ou Mina ou Yamina par les voisins du village algérien. Shérazade comprend combien son nom exotique la condamne en

France à un statut d'opprimée, si bien qu'elle envisage de changer son état-civil, en mentant sur son âge et en opérant une naturalisation virtuelle:

> —J'ai pas encore ma fausse carte d'identité. Je l'attends. Des copains de Pierrot s'en occupent. Je m'appellerai Rosa. Rosa Mire et j'aurai dix-huit ans, je serai majeure, tu comprends. Je serai née à Paris XIVe et je serai étudiante en psycho. Voilà.
> —Et ta nationalité?
> —Je suis algérienne.
> —Mais sur ta fausse carte qu'est-ce que tu seras?
> —Elle est fausse. Je serai française... (*Shérazade*, 79)

Tous les personnages se définissent par association à des groupes « minoritaires » et/ou marginalisés, exclus, rejetés. Shérazade est une jeune fille franco-maghrébine, dont les parents sont immigrés; fugueuse, elle s'associe avec des jeunes squatters qui vivent en marge de la société. Ou bien, dans *Le Chinois vert d'Afrique*, Rosa est fille de réfugiés anarchistes espagnols « arrêtés pour des tracts tirés dans leur imprimerie. Déclarés communistes, ils ont été déportés » (212). Elle a été recueillie et élevée par Violette, de même qu'Eve dont la « mère, Juive polonaise avait épousé un Parisien de vieille souche » (212): ses parents eux aussi ont été arrêtés par la Gestapo et déportés.

Lorsque les autorités françaises essayent de décliner l'identité de l'un ou de l'autre, elles hésitent lorsque les noms ont une consonance étrangère, et trouvent des substituts, souvent racistes, et/ou bien réducteurs, comme pour Mohamed qui déteste qu'on l'appelle « à la française » Maurice (52) et que les policiers à sa recherche qualifient d' « Arabe », de « Chinois » (13), de « Sauvage » (14) ou de « Chinetoque » (20). Ou bien pour l'auteur Sebbar elle-même qui raconte, dans *Lettres Parisiennes:*

> Quant aux Français, ils ne comprennent pas que j'aie gardé le nom de mon père pour écrire dans ma langue maternelle, le français et m'inscrire dans la littérature française, comme écrivain français. [Pour les satisfaire] il faudrait que j'aie un nom de plume anonyme, neutre, universalisant. (126)

Les identités simples sont ainsi déstabilisées, mais enrichies, et par là-même poussent les lecteurs à réfléchir à leur propre identité. Pour les immigrés d'anciennes colonies françaises, les problèmes d'identité et d'allégeance ne peuvent pas être résolus unilatéralement puisqu'ils étaient de nationalité française, lorsqu'ils vivaient dans les colonies françaises, sans toutefois bénéficier de la citoyenneté française. La France n'est pas revenue sur cet aspect de son histoire, car, sinon, ne renoncerait-elle pas ainsi à un passé colonialiste? Enfin, les anciennes colonies, telle l'Algérie, considèrent leurs ressortissants expatriés toujours comme des citoyens de leurs pays d'origine. Pour ces êtres tiraillés entre le pays d'origine et le pays d'adoption, il ne peut pas y avoir d'allégeance unique, semble-t-il.

Le métissage est au centre des préoccupations de Sebbar qui en livre de nombreux synonymes, sous forme de listes ou de plaisanteries. Ainsi dans *Shérazade*,

> des enfants bicolores, des sangs mêlés, des mixtes, des coupés, des bâtards...des hybrides...des travestis. (192)

Les synonymes présentés font de métis un concept ethnique, social, biologique et sexuel que Sebbar pourtant élargit davantage pour en faire un concept culturel, à travers non seulement ses personnages, mais aussi les lieux qu'ils s'approprient, leur histoire et leurs histoires, et la langue qu'elle déploie et leur accorde. De même dans *Le Chinois vert d'Afrique*, des plaisanteries circulent autour de ce même concept, puisque les « croisés », les enfants de « couples mixtes » sont aussi appelés « coupés », associés à la circoncision traditionnelle dans la culture musulmane (111, 122), et évoquée dans tous les rites traditionnels qui la marquent en Afrique du nord (126-27). Le mot « coupé » est d'ailleurs dénoncé comme une traduction inadéquate du mot arabe, signifiant « purifié » pour le garçon circoncis (127). Le métissage inclut donc bien le domaine religieux. Tous les personnages sont métissés, de nationalités diverses, de religions diverses, d'origines sociales et géographiques diverses. Dans la nouvelle « La cousine », un parallèle est suggéré entre les Bretons et les Marocains précisément dans leur expérience de l'exil et de l'errance ainsi que dans leur apprentissage d'une nouvelle langue.

Nés en France ou non, tous les personnages sont associés avec diverses époques de l'histoire de la France et de ses anciennes colonies: par exemple, le destin de Minh, dans Le *Chinois vert d'Afrique,* est profondément marqué non seulement par l'histoire de son propre pays, l'Indochine, mais aussi la fin de la colonisation française puisqu'elle a épousé un Algérien, soldat dans l'armée française, et l'a suivi en Algérie à la fin de la guerre. Ou bien, autre exemple, les voisins racistes d'Emile Cordier, habitant en banlieue parisienne, qui rêvent de créer une milice de surveillance du quartier et préconisent une lutte armée pour chasser les immigrés, sont des nostalgiques des colonies françaises, et nostalgiques d'un pouvoir sur des populations non blanches. C'est avec un plaisir non voilé qu'ils racontent les tortures qu'ils ont fait subir aux soldats et aux civils algériens pendant la guerre d'indépendance. Ils n'ont pas accepté la perte des colonies françaises, telle l'Algérie et l'Indochine et rêvent de reprendre une lutte armée pour réécrire une partie de l'histoire française, au moins sur le territoire français. Ils considèrent les populations issues de l'immigration responsables du chômage en France, d'une baisse de la qualité de leur vie et d'une « menace » pour eux-mêmes. Leur discours reflète celui du Front National, profondément xénophobe, raciste, violent et intolérant.

L'Algérie ou l'Indochine/le Vietnam ruraux, avec leurs coutumes traditionnelles, sont évoqués par bribes dans divers textes, à travers les portraits du grand-père de Shérazade, de la grand-mère de Mohamed (en Indochine et en Algérie), ou encore de la vieille femme gardienne de l'olivier, dans *Le Fou de Shérazade.* Ils représentent des lieux idéalisés pour leur nature et la qualité de la vie, à une époque révolue. L'emplacement du chapitre intitulé « Algérie » dans *Shérazade,* exactement au centre du livre, ou bien tous les chapitres centrés sur la vieille gardienne de l'olivier dans *Le Fou de Shérazade* (qui s'ouvre et se referme sur ce personnage, dans les chapitres 1 et 31, et lui donne une voix et un espace conséquents, en lui consacrant les chapitres 4, 7, 11, 13, 16, 20, 24, et 29) reflètent bien l'importance accordée à ces paradis perdus, qui persistent pourtant comme un mythe des origines, comme le mythe fondateur d'une identité familiale. Ils deviennent l'espace des rêves d'évasion ou de fuite, qui permet de surmonter un quotidien parfois aliénant. Sebbar déploie un lyrisme empreint de mélancolie, mais aussi un discours écologique pour évoquer les campagnes des ancêtres. Ces lieux idylliques ont été détruits par la guerre, leitmotiv de tous les textes de Sebbar, mais aussi par une évolution économique inéluctable, si bien que ces campagnes sont présentées désormais comme des lieux marginaux, où n'habitent plus que les vieux, des lieux condamnés par l'économie, condamnés à la marge et à la destruction.

> Cet homme perdu dans la ville qui se lavait les pieds lui rappela son grand-père, quand il se préparait pour la prière...
> Le grand-père avait un jour sermonné Shérazade parce qu'elle jouait avec la *tayemoum*, la pierre lisse qui servait aux ablutions et que son grand-père gardait près de la natte de prière. Dans les mosquées et dans les maisons, près des tapis de prière, on voyait toujours cette pierre lisse que Shérazade trouvait parfaite pour sa marelle sous le figuier. (*Shérazade*, 136)

> —Qu'est-ce que tu connais, toi, à la récolte des olives... Tu viens d'où? Tu es né dans ces cages, tu sais rien de là-bas, des champs, des oliviers, du travail de la terre et tu parles...
> —Mon père m'a dit...
> —Ton père... Il a oublié depuis le temps et toi, tu sauras jamais... regarde ton olivier, transplanté, regarde-le, je te dis, moi, qu'il est stérile... et que ta mère, l'huile d'olive... elle ira l'acheter à Carrefour... (*Le Fou de Shérazade*, 106)

Le malaise et le mal-être des personnages de Sebbar provient de leur refus d'accepter l'insertion à la française, c'est-à-dire sans reconnaissance officielle et publique de leurs différences religieuses et culturelles. L'assimilation française en effet n'accepte de « différences » que dans la sphère privée pour au contraire affirmer une identité universaliste de citoyen français. C'est ainsi que se sont fait accepter les Juifs sous Napoléon, et c'est toujours de cette manière que la République française unie tient à maintenir son unité. Pourtant, les personnages de Sebbar mettent tout en œuvre pour, au contraire, comprendre et faire connaître leurs différences sociales, culturelles, et linguistiques, voire religieuses, les afficher, les exprimer en public et les vivre ouvertement. Enfants d'immigrés, ils deviennent à leur tour des migrateurs, des nomades, en quête d'identité. Ils bougent, voyagent, sillonnent des quartiers, des villes, des pays ou rêvent de le faire pour revendiquer leur histoire familiale faite de migrations et d'immigrations. Ce sont d'abord des raisons économiques qui les ont chassés de leur terre natale, de la campagne vers les villes, des villes du sud vers les villes du nord:

> Elle entend l'hirondelle de collines lointaines, après les terres sèches et la mer enfermée, les collines des ancêtres, belles mais si avares que les hommes ont dû s'exiler dans les plaines et les villes jusqu'au Nord. (*Le Fou de Shérazade*, 193)

Installés dans les banlieues de grandes villes industrielles, les enfants vivent en décalage avec la société. L'héroïne éponyme de *Shérazade* est sans cesse en fugue. Rien ni personne ne peut la fixer, que ce soit un travail, sa famille ou même ses amis, elle n'a aucun port d'attache comme si elle refusait la condition assujettie de ses ancêtres colonisés, prisonniers des colons, prisonniers de leur condition sociale défavorisée. C'est dans la mouvance perpétuelle qu'elle se définit, dans le déplacement. Elle s'évade de toute forme d'enfermement (la famille, le voile et la séclusion des femmes algériennes à la maison, les restrictions de mouvements par le père, l'école), et recherche à définir son identité propre. Le déplacement peut être aussi mental, nombre de personnages s'abandonnent régulièrement à des souvenirs d'ailleurs: ainsi, à Jérusalem, Shérazade repense à ses amis squatters de Paris et à Julien (*Le Fou de Shérazade*, chapitre 25, par exemple), à son père (*Le Fou de Shérazade*, chapitre 27) ainsi qu'à des scènes d'enfance en vacances chez son grand-père, en Algérie (*Le Fou de Shérazade*, chapitre 30, ou bien *Shérazade*, 136-37). Elle fuit la fixité d'une identité simple. Dans la « cousine », tous les personnages sont des exilés (de Bretagne ou du Maroc), la « fille au juke box » est une femme kabyle qui se distingue par « une petite main en or » (86), signe de sa religion bien sûr—repris dans les badges utilisés par SOS Racisme (« Touche pas à mon pote », et ainsi transformé en une main tendue, un signe d'amitié)—mais cause du racisme dont elle fait l'objet. Elle s'est enfuie de la maison familiale et se réfugie dans les drogues et l'alcool, donc dans une errance mentale, émotionnelle, sociale et psychologique, incapable de trouver une identité, et une « maison ».

A travers ses narrations et ses personnages, Sebbar rappelle que la France s'est constituée par vagues migratoires successives, de diverses religions, de différentes ethnies, au fil des siècles. Le thème du nomadisme d'un nouveau genre est central, pour ces êtres métissés descendants de peuples immigrés en France, pour certains d'entre eux issus de pays colonisés par la France. Ces personnages sont des nomades d'une nouvelle espèce, non plus d'un type rural, d'un type pastoral, ni limité à des territoires bien fixés, mais des nomades qui sillonnent de nombreux territoires (géographiques, historiques, musicaux, sociaux, littéraires, cinématographiques) en quête de nouveaux croisements enrichissants et féconds. La plupart sont nés en France, mais l'exil, l'immigration marquent leur mémoire et leur vie. Ce sont des migrateurs incapables de s'installer dans un endroit fixe pour une longue durée car l'histoire de leurs familles est liée aux déplacements, aux exodes, à la colonisation et à l'exploitation, tous vécus directement ou indirectement (par leurs parents ou grands-parents). Leur nomadisme peut sembler être une errance, sans but ni besoin défini, sans résultat fécond. Mais la plupart sillonnent et croisent des chemins pour s'enrichir, grandir, évoluer, produire et ils affirment toujours leur métissage, rendant leur nomadisme heureux. Tous sont profondément conscients de leur héritage qu'ils revendiquent, sans toujours trop savoir qu'en faire.

Leur héritage qu'ils présentent permet aussi de raconter l'histoire de la France de points de vue différents. Ainsi la guerre d'indépendance de l'Algérie est-elle présentée du point de vue du colon installé en Algérie (tel est le cas de Julien et de sa famille, dans *Shérazade*), des soldats français envoyés à la guerre (les voisins d'Emile Cordier, dans *Le Chinois vert d'Afrique*) et des anciens colonisés (la famille de Shérazade ou le père de Mohamed, entre autres). Les jeunes de *Shérazade* revendiquent leur passé familial, et voit leur pays, la France, d'un œil critique et révolté, et avec une langue de révoltés, marquée par la violence. Ils tentent d'affirmer leurs différences culturelles dans un pays qui a des difficultés à les accepter publiquement et ils dénoncent l'inégalité de droits dans une République qui affirme l'égalité de droits: ainsi, nombre d'anecdotes soulignent que, au nom de l'égalité de droits, on nie les différences de fait, et on nivelle les cultures; et ces différences donnent lieu à des exceptions à l'égalité de droits. Pour les jeunes immigrés ou descendants d'immigrés, par exemple, le physique prime pour toute reconnaissance identitaire. Ces jeunes accumulent des références à des révolutions et des révolutionnaires du monde entier (Marx, Rosa Luxemburg, Engels, les moudjahidines, par exemple) car ils comprennent que c'est en luttant qu'ils se forgeront une identité, sans toutefois faire quoi que ce soit de concret eux-mêmes, si ce n'est squatter, voler, faire des hold-up, et rêver à voix haute. Leurs discours de gauche s'opposent à ceux de personnages conservateurs et réactionnaires (qui, par exemple, s'expriment contre le garde des Sceaux Robert Badinter, responsable de l'abolition de la peine de mort en 1981, et s'insurgent de la libération de criminels des prisons, *Shérazade*, 208). Telle est la raison pour laquelle Julien et son ami proposent à Shérazade de jouer, dans son film, le rôle d'une

> chef de bande, une rebelle et poète, une insoumise habile au couteau, efficace en karaté,... intrépide et farouche, une mutante des Z.U.P., une vagabonde des blocs, des caves, des parkings et des rues, imprenable et redoutable comme un chef de guerre. (218)

Pourtant, ces jeunes personnages de Sebbar ont plus de questions que de certitudes, et telle est peut-être une des raisons de présentations de listes dans ses textes, qui leur confèrent un aspect de catalogues ou d'inventaires de musées ou de magasins: ainsi dans *Shérazade*, on trouve des listes d'Odalisques, de Delacroix à Matisse, en passant par Ingres et Renoir (189, 196-97), des listes de chanteurs/groupes (213), une liste des tableaux de Beaubourg (243), une liste de sous-vêtements (233), de vêtements et livres (234), que Shérazade prend pour son voyage, une liste des fréquences de radios libres (34), une liste d'écrivains d'Afrique du Nord (132), l'inventaire d'une école (17-19). Dans *Le Chinois vert d'Afrique*, on peut lire la liste des outils et produits de bricolage dans l'atelier d'Emile Cordier (130). Ces listes offrent des repères sûrs à ces jeunes en quête d'une identité et de leurs propres références. Elles mettent fin, pour un bref moment, à une impression de hasard dans leur route, ou leur déroute, et leur confèrent une impression d'ordre et de structure. Cette tactique permet aussi à Sebbar de décliner l'identité métissée de ses personnages et de réfléchir à la représentation de personnages proches des siens dans divers arts, de l'Occident et du Maghreb, par des maîtres reconnus ou par des artistes moins connus. En mélangeant créations et artistes connus et inconnus, artistes et artisans, cultures populaires et cultures classiques, Sebbar valide et valorise le travail de groupes minoritaires ou marginaux. Ainsi, à côté des *Algériennes* de Manet, Corot, Renoir ou Matisse (*Shérazade*, 190), ou bien de Vermeer dans « Femmes derrière des poubelles » (*La Négresse à l'enfant*), il est aussi question des photos de Julien ou de journalistes de la guerre d'Algérie ou d'Indochine; outre Franz Fanon, Emile Zola, Mouloud Feraoun, Assia Djebar ou Mohamed Dib, il est aussi question des poèmes et chansons composés par Eddy ou des journaux personnels de Shérazade (*Shérazade*, 166, et *Le Fou de Shérazade*); outre le cinéma de Godard (dans *Shérazade*, *A bout de souffle*, 113 et 150, et *Pierrot le Fou*, 157, 256-58, non seulement évoqué, mais repris et remanié, dans les actes du Pierrot de Sebbar, qui, lui, périt dans l'accident de voiture, 262) ou d'Eustache, il est question du film de Julien (*Le Fou de Shérazade*); enfin, outre Verdi, Mahler et Wagner, les personnages aiment la chanteuse égyptienne Oum Kalthoum (*Shérazade*, 177), Zina Tounssia (178), le reggae, le rock et la musique populaire arabe.

Pour Sebbar, les arts constituent le ciment de l'identité croisée, métissée de ses personnages, et un refuge dans un monde avec lequel ils vivent en décalage ou bien même qu'ils fuient. Les arts permettent de constituer des réseaux de connaisseurs et d'établir des liens au-delà du visible, du rationnel et du politique. Ainsi, l'amour platonique que Mohamed (*Le Chinois vert d'Afrique*) voue à Myra passe par la musique et l'enregistrement à la sauvette de Myra, qui, comme sa grand-mère italienne Marina, chante des airs d'opéra, surtout de « l'opéra italien » (78-79). Myra et Mohamed, pour ne s'être jamais rencontrés, ni parlé, se connaissent néanmoins par leurs échanges de messages, et la musique (en passant à côté de la maison de Myra, Mohamed se fait reconnaître par un air de flûte, et Myra par un morceau de piano, en plus des airs d'opéra qu'elle chante pour le plus grand bonheur de son grand-père, Emile, et de Mohamed qui l'enregistre). L'opéra italien est aussi une passion de l'inspecteur de police, qui connaît par cœur les textes en italien des opéras de Verdi. Bien qu'il soit à sa recherche, l'inspecteur de police, qui n'a jamais vu Mohamed, ressent un certain attendrissement pour ce « délinquant », qui pique vraiment sa curiosité—en particulier en raison de cet intérêt pour la musique. Il est intrigué et intéressé par la riche personnalité de ce jeune que les autres agents de police rejettent comme un étranger perturbateur.

L'utilisation des arts comme élément clé de l'identité constitue aussi un rappel historique d'expressions des immigrés maghrébins de la deuxième génération en France, qui, dès 1985 avec SOS Racisme, ont choisi le terrain culturel (chansons, musiques et concerts, modes et boutiques de modes, sculptures et peintures) comme lieu de revendications plutôt que les traditionnelles scènes et tactiques politiques (manifestations, discours, partis politiques, par exemple). Le texte de Sebbar rend bien hommage à la jeunesse issue de l'immigration pour sa venue à l'écriture ou à la musique ou à d'autres arts, en tout cas pour sa venue à une expression autonome dans les années 80 en France.

Route vers l'émancipation des femmes

A travers le portrait de femmes orientales et occidentales, de diverses cultures, Sebbar évoque des clichés sur les femmes orientales en particulier, soumises, séductrices et exploitées, imposés par les arts dans l'imagination populaire orientale et occidentale, mais elle montre aussi le chemin vers l'émancipation des femmes, peignant des portraits dans un large éventail de situations qui soulèvent des questions d'ordre politique, social, religieux, ou économique sur la condition des femmes. Les narrations de Sebbar se passent à une époque contemporaine, ostensiblement postcoloniale avec des références aux anciennes colonies françaises (Algérie et Indochine, en particulier). Des différences entre les conditions de vie des femmes sont mises en évidence, et il est fait référence à des cultures dans des milieux ruraux, opposées aux cultures en milieu urbain, toutes marquées par l'hybridité, le brassage de religions, de couleurs de peaux, de langues et de nationalités. Cet horizon permet ainsi de démonter les discours colonisateurs de l'Europe du XIXe et XXe siècles, déjà dénoncés par Edward W.

Said dans *Orientalism* (1978), ancrés dans des termes binaires simplificateurs (tels supériorité-infériorité, domination-asservissement, civilisation-barbarie, blanc-non blanc, chrétien-islamique, bouddhiste-juif, juif-arabe) qui présentaient la colonisation comme une mission civilisatrice de l'Orient et de l'Afrique, légitimaient la suprématie sur d'autres sociétés et l'anéantissement des cultures étrangères, et qui sont encore utilisés, par exemple, dans le conflit évoqué entre Israël et la Palestine, dans *Le Fou de Shérazade*.

Sebbar veut dénoncer et relativiser l'image de la subordination des femmes et de la discrimination pratiquée contre elles dans les sociétés islamiques en particulier, mais autres également. Aussi évoque-t-elle des femmes d'Orient qui sont devenues des icônes de l'art au XIXe siècle en Occident (littérature, peinture et musique). Le personnage éponyme de *Shérazade* rappelle tout de suite le nom de la rusée Shéhérazade des contes des *Mille et Une Nuits*, qui sauve sa vie en racontant à son roi d'interminables histoires érotiques et ainsi gagne du temps en tenant la curiosité du tyran en haleine. C'est bien donc son savoir, son éducation et son savoir-faire qui la sauvent. Ces contes véhiculaient en fait, comme le rappelle Wijdan Ali,

> des traditions folkloriques orales d'Inde, de Perse, d'Irak, de Syrie et d'Egypte, racontées en langue vulgaire pour raviver les préjugés courants parmi les masses illettrées, auxquelles était donné en pâture un divertissement bon marché. (93)

Le personnage de Sebbar, Shérazade, évoque, par son nom, bien sûr cette conteuse rusée, tout en ayant sa propre particularité, puisque le « he » du prénom célèbre est éliminé. Cette modification est perçue par la vieille Libanaise du *Fou de Shérazade* comme une francisation et une perte (« Mais pourquoi le prononcez-vous à la française? Vous perdez la syllabe la plus suave, la plus orientale », 164), elle est assurément un moyen d'insister sur l'identité française et arabe de cette jeune femme indépendante. Mais, on peut y voir aussi un jeu de mots qui souligne la mise à l'écart du pouvoir du « he », pronom masculin de la troisième personne en anglais, donc de l'homme: en effet, Shérazade échappe au pouvoir de son père en fuguant de chez elle, à celui de ses frères qui ne retrouvent pas sa trace malgré leurs nombreuses tentatives, et enfin elle échappe au pouvoir de tous ses compagnons qui rêveraient de vivre avec elle, Julien ou Pierrot, par exemple.

Dans les années 80, les médias français certes offraient des portraits de ces jeunes de culture mixte, dans les banlieues françaises, mais souvent de manière réductrice et négative, il s'agissait de portraits de délinquants incultes, en mal d'insertion. Sebbar, au contraire, fait de son héroïne une assoiffée de culture. Shérazade est forte consommatrice de romans francophones, la bibliothécaire de son quartier prend soin d'acheter tous les textes susceptibles de l'intéresser, car elle sait qu'elle les empruntera et les lira. Elle exerce donc une influence directe sur la bibliothèque de sa banlieue, car son intérêt pour la littérature d'Afrique du Nord a suscité l'intérêt de nombreux lecteurs français (*Shérazade*, 132-33).

Sa curiosité intellectuelle et sa soif de savoir sont sans cesse soulignées: Julien l'initie à la musique classique, à des écrits d'auteurs arabes, au cinéma et à la peinture, mais aussi aux exemples d'héroïnes historiques ou de fiction, modèles de révoltes, de rébellion, et d'indépendance qui vont l'inspirer. Pierrot l'initie à un discours politisé, et, même dans sa geôle, à Beyrouth, elle demande crayons, cahiers et livres car seules la lecture et l'écriture lui permettront de résister et de surmonter l'internement. Et c'est ainsi qu'elle apprend l'arabe classique en prison, grâce au déchiffrement du Coran et de poèmes d'Adonis. En outre, elle-même va devenir productrice d'écrits (elle écrit des cahiers à Paris qu'elle laisse chez Julien, et continue de le faire au cours de ses voyages), et également productrice de discours: elle va devenir conteuse. Mais, contrairement à Shéhérazade qui certes triomphe grâce aux mots, grâce à son pouvoir de fabulation, mais reste prisonnière du harem, de la vie conjugale et familiale, Shérazade, elle, devient indépendante, autonome, libre et se livre à une vie aventureuse qui lui fait découvrir le monde et divers milieux. Contrairement enfin à Shéhérazade qui « fascinait » son auditoire crédule et inculte, et reculait l'heure de la mort par la magie du verbe, Shérazade, elle, dérange par son caractère à l'emporte-pièce, son agressivité et son rejet de nombreuses règles et convenances (elle ne donne aucune nouvelle à sa mère qui ne sait si sa fille est morte ou non, vole à l'occasion et participe à un hold-up, ne donne aucune nouvelle à

Julien) tout en suscitant également l'admiration et le respect pour sa quête d'indépendance et sa volonté de s'éduquer et de se forger une identité à elle.

Les tableaux d'Odalisques, que Julien dans *Shérazade* affectionne tout particulièrement, offrent l'image de femmes orientales particulièrement prisée en Occident au XIXe siècle, que Sebbar veut également dénoncée. Qu'il s'agisse de tableaux de Delacroix, Chassériau, Ingres, Gérôme ou Matisse, ou bien des scènes prisées par le photographe dans *Shérazade*, qui veut faire de Shérazade et de ses amies des objets sexuels débridés et débauchés, ces représentations orientalistes sont directement issues de l'imaginaire des peintres occidentaux, qui, tout comme le roi des *Mille et Une Nuits*, ne pouvaient se lasser des représentations érotiques de femmes séductrices et inaccessibles. On sait pourtant que ces scènes de

> musulmanes alanguies sur des coussins dans une sorte d'hébétude, dansant voluptueusement dans les cours royales, exposées dans des poses érotiques sur les marchés aux esclaves et s'effondrant dévêtues dans les bras d'autres femmes dans les bains turcs. (W. Ali, 93)

ont été complètement inventées par ces peintres, qui utilisaient d'ailleurs des modèles européens, et ne pouvaient avoir accès ni aux harems, ni aux bains turcs, et n'ont vraisemblablement jamais vu de femmes musulmanes dévoilées ou nues! Julien se sent proche de ces peintres (ou autre artiste, il fait d'ailleurs souvent référence à l'héroïne de Pierre Loti, Aziyadé) qui adulaient les femmes d'Orient: tout comme eux, il est fasciné par le regard de Shérazade ou de Yaël, toutes les deux aux yeux verts, il les associent aux odalisques, alors qu'elles répondent pourtant à certaines normes de beauté occidentale (Shérazade a la peau pâle, et les cheveux clairs tandis que Yaël est prise pour une Américaine par un autre personnage, preuve qu'elle n'a pas le type oriental). Julien ne peut s'empêcher de sans cesse rapprocher les femmes qui le fascinent des représentations « de femmes mortes depuis longtemps ou qui n'ont jamais existé sauf dans la peinture et la littérature » (*Le Fou de Shérazade*, 63), peut-être pour se rassurer lui-même qu'il pourrait avoir un pouvoir sur elle, les modeler à sa guise. Il est attiré, tout comme les peintres du XIXe siècle, par des clichés sur les femmes orientales transformées en objets sexuels, faites pour séduire et satisfaire les désirs sexuels de l'homme occidental, mais aussi tout simplement par une image de femmes orientales évoquant des souvenirs nostalgiques de son pays natal, l'Algérie, et de sa mère.

Sebbar néanmoins offre aux lecteurs la possibilité de questionner la représentation de ces orientalistes grâce au personnage de Shérazade, qui se reconnaît en partie dans ces représentations, mais s'en distancie finalement. Les Odalisques de Matisse vont l'inspirer, puisqu'elle est elle-même l'objet de regards fascinés, mais au lieu d'être subjuguée, c'est elle qui va utiliser son exotisme à son profit, pour conquérir des amis, des hommes, des espaces et des rêves. Elle se laisse séduire par Julien, sans pourtant vouloir être réduite elle-même au rôle de femme adulée, observée, objet des regards voyeurs masculins. C'est toujours elle qui décide de rester ou non avec Julien, elle déjoue les intentions voyeuristiques et pornographiques du photographe qui veut lui faire faire des photos pornographiques, dans des poses provocatrices qui excitent les fantasmes sado-masochistes de certains hommes. Et dans le film de Julien, si Yaël et Shérazade prennent des poses d'odalisques, elles s'affichent en

> odalisques évadées... Des odalisques dans la guerre, comment les appelle-t-on? Des journalistes?... Oui, au fond, des journalistes... C'est un métier dangereux, qui ne conviendrait pas à des captives. (*Le Fou de Shérazade*, 202-3)

Les odalisques sont ici libérées et elles œuvrent pour la paix dans le monde et l'égalité des droits. Sebbar arrive donc à subvertir l'image de l'orientale en une femme indépendante, qui conquiert sa liberté et affirme ses droits.

Sebbar n'évite pas les repères clés dans la représentation des femmes musulmanes en Occident, à savoir leur manque de liberté, le port du voile et la polygamie pour les présenter sous un nouveau jour. Elle ne se limite pas à présenter l'image de la répression des femmes musulmanes, de leur asservissement aux hommes et à la religion, et de la cruauté de leur destinée. Les Occidentaux voient souvent en elles des femmes ignorantes et réprimées par la religion et la culture islamiques, réduites à la servitude, à la maison, et cachées aux yeux des hommes en dehors de la maison sous le voile. Leur père, leur mari ou leurs frères en sont entièrement responsables et ont tous pouvoirs sur elles, en particulier un pouvoir physique afin de les maintenir à la maison et ne pas leur donner accès à l'éducation, ou à un travail. Leur rôle est donc réduit à un rôle biologique de procréation, à celui de s'occuper des enfants à la maison et de servir telle une esclave tous les membres de la famille derrière portes closes. C'est à travers le personnage de Mériem qu'on comprend le rôle tout puissant du père sur ses filles dans *Shérazade* ou *Le Fou* puisque le père veut choisir un époux à ses filles sans demander leur consentement, et peut les forcer à un mariage arrangé avec d'autres familles.

> Elle [Mériem] s'occupe des petits avec la mère et de la maison, il [le père] pense la marier bientôt, avec un cousin de Mascara qui est ingénieur. Il a étudié à Paris et à Londres, elle ira vivre à Oran. (*Le Fou de Shérazade*, 176)

De même, la sœur aînée de Mohamed (*Le Chinois vert d'Afrique*) ne va plus à l'école et est responsable de ses frères et sœurs. Pourtant, la vie des femmes « exploitées » est mise aussi en perspective: la mère de Shérazade est bien mère de famille, sans être l'esclave de son époux, elle réussit à non seulement avoir un réseau d'amies avec lesquelles elle partage le goût de la couture, en groupe, à la maison, mais aussi à exercer un certain pouvoir sur son mari, puisqu'elle sait que sa fille est en vie et le lui cache. Tout comme la mère de Mohamed qui fait passer la fugue de son fils Mohamed pour un voyage chez une tante, et sait très bien qu'il vient se doucher et se restaurer régulièrement à la maison. Son mensonge et ses silences protègent son fils des fureurs et des réactions violentes du père, elle a donc un pouvoir certain à la maison et auprès de ses enfants. Il est intéressant également de rappeler le témoignage d'Assia Djebar, qui souligne que ce n'est pas seulement la religion musulmane qui freine ou a freiné l'émancipation des femmes en Afrique du Nord et au Moyen-Orient, mais bien le colonialisme:

> L'émancipation des femmes en Egypte, en Syrie et en Turquie s'est faite dans les classes bourgeoises et aristocratiques dès les années vingt et trente. Cela avait une grande influence en Algé-

rie. Mon père, tout en étant instituteur de langue française, ne se considérait pas comme assimilé; lui-même déjà utilisait sa langue comme protestation. Il faisait partie d'une élite nationaliste dont les femmes restaient à la maison, mais qui souhaitaient que leurs filles soient sur le modèle du Moyen-Orient, sur le modèle des premières femmes turques, égyptiennes, syriennes. Ce qui empêchait cela, c'était évidemment la présence coloniale. (« Territoire des langues », A. Djebar dans L. Gauvin, *L'écrivain francophone*, 26)

Le voile, le foulard ou la keffia sont évoqués. Shérazade porte un foulard autour du cou

rouge et jaune à franges brillantes, comme les aiment les Arabes de Barbès et les femmes du bled, lorsqu'elles n'ont pas encore été éblouies par les foulards Monoprix qui imitent [...] les foulards de marque. (8)

de même que la femme dans « Le sofa de pierre » (*La Négresse à l'enfant*):

Son foulard a glissé, elle le rajuste autour de ses joues, l'homme a dû voir ses cheveux, ils dépassent la pointe du foulard dans le dos de quelques centimètres. (23)

Mais la plupart des jeunes femmes ne le portent pas, ou tout au moins y préfèrent la keffia,

l'écharpe palestinienne en coton à damiers noirs et blancs dont elle ne se séparait pas depuis des semaines la désignait aussi à la perspicacité policière. (9)

Le voile ici est présenté non pas comme un signe d'asservissement, mais une marque d'appartenance à une culture et une religion, et parfois un moyen de tromper la police car on peut y cacher de la drogue. W. Ali signale que le voile d'aujourd'hui

> a plusieurs buts: suivre ce que certaines femmes considèrent comme des préceptes religieux, se protéger du harcèlement sexuel au travail et économiser de l'argent dans les groupes aux revenus modestes, surtout chez les étudiantes, sommées de suivre la mode par les pressions de leurs pairs fortunés: les femmes voilées n'ont besoin ni d'aller chez le coiffeur, ni de s'habiller à la dernière mode. (103)

En fait, Shérazade s'habille à l'occidentale, même si elle ne fait pas beaucoup d'effets de toilette une fois qu'elle est en voyage; Yaël apparaît en uniforme de soldate, montrant combien l'égalité des droits hommes-femmes a été atteinte dans certaines cultures. Toutes les deux choisissent leurs compagnons, choisissent de vivre comme bon leur semble, pour essayer de mieux comprendre le monde et mieux se comprendre.

Quant à la polygamie, elle est évoquée à travers la grand-mère de Mohamed (*dans Le Chinois vert d'Afrique*), dont le mari a en effet deux épouses. Minh en fait accepte la situation, jusqu'à même prendre soin de la seconde épouse. Il n'est donc pas question ici d'inégalité de droits, c'est au contraire l'image d'une grande famille qui est dépeinte. Pourtant, tous les autres couples sont monogames, ce qui semblerait bien souligner que la polygamie était associée plus au monde rural, qu'au monde citadin, et reléguée à une époque révolue.

Subordination, discrimination, cruauté, asservissement, emprisonnement, dépendance, toutes les idées stéréotypées sur les femmes (musulmanes, juives, chrétiennes ou autres) sont ici présentées pour être détruites. Toute une panoplie de personnages féminins permet de présenter un large éventail de cas, montrant le chemin vers l'émancipation. Les personnages clés sont en effet souvent des femmes, indépendantes, qui exercent une profession, voyagent en toute liberté et sont décrites comme les égales intellectuellement des hommes.

> C'est que, de mère en fille, la vigne venait de la branche maternelle, elles en savaient autant que les vignerons. (« J'aime l'outre-mer », *La Négresse à l'enfant*, 55)

> L'homme s'arrête devant elle, pétrifiée. Elle n'a pas baissé la tête, elle le regarde, lui aussi, sans rien dire. (« Le sofa de pierre », *La Négresse à l'enfant,* 23)

> La jeune fille, obstinément, refusait les propositions de mariage. Elle ne servait plus [les hommes du chantier], c'est elle qui l'avait décidé. Elle ne voulait plus sentir ces regards qui faisaient semblant de ne pas la voir, et elle n'allait pas se voiler pour le service. (« La cousine », *La Négresse à l'enfant,* 43)

Si elles n'ont pas acquis l'égalité de droits, elles sont toutefois conscientes de leur exploitation ou de leur soumission, leur éducation permet de croire qu'un jour, si elles-mêmes ne peuvent aspirer à l'émancipation, leurs filles seront les égales de leurs fils.

Et Sebbar dissémine ses textes de noms d'héroïnes fictives ou historiques qui exemplifient l'accession des femmes aux mêmes droits et devoirs civils et religieux que les hommes dans certaines sociétés et à certaines époques, à savoir droit à l'éducation, droit de participer à la politique, d'avoir une charge publique, de pratiquer toutes les professions, même celles de soldates. Ainsi, Yaël est soldate dans l'armée israélienne:

> Il a vu venir vers lui une fille inconnue, habillée en soldate, jupe et blouson khaki, calot sur des cheveux roux frisés, fusil en bandoulière, chemise khaki ouverte jusqu'à la naissance des seins, une étoile de David autour du cou... Il ne s'est pas trompé. Cette fille déguisée, l'uniforme taillé sur mesure la déguise à peine, la soldate n'est pas Shérazade, il devient fou ou quoi? Une soldate israélienne qui ferait la guerre à des Palestiniennes... Une sœur? Des sœurs ennemies? (*Le Fou,* 61)

Ou bien Clorinde évoquée dans *Le Chinois vert d'Afrique* et *Le Fou de Shérazade* (86), personnage de *La Jérusalem délivrée* de Torquato Tasso (1580) et reprise dans l'opéra de Monteverdi, dans *Le Combat de Tancrède et Clorinde* (1638): ce personnage est l'épigone de l'émancipation féminine puisque, méprisant les travaux traditionnellement réservés aux femmes, elle s'adonne à des activités réservées aux hommes, telles la lutte, la chasse, l'équitation et la course et elle s'engage dans l'armée du roi musulman Aladin, lorsque les croisés assiègent la ville. Cette guerrière sarrazine se distingue par sa vaillance et ses hauts faits, mais Tancrède, un croisé, s'éprend d'elle, fasciné par ses cheveux dorés et son doux regard. Il finira toutefois par la tuer dans un combat, laissé à son désespoir. Lorsque Emile Cordier évoque en deux phrases cette histoire, il fait un parallèle entre Clorinde, musulmane, et Jeanne d'Arc, une chrétienne et une Lorraine, donc personnage féministe et à l'identité croisée aussi:

> Clorinde est une femme, chef de guerre, comme Jeanne d'Arc au fond, mais de l'autre camp, du côté des Sarrazins et Tancrède tombe amoureux. Tancrède est un chevalier chrétien. (*Le Chinois vert d'Afrique*, 80)

Dans *Shérazade*, c'est Pierrot qui fait un parallèle entre Shérazade et une série de femmes célèbres qu'elle-même ne connaissait pas, de l'Orient et de l'Occident, en lui écrivant des mots doux adressés à « *Rosa, Kahina, Olympia, Suzanna, Leïla, Roxelane* » (103), se référant donc à Rosa Luxemburg, la révolutionnaire allemande, Kahina, prophétesse, « reine des Berbères convertie au judaïsme pour échapper à l'islam, et chef de guerre des Aurès » (*Lettres Parisiennes*, 65), Olympia l'Odalisque peinte par Manet, Suzanna, la brigadiste italienne, Leïla, poétesse arabe et Roxelane, sultane turque. D'autres héroïnes féminines, indépendantes sont évoquées, telles Zingha (*Shérazade*, 162), fameuse reine angolaise qui résista à l'invasion portugaise au XVIIe siècle, ou encore l'initiatrice française du féminisme, Flora Tristan, influencée par le socialisme utopique au XIXe siècle et « qui s'est lancée à la poursuite d'ouvriers révolutionnaires » (*Lettres Parisiennes*, 188). Ainsi est formée une chaîne politique postcoloniale, unissant femmes arabes, africaines et européennes.

La solidarité entre femmes est souvent mise en avant, ainsi que leur admirable rôle pacificateur, pourtant dénoncé comme utopique, mais nécessaire. Aux femmes est accordée la voix de la justice, de l'équité et surtout de l'espoir. Ainsi en Palestine ou au Liban,

Les mêmes voix stridentes que celles des femmes dans le car lorsqu'elles racontaient, d'un village à l'autre, pleurant et se griffant le visage, les maisons dynamitées par les soldats d'Israël, les vergers détruits, les arbres arrachés, les fruitiers, les orangers, les oliviers et les enfants blessés, abattus comme des oiseaux en vol. Les hommes arrêtés, bannis, incarcérés dans les prisons disciplinaires du désert. Et elles, les mères, les sœurs, les épouses, les cousines, elles se sont interposées combien de fois entre les soldats et leurs fils? Mais que peuvent-elles contre des armes à feu et des soldats qui tirent pour faire mourir? [...] Les femmes parlent et disent qu'un peuple qui a perdu son âme est déjà vaincu mais qu'un peuple qui a retrouvé son âme est invincible. (*Le Fou de Shérazade*, 195)

Le discours de Sebbar est empreint d'un optimisme tout lyrique, et confiant pour l'avenir grâce à la participation des femmes dans la société.

Femmes et enfants accourent jusqu'au champ que le commando va dévaster, et trois par trois, avec les enfants, elles s'assoient au pied de chaque olivier. Le champ est vaste, les oliviers plantés par les ancêtres sont vigoureux, et les jeunes oliviers aussi précieux que les vieux. Pas un arbre sans protection, ils viennent les arracher, extraire le foie de leur corps, ils seront morts avant, chaque soldat de la patrouille sera foudroyé. [...] Assises au pied des oliviers, gardiennes de l'arbre de vie, l'arbre de Dieu, elles passeront la nuit dans le champ jusqu'à la relève organisée par les vieilles des maisons. Le commando regarde le champ de la terrasse qu'il occupe. L'officier décide de quitter les lieux, ils reviendront la nuit, dans deux semaines, ou trois, quand les femmes dormiront dans les maisons.
Les soldats ne sont pas revenus. (*Le Fou de Shérazade*, 196)

Langue métissée

La langue de Sebbar illustre les croisements féconds qui caractérisent l'identité des personnages, enfants de l'immigration qui parlent tous français, cette langue du pays où ils résident, mais aussi, pour certains d'entre eux, cette langue du pays qui a colonisé leurs ancêtres, la langue de l'ennemi donc dans la famille, pour qui le français reste une langue étrangère, en particulier pour les parents maghrébins. Cette langue française est un des signes clés qu'exhibent ces immigrés ou enfants d'immigrés pour montrer, en partie au moins, leur exil sur une terre étrangère, la France. Mais Sebbar leur prête une langue qui évoque leur histoire ancestrale, faite de croisements, d'exils, d'assujettissements, de rébellions, de conversions à la langue « de l'autre », une langue pour se trouver et se définir.

De nombreux personnages s'intéressent aux langues et la langue devient chez Sebbar un sujet de conversation et un marqueur d'identité d'importance. Certains jouent avec la langue française jusqu'à écrire des poèmes ou des chansons. Eddy compose des chansons et Shérazade écrit un journal dans *Shérazade*, par exemple. D'autres montrent ostensiblement leur intérêt pour la langue de leurs ancêtres: Julien est un expert en arabe, Shérazade retranscrit sans les comprendre des slogans et graffiti en caractères arabes, qu'elle fait ensuite déchiffrer par Julien, *Shérazade* (206-7). D'autres encore tiennent à conférer au français les mêmes marques que leur propre histoire et en font une langue « croisée », métissée, hybride. Nombreux sont bilingues ou trilingues, tel le grand-père, dans « La cousine »,

> qui a appris un peu l'arabe coranique, il parle le berbère et l'arabe mais il n'écrit aucune langue vraiment. Il a suivi des cours d'alphabétisation, ici, en France, il commence à se débrouiller mais parfois, c'est difficile. (37)

Il est souvent question d'« accents », dont les personnages sont fiers ou qu'ils veulent surmonter. Ainsi, dans *Le Chinois vert d'Afrique*, les Algériens désignent d'« accent de jungle » (62) celui de Minh, la grand-mère vietnamienne de Mohamed, ou bien Mimi, Française née dans la banlieue parisienne, confirme qu'elle « n'a pas d'accent, pas l'accent kabyle ou arabe, algérien quoi... » (52). Ou bien encore Tina, la professeur russe de piano de Myra,

> parlait avec un bel accent rocailleux, un français littéraire que Myra n'identifiait pas toujours; Tina reprenait la phrase. (84)

> Elle roule le « r » en français, « pas tout à fait comme Marina, à son arrivée d'Italie, et longtemps après. Elle ne le roulait pas toujours, mais il revenait malgré elle dans ses colères, si elle était émue ou fatiguée. (85)

Les compagnons de café de Mohamed

> parlaient fort, roulant des *r* sonores et exubérants, moitié français, moitié arabe, parfois en kabyle ou en berbère du Maroc. Lui ne comprenait que l'arabe et le français, mais il écoutait les Marocains du Sud parler dans leur langue et les Algériens de Kabylie parler entre eux la langue kabyle. (153-54)

Et certains mots sont orthographiés pour souligner le phénomène de dyglossie, ou bien l'interférence d'un système phonétique dans un autre: ainsi est-il question, dans *Le Chinois vert d'Afrique,* de « la gazouz », pour eau gazeuse (21), ou de « l'Estrême-Orient », 220, ou encore de « Norafricains » (49, 58, 60), mot collectif transcrit avec la prononciation parisienne, qui désigne les immigrés souvent exclus. Dans *Le Fou de Shérazade,* la mère de Shérazade dit au téléphone: « Allou! Allou! » (12).

Le français peut être la langue de l'exil, marquée par un accent, souvenir d'une autre langue, d'une autre histoire; elle peut diviser des familles car elle rappelle en permanence l'histoire de chacun. Celui ou celle qui, pour les uns, est un(e) « révolutionnaire », un « frère », une « sœur », un « héros » ou une « héroïne », peut être pour les autres, dans la même famille, un(e) « terroriste », un(e) « intégriste ». Des « justes » peuvent être condamnés comme « criminels ». Des parents peuvent devenir des étrangers pour leurs enfants, quand leur langue maternelle mutuelle diffère. La langue garde toutes les marques des histoires de familles et de l'histoire des différentes cultures, elle est une arme ou une citadelle. Chez Sebbar, la langue française est ostensiblement problématisée, pour qu'y soient soulignées les couches de sens, selon les contextes historiques, sociaux et géographiques en particulier. Par exemple, par l'isolement scriptural de certains signifiants et leur mise en valeur par une impression en italique:

—dans *Shérazade*, il s'agit de titres de journaux (*Libération* ou *Sans Frontières*, 8) qui situent bien le récit dans le contexte des années 80 en France, ou bien de noms propres de personnages historiques ou de fiction, de lieux, d'événements ou de groupes: Rosa Luxemburg (87), Zingha (120), Camille Z (46 et 87), Carte de séjour, un groupe de musique (163). Ou bien encore de mots arabes, ou anglais ou de verlan: fast-food (7), fouta (13), indigènes (15 et 200), moudjahidines (15), meufs (80), ladies et gentlemen (39), squatt (27), fatiha (108), la tayemoum (136);

—dans *Le Chinois vert d'Afrique*, relevons des titres de dossiers de police ou des noms de restaurants: Jardins ouvriers (12), L'Indien des Jardins ouvriers (15), Chez Kader et Simone (17), l'Alsacienne (90), la Librairie du canal (218); ou encore des titres de livres, de magazines ou d'œuvres musicales tels l'opéra Siegfried (74), Les Cinq Piliers de l'Islam (143), la Traviata (226), des mots ou phrases arabes comme karmous nsara (29), kanoun (57), Medahates (101), Djudjura (102), chorba (110), meida (128). On peut également relever des mots-clefs du texte, porteurs de thèmes centraux: bougnoule, et bronzé (43)—adjectifs péjoratifs donnés par les Français racistes aux immigrés nord-africains; gaouris et roumis (15 et 97), noms péjoratifs donnés aux Français par les Arabes; croisés, coupés, couples mixtes (111);

—dans *Le Fou de Shérazade*, le zem zem (175), la tchicha (194).

Sebbar, qui ne parle pas l'arabe couramment, mais qui « aime l'entendre » (*Lettres Parisiennes*, 148) joue avec l'emploi ponctuel de mots arabes dans ses textes pour le plaisir d'honorer la langue de son père, et pour imiter la langue des enfants d'immigrés bilingues. Elle honore un public qui comprend l'arabe et son histoire et rappelle l'impact de la langue et de la culture arabes sur le français et la culture française. Ainsi peut-on expliquer les emprunts à l'arabe, utilisés maintenant par les Français, tels « le hammam », la « smala », le « bled » qu'on trouve dans les dictionnaires français. Ces emprunts à l'arabe sont une image, en outre, d'une assimilation, d'une « naturalisation » dans la langue et la culture françaises.

Mais nombreux sont les exemples de xénismes, c'est-à-dire de mots étrangers non traduits, qui restent opaques pour les non-initiés. C'est, outre une autre tactique de problématisation ostensible de la langue, un moyen d'afficher des réalités—en l'occurrence arabes—inexprimables en français, donc d'afficher des différences culturelles. Ces xénismes, ou pérégrinismes, sont utilisés comme d'autres mots français, banalisés, pour devenir une caractéristique d'une langue métissée, utilisée par des êtres bilingues, voire même trilingues ou qui rêveraient d'être bilingues comme leurs ancêtres. Les exemples abondent, surtout dans les premiers textes de Sebbar. Ainsi, citons quelques mots arabes dans *Shérazade*, tels mechtas (12-16), roumi (22), fouta (13), narguile (13), kanoun et haïk (18), willayas (174), et en d'autres langues, squaw (26). Ou encore dans *Le Chinois vert d'Afrique*, le khallouf (23), la Qibla (24), haik (26), mechtas (28), handiia (28), kanoun (57), tolbas (65), djnouns (71). Sebbar déstabilise les lecteurs qui ne comprennent pas l'arabe et les place dans une situation inconfortable, un peu comme celle des immigrés qui ne comprennent pas tout ou qui ont une culture différente des Français de longue date. Sebbar donc force ses lecteurs à vivre le décalage quotidien vécu par les immigrés, et les met mal à l'aise. L'emploi de ces mots qui restent opaques pour la plupart des Français illustre, enfin, une autre forme d'intégration, qui ne serait plus une intégration à la française, mais plutôt une forme de communautarisme qui affiche ses différences et se distingue linguistiquement et culturellement des Franco-Français ou d'autres immigrés.

C'est pour montrer le plaisir de l'évocation de ses propres racines, et de celles de ses personnages, mais aussi dans un but didactique que Sebbar s'amuse à donner des définitions de certains mots arabes, après les avoir employés (« handiia », 28, figue de Barbarie et « karmous nsaraza », la figue des Infidèles, 29, *Le Chinois Vert d'Afrique*). La traduction prend parfois des proportions outrancières, telle celle d'une transcription phonétique de l'arabe en alphabet latin d'une invocation religieuse « Bismillah Allahou akbar ala makla ou echcharab », 24, dans *Le Chinois Vert d'Afrique*. Cette formule signale la maîtrise imparfaite du dogme islamique par un jeune banlieusard français, mais elle traduit aussi le plaisir pour l'auteur et ses personnages d'entendre des sons arabes, sans souci du sens véritable des signifiants. La dimension didactique est perceptible dans les récits de souvenirs de famille, des scènes avec le grand-père ou la grand-mère, ou bien de scènes religieuses, telles l'Aïd ou la circoncision. L'histoire des ancêtres est remise à l'honneur, leur culture et leur religion évoquées pour sortir de l'oubli, ainsi que le monde de l'enfance, dont les souvenirs resurgissent dans la « langue de la mère » (*Shérazade*, 220) c'est-à-dire l'arabe dans ce récit, mais le français pour Sebbar.

La langue française de Sebbar provoque chez les lecteurs tour à tour distanciation et connivence, brouillage de pistes et mise au point, interrogations et élucidations, malaise et enseignement. L'héritage culturel est présenté comme un complément à la culture d'adoption. Et pour souligner davantage encore l'effet de réel dans ses textes, dont la dimension didactique ne peut être niée, Sebbar use d'une langue orale à l'occasion. On peut remarquer l'ellipse du « ne » dans la négation (« il les passerait pas chez sa mère »/« il en était plus question », *Shérazade* (223), et dans *Le Chinois vert d'Afrique* (16), « personne l'a vu »), ou bien l'emploi d'expressions vulgaires ou péjoratives (« ça chlingue » (36), les « chinetoques » (66), « zob », « bite », « pine » (127), dans *Le Chinois vert d'Afrique*). Il faut, en outre, souligner qu'au fil des romans Sebbar insère de moins en moins de mots étrangers, comme si elle voulait signifier et signaler l'assimilation à la française de ses personnages, des enfants en particulier, grâce à leur éducation et leur maîtrise de la langue, alors que les parents, les femmes en particulier, parlaient, dans les premiers textes, arabe entre elles, signalant leur résistance à la normalisation attendue par l'état français.

Cette problématisation de la langue française va de pair avec la prise de parole depuis 1968 des immigrés et de leurs enfants. C'est une tradition solidement établie en France que d'associer à la pureté de la langue française l'image de la grandeur de l'Etat français. La langue française a participé à la création de la nation française sur le continent et dans les colonies. Toute menace à l'hégémonie du français était/est conçue comme une atteinte à la nation française. Ainsi, depuis la deuxième guerre mondiale, l'angoisse du franglais relève de la peur d'un français rongé et détruit de l'intérieur. Henri Giordan rappelle d'ailleurs la conception « ethnique » de la nation française, déterminée par un critère culturel, la langue, et non par adhésion à des valeurs politiques définissant le « vivre ensemble » (180). Cette conception de l'Etat-nation reste fondamentale en France, où « la conformité culturelle se substitue à l'hétérogénéité, et où la condition nécessaire de cette conformité est la langue » (180).

Pourtant, n'est-ce pas la force d'une langue que d'évoluer? Et la France, si elle lutte à travers chaque nouveau ministre de la culture, ou de l'éducation, contre l'invasion de l'anglais, en redoublant de travaux théoriques qui contrôleraient la dérive d'un français « mythique, acceptable », ne peut pourtant rien contre l'impact d'une autre culture française et d'une autre langue française, de l'intérieur de la France, le français lui-même, utilisé par des ressortissants d'anciennes colonies et leurs enfants, résidant en France. Il y a bien en France une tension entre volonté d'hégémonie culturelle à travers la langue française, qui mènerait à un appauvrissement culturel, une uniformisation, un totalitarisme idéologique, et la volonté de respecter la diversité des langues et des cultures françaises/francophones. Mais Giordan suggère que

> Si l'on veut lutter contre les forces qui ont généré dans le passé des affrontements désastreux entre nations, il faut relativiser l'histoire commune qui fonde trop exclusivement l'identité nationale. A la France unifiée sur une langue et une mythologie nationales (« Nos ancêtres les Gaulois ») il faut substituer une nation prioritairement définie par des valeurs politiques. A la culture historique et trop souvent mythique il faut substituer une culture qui soit prioritairement une culture des droits de l'homme et de ses libertés fondamentales. Ce choix ne rompt pas avec les idéaux de république, qui sont le fondement de l'Etat de droit largement réalisé dans notre pays.
> Dans la mesure où l'Etat-nation serait ainsi fondé sur des valeurs politiques de portée universelle, il cessera d'offrir aux revendications des minorités linguistiques présentes sur son territoire un modèle désastreux qui, en effet, nous fait courir le risque d'un « communautarisme » exclusiviste. (189)

Il ne s'agit pas d'éliminer la langue française comme langue officielle de la République, mais au contraire de concevoir la langue comme un acquis culturel pour un groupe. Ainsi, si la langue française n'est plus considérée comme le marqueur d'identité définissant la nation, d'autres langues régionales ou minoritaires peuvent très bien refléter les réalités linguistiques des populations de France. C'est dans ce contexte qu'il s'agit de placer les textes de Sebbar qui, par leur problématisation de la langue, permettent d'élargir le vocabulaire par exemple et mettent en crise certaines notions, telles celles d'« immigrés » (puisque la grande majorité des Français le sont), ou de « nation française », constituée au XIXe siècle autour d'une langue et d'une culture communes. Ainsi, les enfants d'immigrés, nés en France, parlant français et éduqués en France, sont-ils des immigrés? ou émigrés? ou des Français? Et la France reconnaît cet impact culturel sans précédent à partir des années 80, puisque trois ministères sont chargés de la question de la francophonie: le ministère de la culture, le ministère de la coopération et le ministère de la francophonie. Les prix et les festivals de la francophonie redoublent, le grand prix annuel de la Francophonie est même décerné chaque année par la très conservatrice Académie française, mais la Francophonie est associée avec des territoires à l'extérieur de la France, et participe d'une espèce de néo-colonialisme. Pourtant, faut-il rappeler que la littérature francophone existe à l'intérieur même de la France, cette littérature de culture croisée, telle celle de Sebbar, Lê, Djebar, Ben Jelloun, Bouraoui, pour n'en citer que quelques exemples. Cette littérature rappelle la fin du colonialisme et s'affiche contre le contrôle et un certain paternalisme de la France, à la base même des origines historiques et politiques de la francophonie.

Ecrits en français, les textes de Sebbar qui soutiennent la cause des ancêtres qui se sont battus pour obtenir leur libération du colonisateur français, tout autant que la cause des parents qui sont venus s'installer en France et de leurs enfants qui y sont nés, ces textes donc utilisent la langue qui, tout en étant celle de l'ancien colonisateur, est aussi la langue de la liberté. Et cette langue française, si elle est comprise des concitoyens en France, ne peut être lue que par l'élite intellectuelle dans le pays anciennement colonisé, l'Algérie en l'occurrence. Sebbar prend donc le parti d'écrire en français, tout en déstabilisant la langue du colonisateur, affirmant ainsi le multiculturalisme de la France, et affirmant aussi son exil et sa distanciation du pays de ses ancêtres, dont elle dénonce indirectement les failles et les manques, tels le radicalisme religieux ou l'illettrisme, par exemple. Sebbar, en écrivant en français, affiche son allégeance à la France, une France multiculturelle et multiethnique, où tous les citoyens, quelle que soit leur origine, peuvent aspirer aux mêmes droits, tout en pouvant affirmer leurs différences culturelles. Réfléchir à la langue française, ainsi qu'à l'histoire des populations qui habitent en France, et aux droits des femmes relève pour Sebbar d'un même projet: affirmer que la société française ne doit pas être une communauté refermée sur elle-même et que la nation française doit garantir, outre des droits politiques égaux aux citoyens, la possibilité de l'expression de valeurs identitaires dans l'espace privé et l'espace public. Cela demande bien sûr l'éducation des opinions publiques: Sebbar s'attèle à cette tâche d'éduquer tout au moins ses lecteurs sur les revendications et sur les apports culturels des minorités issues de l'immigration, dans le sens même proposé par Giordan:

> Il faut trouver les moyens de valoriser les apports culturels des minorités auprès des majorités. Seule une perception positive de leurs modes d'existence et d'expression confortera les minorités dans leur sentiment d'identité sans pour autant les inciter à s'enfermer sur leur pré carré. C'est là, n'en doutons pas, la clé d'une acceptation, par les majorités et par les minorités, d'un statut constitutionnel leur permettant de développer leur langue et leur culture en harmonie avec la société globale. (190)

Métissage de genres littéraires

Un autre métissage chez Sebbar se situe dans le genre de ses textes: elle subvertit les genres narratifs occidentaux, pour les élargir en y mêlant des éléments traditionnels de la littérature africaine.

Les saga autour de Shérazade et de Mohamed relèvent du roman picaresque. Ils s'organisent bien comme des romans picaresques structurés autour de topoï typiques du genre, à savoir les difficultés du personnage dans son milieu, le départ du foyer familial, l'errance qui se transforme en une série d'épreuves et la construction d'une identité, et finalement, le retour au point de départ. Ils mettent en scène une quête, au cours de laquelle se posent les questions de la destinée, du choix individuel, du poids de l'héritage, de la définition de la nationalité ainsi que des questions d'ordre métaphysique et politique (la liberté de l'individu dans la société, ses devoirs, la nationalité, les devoirs des citoyens). On pourrait aussi évoquer le roman d'éducation ou roman de formation (Bildungsroman) qui utilise les aléas de la biographie d'un héros, généralement de sa jeunesse à sa maturité, pour montrer comment une personnalité se construit et définit ses valeurs, dans le heurt avec la réalité et avec autrui.

Shérazade ou Mohamed sont bien des « antihéros », espèces de « picaros », d'êtres marginaux, qui tentent d'échapper à leur milieu social en quittant leur famille et se sentent rejetés de la société. Mohamed a quitté l'école, s'enfuit de chez lui pour se réfugier dans un cabanon, et évite tout ce qui semblait le limiter (la famille, les amis, le quartier et ses institutions telles l'école et la police). Shérazade fugue de chez elle sans donner signe de vie à sa famille, et se lie d'amitié avec des squatters et divers jeunes. Mais, finalement, ils tracent un itinéraire circulaire qui va les ramener à leur point de départ. Shérazade revient, après des voyages en France et au Moyen-Orient, dans sa banlieue, dans *Le Fou de Shérazade,* pour tourner un film. Mohamed continue de courir dans la banlieue, à la fin du *Chinois vert d'Afrique,* même si son cabanon a été détruit par la police. Leur périple leur permet de montrer leur capacité de s'adapter à diverses situations, hostiles ou favorables, et ainsi de révéler, à travers leur vie itinérante, leur richesse intérieure.

La quête est bien sûr suggérée par le titre de *Shérazade, 17 ans, brune, frisée, les yeux verts,* annonce de journal ou avis de recherche d'un individu par la police et sa famille, et quête d'identité par le personnage central. C'est en voyageant à travers le monde que Shérazade va s'éduquer, et après avoir rejeté le destin qui lui était destiné (le mariage à un homme choisi par son père), elle va elle-même choisir une mission (elle découvre Beyrouth, puis Jérusalem, montrant son association aux peuples en lutte pour leur religion, ou bien leur indépendance), entrer en contact avec des milieux sociaux divers, aux histoires variées, inspirée par les destins de femmes historiques ou de fiction, telle Rosa Luxemburg, Flora Tristan ou la Kahina, qui ont lutté pour l'indépendance et la justice sociale et religieuse. Et par son périple et ses rencontres, elle, femme beur, va participer à la restitution de son passé, de l'histoire de ses parents et ancêtres, de leur culture et, par ce travail de mémoire, va redonner une histoire à tous les Beurs de France, mais aussi va obliger les lecteurs aux origines différentes de faire un voyage de découverte et de relecture de l'histoire, en s'exposant à des points de vue divers.

De même le personnage du *Chinois vert d'Afrique*, Mohamed, est métaphoriquement associé à Shérazade puisque le cabanon dans lequel il se réfugie est qualifié de « palais de mille et une nuits » (37). Mais, sa fuite, sa mouvance ne sont qu'imaginaires, car bien que sa course (elle est décrite dans sept courts refrains, insérés entre les chapitres) et sa poursuite par les enquêteurs de la police offrent le fil conducteur du livre, c'est dans un cabanon de jardin, près de sa cité qu'il se réfugie. Mohamed mène une vie très statique, près de la maison familiale. En revanche il se réfugie dans les magazines, les photographies, les livres, le souvenir des histoires de sa grand-mère, les contes et histoires sur la guerre qui tous l'exposent aux diversités ethniques, et l'aident à se construire une identité dans le croisement, en se « bricolant » des repères tout comme Myra et son grand-père bricolent des maquettes, pièce par pièce. L'univers hétéroclite qu'il s'aménage dans son cabanon, décodé au fil des jours par la police, reflète la construction de son identité dans la diversité. Mohamed se sent très proche des peuples en lutte pour obtenir leur indépendance et un territoire, tels les Palestiniens, et s'il détient des armes similaires à celles que détenaient les « brigades rouges, les terroristes italiens » (38), ou bien s'il s'intéresse aux films de guerre (49, 53), ce n'est pas simplement parce qu'il est fasciné par la violence, mais plutôt parce qu'il est fasciné par la lutte pour l'indépendance, et la construction d'une identité à soi.

Mais, tout comme sur le plan thématique, l'écriture de Sebbar est profondément marquée par l'hybridité puisqu'elle subvertit ces deux modèles narratifs du roman picaresque et du Bildungsroman en empruntant des éléments à la littérature africaine de tradition orale, avec le personnage du sage, les refrains qui scandent l'écriture, les répétitions, des digressions, des pauses et des oublis et l'insertion d'éléments étrangers à l'histoire racontée.

Un personnage-clé de Sebbar est celle de la sage, « voyante », « guérisseuse », mais aussi conteuse qui évoque les êtres du monde oriental diabolisés en Occident en raison de leurs pouvoirs surhumains qui font d'eux des sorcièr(e)s, associé(e)s aux esprits du mal, et qui suscitent dans les esprits rationnels peur, mépris et mise à l'écart. Ces femmes ou hommes personnifient les différences culturelles inacceptables et intolérables, et deviennent le symbole de la haine de l'autre et de l'intolérance de la culture étrangère, alors qu'elles/ils sont dans leur propre société des êtres investis de pouvoirs magiques, capables de consoler, rassurer, guérir et conseiller les autres, ou bien même susceptibles de prédire ou pressentir l'avenir. Ainsi en est-il du personnage de « la vieille femme » dans *Le Fou de Shérazade*, sorte de conteuse intemporelle, douée du don d'ubiquité, et du don de divination. Sebbar l'investit de la parole du sage et de cette manière détruit les stéréotypes occidentaux sur les « sorcières ». Cette « vieille femme prophétise nuit et jour » (23), et prédit l'apocalypse à ceux qui ont déraciné l'olivier de son village. Elle se sent investie de la protection divine et fait preuve de clairvoyance alors qu'elle est presque aveugle. Elle représente la voix des ancêtres, la mémoire des anciens et dénonce le pouvoir de l'argent, l'économie de marché et les villes pour défendre ce qui est naturel, sacré, éternel.

> On croit que je suis folle. Que je dis n'importe quoi... Ils verront.
> (23-24)

> Cet arbre ne vaut rien ou il vaut le ciel... Ils l'ont laissé profaner par une bande d'assassins, des monstres que je pourchasse, et c'est pour eux que je marche, pour les dénoncer au nom de Dieu, jusqu'à cette ville que je hais. Je l'ai prédit, elle brûlera et avec elle l'homme aux lunettes noires et son équipe impie. Par le feu ou le déluge, cette ville maudite disparaîtra, cendres maléfiques que personne ne devra toucher sous peine de mort, ville engloutie qui pourrira lentement sous l'eau et la vase, asphyxiée.
> (39)

Vagabonde investie de pouvoirs surnaturels, elle communique avec les êtres humains et les animaux, aussi bien qu'avec l'au-delà; elle ne mendie pas, mais reçoit nourriture et eau partout où elle se rend. Pour conjurer le malheur, elle s'adonne à des rituels (elle commande la foudre, ou bien scande le rythme d'une danse avec sa canne, 78) et déclame des poèmes.

> Elle parle à l'olivier, de longs poèmes étranges qu'elle n'a jamais écrits. Elle dit que les vers ne s'écrivent pas, il faut les proférer, même seule, même si personne n'est là pour les entendre. (40)

Cette vieille femme est directement issue de la tradition littéraire orale d'Afrique: elle est chargée du discours de la sagesse ancestrale et glorifie les valeurs du monde traditionnel. Femme, elle est le symbole aussi de la vie, capable de faire appel aux éléments naturels et aux forces cosmiques et divines, et est l'artisane du salut d'une humanité en dérive.

> Une vieille femme, vêtue de noir, un foulard noir sur la tête, est debout, dans la lumière du matin, une colombe blanche et bleue sur l'épaule gauche.[...]
> La colombe vole jusqu'à la cime où elle se pose et la vieille femme appuie son front contre le tronc de l'arbre. [...] La colombe revient se poser sur l'épaule gauche de la vieille femme qui dit pour elle-même: Maintenant, je peux mourir. (201)

Certains personnages comme dans les contes sont là ostensiblement pour aider le héros ou l'héroïne à se forger une identité forte: ainsi en est-il des deux sœurs libraires pour Mohamed (*Le Chinois vert d'Afrique*) ou bien de Pierrot, qui initie Shérazade au discours politique, et Julien, qui l'initie à la musique, à la peinture et au cinéma (*Shérazade*).

Les refrains ponctuent plusieurs textes: ainsi, dans *Le Chinois vert d'Afrique,* la course de Mohamed à travers la ville et les cabanes de jardins ouvre le livre et le ponctue à sept reprises, illustrant métaphoriquement la progression du récit. Le nombre de refrains peut évoquer aussi des contes occidentaux, les sept nains ou les sept lieues, par exemple. En outre, cet ajout permet d'octroyer au roman une dimension universelle, humaine, et élargit le portrait de quelques personnages clés à la fresque d'un pays, la France, à une époque contemporaine, dans les années 80-90. Alors que les enfants d'immigrés revendiquent la parole et leurs droits, la France fait preuve de xénophobie, d'intolérance face au métissage et à la diversité, mais surtout réagit à la présence de jeunes d'origine maghrébine, alors que nombre de Français n'ont pas encore accepté la défaite de la France dans la guerre d'indépendance de l'Algérie. Le parti du Front National, avec Jean-Marie Le Pen, prend du poids et la France traverse une grave crise d'identité.

Toutes les narrations intègrent des voix de personnages apparemment secondaires, personnages dont la vie illustre un ou des aspects de la narration. Qu'il s'agisse de la grand-mère bretonne et du camionneur marocain, de cafetiers en banlieue parisienne (« La cousine », *La Négresse à l'enfant*), ou de la bourgeoise libanaise restée dans la demeure familiale à Beyrouth avec la servante égyptienne (*Le Fou de Shérazade*), ou encore de tous les jeunes Beurs (dont les paroles sont citées dans la partie sur « la langue hybride »), personne ne peut être mis à l'écart.

Sebbar tisse ses textes en incluant diverses voix, divers lieux, divers rôles, divers genres, pour ainsi reproduire l'hybridité identitaire de ses personnages ainsi que le métissage au sein de la population française. Elle collectionne des anecdotes, des lieux, des langues, des profils de personnages tout comme Mohamed collectionne photos et articles de journaux pour définir sa propre identité.

Conclusion

Les années 1980-90 se caractérisent par la remise en question de discours et théories unifiants et saturants. De même que les sciences dures, telles les mathématiques, l'économie ou la physique, ont tendance à délaisser les explications universalistes au profit d'études des singularités et de notions comme le chaos, la catastrophe, ou le fractal, les sciences humaines elles-mêmes abandonnent les systèmes herméneutiques à leur apogée dans les années 1945-70. Ainsi, ce que Lyotard appelle les « métarécits », comme par exemple le marxisme, la psychanalyse ou le structuralisme, ne régissent plus le domaine de la fiction: le roman ne peut plus être réduit à une ou des écoles, ni même à un genre bien défini. Il se distingue par son polymorphisme, sa multipolarité, et rend compte d'une époque en proie à de profonds bouleversements. C'est donc d'abord une diversité et une profusion d'écritures et de formes qui nous frappent à l'étude de ces romans.

Cette profusion trouve son origine dans le climat intellectuel et culturel de la France que métamorphosent deux événements: Mai 68 et les deux mandats présidentiels de François Mitterrand. Tous deux marquent un tournant en favorisant un bouillonnement intellectuel sans précédent, avec l'ébranlement de certitudes, la prise de parole d'un plus grand nombre d'individus et des bouleversements de mœurs et de mentalités. Les discours sacralisateurs qui octroyaient à la littérature française un statut d'exception disparaissent. Les intellectuels confiants des années 60 et 70, qui misaient sur des théories, et prêtaient foi à des notions stables de vérité, d'histoire, d'identité, d'objectivité et de croyance dans le progrès, se voient remplacés par un large éventail d'écrivains de tous horizons qui traduisent leur monde et le monde dans sa contingence, son instabilité, sa diversité culturelle, sociale, ethnique et politique, et en présentent—plutôt que des normes universelles—des particularités. Les écrivains ne considèrent plus la littérature comme un tremplin pour faire la révolution; ils n'ont plus la prétention de leurs aînés de construire de grandes œuvres; ils ne croient plus au pouvoir de la littérature de sauver le monde, de promouvoir des valeurs humanistes, d'éclairer l'humanité par des discours philosophiques ou idéologiques. Ils n'aspirent plus non plus à établir des théories, et se détournent du « nouveau roman » (en raison de son formalisme, de son anthropomorphisme caduc et de sa remise en question des procédures narratives traditionnelles, telles le personnage, la psychologie ou l'intrigue) pour au contraire s'intéresser à leur monde au quotidien, et s'interroger sur un passé occulté (par exemple, celui des femmes ou encore celui des colonisés).

La modestie dans la visée des écrivains n'est toutefois pas synonyme de manque d'ambition. Les romans veulent au contraire rendre compte du monde dans sa diversité et exhiber des recherches sur les techniques du récit et l'écriture. Alors que le « nouveau roman » était réservé à des spécialistes, en raison de son austérité et parfois de sa difficulté, les romans des années 80-90 affichent à nouveau le plaisir de raconter, le plaisir de l'écriture, remettent en scène des sujets avec leurs émotions et leurs expériences, se réapproprient le monde et le réel, sans toutefois ignorer les questions et les difficultés de la représentation. Même certains adeptes de la « mort du sujet » et du « nouveau roman » en viennent à écrire leur vie, ainsi Alain Robbe-Grillet (*Le Miroir qui revient*, 1984) ou Nathalie Sarraute (*Enfance*, 1983)!

Le roman français et francophone n'a jamais connu autant de succès commercial que dans les années 80-90. Devrait-on y voir un appauvrissement du genre romanesque et dénoncer sa superficialité, ou la perte de son statut d'exception? Il est certes difficile d'affirmer de quels textes on se souviendra encore dans quelques décennies, mais les recherches universitaires sur les romans des années 80-90 mettent déjà en évidence la créativité de nombre d'auteurs, et la richesse des textes analysés, qui tous contribuent à la rehistoricisation de la culture française, ainsi qu'à la dénonciation d'une langue et d'une tradition littéraire idéalisantes, et de la société qui les a sécrétées. Cette critique en filigrane dans les œuvres de fiction met au jour une interprétation du fait politique, social ou culturel ancrée dans le quotidien, la sphère privée plutôt que la sphère publique. Cette écriture, à l'instar de l'injonction féministe anglosaxonne « *the private is political* » (l'ordre privé est politique), se situe dans le micropolitique plutôt que dans le macropolitique, dont elle sonne le glas après la fin des idéologies des années 70.

Une ouverture radicale se fait jour, des écritures multiples surgissent, certaines en compétition avec la télévision, le cinéma, l'ordinateur ou les jeux vidéo. Le roman est à la fois concurrencé et influencé par l'image et l'industrie de l'image. Ainsi, les romans de Toussaint illustrent le basculement du monde visuel survenu en France et l'impact des images sur les individus et leur environnement. Tout en semblant s'inscrire dans un discours de légitimation des images et de la culture populaire, Toussaint dénonce l'âge du spectaculaire. Le monde de ses romans est envahi par un flux ininterrompu d'images (photographiques, télévisuelles, d'ordinateurs ou de jeux vidéo), qui, elles-mêmes vidées de substance, créent un effet de vide. L'individu s'imagine être un substitut des personnages de ces images: c'est le règne de l'idolâtrie et du narcissisme. L'écriture de Toussaint déploie une stratégie d'ébranlement de la superficialité du monde des années 80-90. Il n'est pas le seul: Duras participe aussi à la discussion sur la crise de civilisation qui accompagne celle de l'image. En effet, tout en écartant les images de *L'Amant,* elle analyse l'impact des photographies sur les individus dans la construction de leur identité. Et c'est son écriture qui traduit ce que la photographie ne peut pas traduire, qui donne à voir l'invisible, l'inaccessible, ce qui est caché. Son texte fragmenté rend l'immédiateté des expériences des personnages et mime la diffraction du sujet.

Si ces écritures multiples affichent une visée plus modeste que les romans des années 45-70, elles reflètent néanmoins, sous leur apparente désinvolture, des recherches variées. Le roman relève certes de la culture de l'éphémère: il est court et peut se lire vite. Mais, il permet de remettre en question les limites entre culture d'élite et culture populaire, qui ici s'estompent. Il s'affirme contre l'appauvrissement et l'uniformisation d'une pensée ou d'une école unique, et bien dans la multivocité. Une grande diversité d'auteurs permet de traduire, d'appréhender et de questionner le monde de multiples manières. Les romans soulèvent des questions d'actualité—ou prétendues telles: le présent domine dans ces récits—sur le racisme, l'immigration, l'intégration, le rôle des femmes, l'influence des médias et l'impact des technologies dans notre quotidien, l'identité et le poids des classes sociales, la schizophrénie et la solitude, ou encore le passé de la France depuis la deuxième guerre mondiale, son passé colonial ou l'héritage des anciennes colonies françaises.

Ainsi, la littérature de Linda Lê participe au débat sur l'intégration des immigrés en France, est une ouverture à l'altérité et illustre le phénomène de métissage. Elle dissèque et exalte la souffrance et les angoisses d'exilés, qui parviennent cependant à se forger une identité hybride et s'affirment dans un monde multiculturel et international. Enfin, elle s'érige en entreprise de remémoration du passé colonial de la France, de la décolonisation et de l'histoire du Vietnam et des Vietnamiens depuis. Les récits d'Ernaux *Une Femme* et *Journal du dehors* sont à comprendre comme une lutte contre l'oubli et comme des traces commémoratives qui garantissent l'identité de la mère de la narratrice et celle de la classe ouvrière dans les années 80. Redonnet déploie une imagination utopique, pour surmonter les difficultés du présent conflictuel et dominé par la technologie et le profit. Elle suggère un retour aux sources, le respect de la nature, la lutte contre l'amnésie par le cinéma et les photographies, et une littérature qui sensibilise les lecteurs à leurs responsabilités. Enfin, c'est le métissage qui est au centre des préoccupations de Sebbar: tous ses personnages sont des enfants d'immigrés. Ils deviennent à leur tour des nomades qui sillonnent de nombreux territoires (géographiques, historiques, musicaux, sociaux, littéraires, cinématographiques ou linguistiques) en quête de nouveaux croisements enrichissants et féconds, tandis qu'ils redécouvrent l'histoire de leurs ancêtres. L'hybridité identitaire de ses personnages trouve son écho dans une langue et un genre métissés.

Cette large variété de thèmes, caractéristiques du monde contemporain, a suscité un regain d'intérêt pour le roman, un roman non dépourvu de transformations techniques qui invitent à une lecture autre. Il ne s'agit plus ici du renouvellement technique du « nouveau roman », mais au contraire de reprises de techniques plus anciennes. Les lecteurs sont interpellés par de nombreux clins d'œil, adressés à divers niveaux, tels l'humour sur le plan narratif, avec des jeux de parodie ou de pastiche, ou bien des jeux de mots—chez Toussaint ou chez Lê; ou bien encore l'écriture fragmentaire et les blancs, qui peuvent imiter et exacerber l'écartèlement d'identité des personnages et un monde atomisé, traduire les mouvements de la pensée et des questionnements sur l'écriture, ou constituer des espaces de réflexion pour les lecteurs et permettent de comprendre la dimension parodique du récit (parodie de roman policier, ou de roman d'aventures, ou de récit historique ou sociologique), chez Ernaux, Duras, Toussaint ou Sebbar. Certains textes démantèlent les règles classiques de composition (Duras, Redonnet), déploient une écriture limpide, dépourvue de rhétorique, voire une langue parlée, parfois incorrecte, ou bien une langue truffée de créations langagières (Lê, Duras, Redonnet), d'autres mélangent les genres (Sebbar, Redonnet, Lê). Certains romans peuvent être lus d'un trait, et ne révéler des jeux qu'à des lectures répétées: ainsi peut-on déceler dans certains récits, qui évacuent tout imaginaire et réduisent l'écriture à une écriture minimaliste et épurée, l'imitation de techniques visuelles (Redonnet, Toussaint, Duras). Un des paradoxes (et non des moindres) de cette production romanesque est donc de redéfinir le rôle possible du lecteur. A une époque dominée par les loisirs et la consommation, le lecteur peut choisir. Soit il se fait lecteur-consommateur (il se contente du plaisir d'une lecture cursive), soit il devient actif et répond aux interpellations de la voix narrative. Son rôle est alors redéfini: on lui demande d'intervenir, de donner sens aux blancs du texte ou aux mots étrangers non traduits. Si les écoles d'auteurs disparaissent de la scène des années 80, celle du lecteur co-auteur du texte apparaît. Inscrite dans les marges du texte, sa présence est désormais ineffaçable.

Enfin, ces romans des années 80-90 annoncent les questions de société qui s'imposent au début du XXIe siècle, en particulier sur l'avenir des rapports de force entre le visuel et l'écrit, entre culture populaire, culture de masse et culture élitiste, ainsi que sur l'avenir du roman francophone. Destinés en grande partie à des gratifications éphémères et superficielles, les romans des années 80-90 peuvent réveiller des interrogations plus durables, et susciter des recherches enrichissantes. Ils signalent moins une fracture dans le monde culturel—entre consommateurs à satisfaire dans l'instant, dans le contexte d'une culture de masse d'une part, et chercheurs et élitisme culturel d'autre part—qu'une possibilité de faire communiquer des milieux aux attentes en apparence hétérogènes. Ainsi soulignent-ils la caducité des divisions populaire/lettré, centre/marge ou encore bonne/mauvaise littérature. Et surtout, ils reflètent non plus la cohérence d'un corpus, l'unité de la culture, la continuité d'un patrimoine, le maintien d'une langue, mais mettent en scène des différences, des échanges, des questionnements, des entrechoquements et des parcours croisés qui aboutissent à des enrichissements mutuels et des stratégies de coexistence. Ainsi, loin de refléter une faiblesse dans la fiction francophone, la multivocité de ces romans en traduit la force et la formidable inventivité.

Notes

Introduction — pp. 1-12

1. Keith Reader souligne d'ailleurs que « les photographies de journaux, les caméras de télévision et les posters se sont concentrés avant tout sur les hommes: des hommes aux barricades, dans des réunions, à des manifestations faisaient la une, marquaient l'histoire. Quand des femmes étaient présentes, leur image était floue. Pourtant, l'un des paradoxes des événements de 1968 réside dans le fait que, bien que les femmes aient été ignorées, le féminisme devait en naître, comme la forme la plus vivante et la plus imaginative des idéologies radicales et subversives » (148; ma traduction).

2. que Lyotard associe avec la perte de crédibilité des « grands récits »: « On peut voir dans ce déclin des récits un effet de l'essor des techniques et des technologies à partir de la deuxième guerre mondiale, qui a déplacé l'accent sur les moyens de l'action plutôt que sur ses fins; ou bien celui de redéploiement du capitalisme libéral avancé, après son repli sous la protection du keynésisme pendant les années 1930-60, renouveau qui a éliminé l'alternative communiste et qui a valorisé la jouissance individuelle des biens et des services » (63).

1. La Société des écrans chez Jean-Philippe Toussaint – pp. 13-41

1. Une partie de ce chapitre a été publiée précédemment: « Narcissisme et esthétique de la disparition », *The Romanic Review*.

2. *La Salle de bain*, 1985; *Monsieur*, 1986; *L'Appareil-photo*, 1988; *La Réticence*, 1991; *La Télévision*, 1997.

3. pour faire écho à W. Motte qui qualifie le travail de Toussaint de « epic of the trivial » (529).

4. Ces passages sur la lumière ou les couleurs confèrent une dimension poétique et parfois une dimension comique aux textes; en effet, ces descriptions

contrastent par leur niveau de langue avec le reste du texte, qui se distingue par une langue parlée.

5. Ainsi la description de la lune voilée par des nuages noirs de *La Réticence*, 46-47, citée précédemment, est une reprise de *L'Appareil-photo*, 123, avec quelques variantes.

6. Le parallèle entre le monde de Toussaint et le monde virtuel est frappant, dans la description des objets et les deux points de vue utilisés dans les deux cas. B. Jolivalt rappelle que le monde virtuel est simplifié (16), et que les objets y ont une couleur, un poids, une consistance et une texture, mais qu'ils « n'apparaissent avec tous leurs détails et les textures afférentes que s'ils sont suffisamment proches de l'observateur » (25-26). Enfin, « le point à partir duquel le regard se porte sur le monde virtuel est appelé « point de vue »... Il existe deux sortes de points de vue: « la perspective de la première personne, qui restitue une vision égocentrique, fournie par les yeux du personnage virtuel incarné par l'opérateur ». Et « la perspective de la seconde personne, qui donne une vision extérieure du personnage ». Mais cette seconde perspective dans l'espace virtuel est fournie par l'opérateur qui contrôle l'image de sa propre personne. « La représentation extériorisée du corps trouble souvent l'opérateur, qui observe un personnage virtuel imitant chacun de ses mouvements. Il s'y identifie avec d'autant plus de force qu'il reconnaît en lui sa propre personne » (27-28).

7. Arnheimplatz, 56; Dahlem, 52; S-Bahn Alexanderplatz, 193; Friedrichshain, 215; la porte de Brandenbourg et la Spree, 216.

8. L'auto-portrait idéal pour le narrateur de *L'Appareil-photo* serait une photo d'un ciel bleu translucide, avec un contour tremblé « à la Rothko », donc un portrait sans personne (112).

9. « Voir défiler un paysage par la portière du wagon ou de l'auto ou regarder l'écran de cinéma ou d'ordinateur comme on regarde par une portière... notre vie tout entière passe par les prothèses de voyages accélérés dont nous ne sommes même plus conscients » (Virilio, *Esthétique*, 68).

10. Fisher analyse cette « surabondance de non-lieux » et signale: « De Paris, à Venise, à Milan, à Londres, mêmes lieux ou *non-lieux* dupliqués à l'infini. Ainsi soumis au spectre du même, les voyages loin d'être le signe d'une surabondance spatiale deviennent celui d'une réduction spatiale » (618) et « Les voyages toujours placés sous le signe du même deviennent purement géométriques, vectoriels » (627).

11. Fisher montre que l'emploi de « je » et « il », loin d'introduire des commentaires d'un narrateur omniscient (qui, comme dans le roman réaliste, tenterait de don-

ner de l'épaisseur aux personnages), souligne la distanciation du narrateur avec les personnages, qui ne sont que des simulations de personnages.

12. « Avec Niepce et Daguerre va naître une esthétique de la disparition. En passant par l'invention de la photo instantanée qui permettra le photogramme cinématographique, l'esthétique sera mise en mouvement. Les choses existeront d'autant plus qu'elles disparaîtront. Le film est une esthétique de la disparition mise en scène par les séquences. Ce n'est pas simplement un problème de transport, c'est déjà la vitesse de prise de vue de l'instantané photographique, puis la vitesse de vingt-quatre images par secondes du film qui révolutionneront la perception et changeront totalement l'esthétique. Face à l'esthétique de la disparition, il n'y a plus qu'une persistance rétinienne.... On passe de la persistance d'un substrat matériel—le marbre ou la toile du peintre—à la persistance cognitive de la vision. C'est la possibilité de faire des photos instantanées, autrement dit d'accélérer la prise de vue, qui va favoriser l'apparition d'une esthétique de la disparition que la télévision et la vidéo prolongent aujourd'hui » (*Cybermonde*, 23-24).

13. « Ce hasard qui [dans la photo] me *point* » (*La Chambre claire*, 49).

14. « Mais ce qui me troubla encore plus, c'est de regarder de plus près une de ces photos. C'était l'avant-dernière de la série, et jusqu'à présent je n'avais encore rien remarqué. La photo avait été prise dans le grand hall de la gare [...] et je me rendis soudain compte que, derrière la jeune femme qui se tenait au premier plan, on devinait les contours du présentoir des douanes, où apparaissait très nettement la silhouette endormie de Pascale » (*L'Appareil-photo*, 120).

15. D'ailleurs, dans la version filmée de *Monsieur*, Monsieur lit *La Vie tranquille* de Duras et *Le Livre de l'intranquillité* de Fernando Pessoa, illustrant ainsi la profonde tension décrite.

16. Dans *L'Appareil-photo* et *La Réticence*, les appareils-photos sont liés au désir, comme le révèle le vocabulaire pour les décrire, qui, dans sa polysémie, permet aussi des associations d'ordre sexuel. Ainsi, « une gaine » protège les objectifs (*La Réticence*, 93), les objectifs varient en longueur, l'un « très court, [...], et l'autre plus allongé, une très longue focale » (*La Réticence*, 93). Le rythme d'apparence de ces objectifs qui apparaissent et disparaissent, vont et viennent dans la narration, suggère une image sexuelle évidente. Dans *L'Appareil-photo*, l'appareil « faisait une petite bosse contre ma cuisse » (105) et est rattaché à l'idée d'interdit (« en toute hâte », « je cachai précipitamment l'appareil », 103).

17. De même dans *Monsieur*, dont le déroulement des anecdotes autour et avec le personnage central évoque les films de Jacques Tati, qui semblent manquer de scénario (par exemple « Les Vacances de M. Hulot ») et pourraient être qualifiés, pour

reprendre les mots de Bazin, d'« une succession d'événements à la fois cohérents dans leur signification et dramatiquement indépendants » (44).

18. Bien que trois de ses romans aient été portés à l'écran.

2. Marguerite Duras, l'iconoclaste: L'*Amant* comme l'écriture de l'irreprésentable – pp. 43-64

1. A l'origine, ce livre était une commande des Editions de Minuit, pour accompagner un album de photos, et prolonger *Les Lieux de Marguerite Duras*.

2. *La Musica* (1966), *Détruire, dit-elle* (1969), *Jaune le soleil* (1971), *La Femme du Gange* (1972-73), *Nathalie Granger* (1972), *India Song* (1974), *Son Nom de Venise dans Calcutta désert* (1976), *Baxter, Vera Baxter* (1976), *Des Journées entières dans les arbres* (1976), *Le Camion* (1977), *Le Navire Night* (1979), *Césarée* (1979), *Les Mains négatives* (1979), *Aurélia Steiner (Melbourne)* (1979), *Aurélia Steiner (Vancouver)* (1979), *Agatha ou les lectures illimitées* (1981), *L'Homme atlantique* (1981), *Dialogue de Rome* (1982), *Les Enfants* (1984).

3. Se référer à ce sujet au chapitre 1 du livre de Leslie Hill.

4. Dès 1880, Barbey d'Aurevilly rapproche photographie et biographie: « Photographie! Biographie! deux inventions à mettre en attelage. Filles siamoises de la même vanité! » (16).

5. Interview de Duras par J. Beaujour. Cette réflexion de Duras va à l'encontre de l'opinion généralement admise que la photo perpétue le souvenir en donnant l'illusion du vivant.

6. Denes rappelle que Duras reprochait toujours aux films réalisés d'après ses romans (tels de René Clément—*Un barrage contre le Pacifique*, 1957, de Peter Brook—*Moderato Cantabile*, 1960, de Jules Dassin—*Dix heures et demie du soir en été*, 1967, ou encore de Tony Richardson—*Le Marin de Gibraltar*, 1967) que—même si « l'histoire est bien racontée », et « les événements fidèlement restitués », « l'écriture en ait disparu » (16).

7. D'ailleurs des références religieuses sont à noter dans *L'Amant*, en particulier lors de l'annonce de la mort du petit frère, qui déclenche de majestueuses pages (126-30) sur l'immortalité et le corps visité du frère, et évoque la passion du Christ: « Il me semble me souvenir que c'était rappelé à Dieu » (126). « Le scandale était à l'échelle de Dieu. Mon petit frère était immortel et on ne l'avait pas vu. L'immortalité avait été recélée par le corps de ce frère tandis qu'il vivait et nous, on n'avait pas vu que c'était dans ce corps-là que se trouvait être logée l'immortalité.

Le corps de mon frère était mort. L'immortalité était morte avec lui. Et ainsi allait le monde maintenant, privé de ce corps visité, et de cette visite » (127).

8. Denes, 43.

9. « Dans la Photographie, je ne puis jamais nier que *la chose a été là*. Il y a double position conjointe: de réalité et de passé » (120).
« Il faut donc me rendre à cette loi: je ne peux approfondir, percer la Photographie. Je ne puis que la balayer du regard, comme une surface étale. La Photographie est *plate*, dans tous les sens du mot, voilà ce qu'il me faut admettre.
Si la Photographie ne peut être approfondie, c'est à cause de sa force d'évidence. Dans l'image, l'objet se livre en bloc et la vue en est *certaine* » (164).
« Cette certitude est souveraine parce que j'ai le loisir d'observer la photographie avec intensité, mais aussi, j'ai beau prolonger cette observation, elle ne m'apprend rien. C'est précisément dans cet arrêt de l'interprétation qu'est la certitude de la Photo: je m'épuise à constater que *ça a été* » (165).

10. Pour une analyse de l'écriture de *L'Amant* née d'un vide visuel, lire l'article de Susan Cohen, « Fiction and the Photographic Image in Duras' *The Lover* ».

11. Interview de Duras par B. Pivot, *Apostrophes*, 1984.

12. Denes analyse en détail la « triple fonction » (autobiographique, fantasmatique et narrative) de l'image non prise, 42-45.

13. A. Armel explique que « le texte de *L'Amant* a fait l'objet d'un certain détournement par rapport au projet initial: il a en effet été écrit non pas en tant que roman autobiographique, mais pour accompagner un album de photographies.... La photographie fait toujours partie intégrante de ce texte, mais elle a été détournée du côté de l'absence » (56).

14. Ce qui fait écho à Sontag, 8: « [Photography is] a defense against anxiety, and a tool of power ».

15. Autre différence avec la mère qui « ne faisait jamais de photos de lieux, de paysages, rien que de nous » (116).

16. S'il est des références géographiques spécifiques, telles l'Indochine, le Mékong, Saigon et Hanoï, Vinhlong et Sadec, Pnom-Penh, la Chine du Nord, la France, le Loir-et-Cher, la Loire, Montparnasse et la Coupole, elles se perdent vite dans la narration car elles sont mélangées et en arrivent même à devenir très générales, comme dans le leitmotiv de *L'Amant* « la traversée du fleuve », ou bien comme dans l'anecdote sur laquelle s'ouvre le livre « dans le hall d'un lieu public ».

17. Pages 11, 14, 16, 17, 113, par exemple.

18. Pages 11, 16, 17, 30, 35, 36, 44, par exemple.

19. Pages 19, 20, 21, 23, 29, 32, 33, 43, 59, 86, 90, 109, 110, 111, 113, par exemple.

20. Duras rappelle: « Moi, je parlais la langue vietnamienne. Mes premiers jeux c'était d'aller dans la forêt avec mes frères. Je ne sais pas, il doit en rester quelque chose d'inaltérable, après. [...] Le vietnamien est une langue monosyllabique, simple, qui ne comporte pas de conjonctions de coordination. Il n'y a pas de temps non plus » (Denes, 6).

21. Par exemple à la page 41: « Je ne sais pas qui avait pris la photo du désespoir. Celle de la cour de la maison de Hanoï. Peut-être mon père une dernière fois. Dans quelques mois il sera rapatrié en France pour raison de santé », ou bien à la page 80: « L'appartement faisait le dernier et vaste étage d'un immeuble qui donnerait sur la Seine ». Autres exemples de suspension ou décalages dans le temps: dès la page 9, pour annoncer une histoire à venir, l'histoire du livre, de la découverte du plaisir sexuel, par exemple, Duras utilise le passé: « Très vite dans ma vie il a été trop tard. A dix-huit ans il était déjà trop tard » (9).

22. Par exemple: « Il paye. Il compte l'argent. Il pose dans la soucoupe. Tout le monde regarde. La première fois, je me souviens, il aligne soixante-dix-sept piastres. Ma mère est au bord du fou rire. On se lève pour partir. Pas de merci, de personne. On ne dit jamais merci pour le bon dîner, ni bonjour ni au revoir ni comment ça va, on ne se dit jamais rien » (64-65).

23. Par exemple: « Les six cents poussins ont le bec qui ne coïncide pas, qui ne ferme pas, ils crèvent tous de faim » (39).
« La puanteur des poussins morts et celle de leur nourriture est telle que je ne peux plus manger dans le château de ma mère sans vomir » (40).
« Elle est devenue spectatrice de sa mère même, du malheur de sa mère, on dirait qu'elle assiste à son événement. L'épouvante soudaine dans la vie de ma mère » (73).

24. Par exemple: « Comme elle brode, ma mère lui fait broder des draps. Comme elle fait des plis, ma mère me fait faire des robes à plis, des robes à volants, je les porte comme des sacs, elles sont démodées, toujours enfantines » (29).

25. Par exemple: « Jamais bonjour, bonsoir, bonne année. Jamais merci. Jamais parler. Jamais besoin de parler. Tout reste, muet, loin. C'est une famille en pierre, pétrifiée dans une épaisseur sans accès aucun. Chaque jour nous essayons de nous tuer, de tuer » (69) ou bien à l'annonce de la mort du « petit frère »: « Maintenant je crois que c'était une nouvelle douleur, mon enfant mort à la naissance je ne l'avais jamais connu et je n'avais pas voulu me tuer comme là je le voulais. On s'était trompé. L'erreur qu'on avait faite, en quelques secondes, a gagné tout l'univers. Le

scandale était à l'échelle de Dieu. Mon petit frère était immortel et on ne l'avait pas vu » (127).

26. Par exemple: « Il sent bon la cigarette anglaise, le parfum cher, il sent le miel, à force sa peau a pris l'odeur de la soie, celle fruitée du tussor de soie, celle de l'or, il est désirable » (54).
« La lumière tombait du ciel dans des cataractes de pure transparence, dans des trombes de silence et d'immobilité. L'air était bleu, on le prenait dans la main. Bleu. Le ciel était cette palpitation continue de la brillance de la lumière » (100). D'autres exemples de passages lyriques peuvent être trouvés aux pages 9-10, 13-16, 20-23, 34-35, 126-30, sur les thèmes de la mer/la mère, le fleuve ou la douleur ou bien dans des tournures poétiques, comme dans l'exemple de la note 24, caractérisé par l'emploi de l'anaphore.

27. « Ça durait trois jours, jamais quatre, jamais » (12), « Ça devait se passer la nuit » (13), « Ça n'existe pas » (14), « J'avais en moi la place de ça » (15), « Ça devait être brutal » (23), « Tout ça signifie quelque chose, ce n'est pas innocent, ça veut dire, c'est pour attirer les regards, l'argent » (109), « J'attends que ça passe. Ça passe » (125), « .. ça n'avait jamais empêché les hommes de partir, [...], et ça n'avait jamais empêché non plus les femmes de les laisser aller » (132), pour n'en citer que quelques exemples.

28. Ainsi pages 13-14: « C'était pour enlever de devant ma mère l'objet de son amour, ce fils, la punir de l'aimer si fort, si mal, et surtout pour sauver mon petit frère, je le croyais aussi, mon petit frère, mon enfant, de la vie vivante de ce frère aîné posée au-dessus de la sienne, de ce voile noir sur le jour, de cette loi représentée par lui, édictée par lui, un être humain, et qui était une loi animale, et qui à chaque instant de chaque jour de la vie de ce petit frère faisait la peur dans cette vie, peur qui une fois a atteint son cœur et l'a fait mourir », ou bien encore page 23: « Et puis suivait l'impossibilité d'avancer encore, ou le sommeil, ou quelquefois rien, ou quelquefois au contraire les achats de maisons, les déménagements, ou quelquefois aussi cette humeur-là, seulement cette humeur, cet accablement ou quelquefois, une reine, tout ce qu'on lui demandait, tout ce qu'on lui offrait, cette maison sur le Petit Lac, sans raison aucune, mon père déjà mourant, ou ce chapeau à bords plats, parce que la petite le voulait tant, ou ces chaussures lamés or idem. Ou rien, ou dormir, mourir ».

29. De multiples répétitions des pronoms « il » et « elle » peuvent être relevées, ainsi aux pages 48 et 49, ou bien des répétitions des expressions « je dis » ou « je demande », suivies de « il dit » ou « il répond », par exemple pages 56, 57.

30. Voir page 13: « et nous mangions, parfois, il est vrai, des saloperies, des échassiers, des petits caïmans », ou page 30: « Il emmène tout ce qui vient, des paillottes,

des forêts, des incendies éteints, des oiseaux morts, des chiens morts, des tigres, des buffles, noyés, des hommes noyés, des leurres, des îles de jacinthes d'eau agglutinées », ou encore page 126: « Je crois que ma vie a commencé à se montrer à moi. Je crois que je sais déjà me le dire. [...] Je crois que j'ai vaguement envie d'être seule », page 129: « Pour le petit frère il s'est agi d'une immortalité sans défaut, sans légende, sans accident, d'une seule portée. Le petit frère n'avait rien à crier dans le désert, il n'avait rien à dire, ailleurs ou ici même, rien », ou page 136: « Il y avait la mer de Chine, la mer Rouge, l'océan Indien, le canal de Suez ».

31. Par exemple à la page 83: « Elle est vêtue des vieilles nippes de l'Europe, du reste des brocarts, des vieux tailleurs démodés, des vieux rideaux, des vieux fonds, des vieux morceaux, des vieilles loques de haute couture, des vieux renards mités, des vieilles loutres, sa beauté est ainsi, déchirée, frileuse, sanglotante... ».

3. Mémoire et oubli: entre l'effacement et l'ineffaçable dans *Une Femme* et *Journal du dehors* d'Annie Ernaux – pp. 65-95

1. [Ce] « qui me poussait à écrire, la révolte devant une réalité qui m'a faite, un désir violent de transgression: mettre au jour ce qu'on dissimule, ce qu'il n'est pas admis de dire, et le dire dans un langage véhiculant les mots de la couche sociale dominée, dans une syntaxe *parlée* » (Vilain, 142).

2. « The humour and wordplay of the earlier texts is replaced by a much more controlled and sober style, marked by a suspicion of cultural elitism. In [...] *La Place* published in 1983, Ernaux was both returning to her own history and following up her project to « understand and question first of all cultural and social hierarchies ». Style itself, as she goes on to argue, is heavily implicated in this hierarchy » (Fallaize, 69-70).
[L'humour et les jeux de mots des premiers textes sont remplacés par un style beaucoup plus contrôlé et sobre, marqué par de la suspicion à l'égard d'un élitisme culturel. Dans *La Place,* publié en 1983, Ernaux à la fois retournait à sa propre histoire et reprenait son projet dont le but était de comprendre et de questionner en premier lieu des hiérarchies culturelles et sociales. Le style lui-même, selon elle, est profondément impliqué dans cette hiérarchie], ma traduction.

3. Fell souligne l'influence de Bourdieu sur Ernaux dans sa présentation de la relation entre classe et culture (172-78).

4. Dans *Le dictionnaire* de Jérome Garcin, Ernaux s'explique sur son projet d'écriture: « Partir à la recherche du vécu obscurément subi, du réel en général, afin de le comprendre, c'est-à-dire en voir les dimensions historiques et sociales autant qu'individuelles. Les paroles entendues, les choses vues, ne sont pas des éléments

qui entrent dans la construction d'une fiction, mais les matériaux d'une recherche, sans souci d'un genre littéraire défini » (182) ou « Il s'agit naturellement de la reconstitution après coup d'un itinéraire, dont je crois, peut-être à tort, que l'authenticité est attestée par le contenu de mes livres. Une certitude absolue: c'est la prise de conscience de ma situation dans le monde social qui m'a menée, non à écrire, mais à savoir ce que je *devais* écrire » (181).

5. « J'ai pu aussi regarder des photos d'elle. Sur l'une, au bord de la Seine, elle est assise, les jambes repliées. Une photo en noir et blanc, mais c'est comme si je voyais ses cheveux roux, les reflets de son tailleur en alpaga noir » (21-22).

« Sur la photo de mariage, elle a un visage régulier de madone, pâle, avec deux mèches en accroche-cœur, sous un voile qui enserre la tête et descend jusqu'aux yeux. [...] Lui, petite moustache et nœud papillon, paraît beaucoup plus vieux. Il fronce les sourcils, l'air anxieux, dans la crainte peut-être que la photo ne soit mal prise » (37).

« Leur petite fille était nerveuse et gaie. Sur une photo, elle apparaît grande pour son âge, les jambes menues, avec des genoux proéminents » (42).

6. « Images d'elle, entre quarante et quarante-six ans: un matin d'hiver, elle ose entrer dans la classe... » (48).

7. Boehringer démontre que les graffiti cités dans *Journal du dehors* révèle les thèmes du livre: « Si les intentions des créateurs des graffiti restent matière à spéculations [...], les effets de sens des graffiti que la scriptrice incorpore dans son texte à elle se laissent mieux saisir car l'étude de l'ensemble des entrées journalières révèle que les thèmes inhérents aux graffiti—folie, amour, la classe des dominés et leur bonheur/malheur—sous-tendent tout *Journal du dehors*. De fait, celui-ci est motivé par ces réseaux thématiques qui, sélectionnés et orchestrés par le sujet d'énonciation, deviennent son moteur textuel » (136-37).

8. *Journal du dehors* subvertit les rôles figés de ce je(u): au lieu de se replier sur soi-même, le « je » de l'observatrice/scriptrice reste dissimulé dans les marges, tandis que l'autre prend le devant de la scène (Boehringer, 133).

9. « Le directeur de la galerie de peinture, rue Mazarine, dit à une visiteuse, d'une voix mesurée, devant un tableau: « Une toile d'une telle sensualité » [...]. Il y a là une opération de l'esprit, ou de la sensibilité, que je n'arrive pas à effectuer. Impression qu'il me manque l'initiation à un savoir. Mais il ne s'agit pas de savoir puisque—en y réfléchissant—à la place « d'une telle sensualité », ils auraient bien pu dire « une telle fraîcheur! » ou « une telle violence! » sans que l'absence de rapport entre le tableau et l'appréciation soit modifiée: il ne s'agit que de l'acquisition d'un code. Le prix de tous les tableaux de la galerie était compris entre deux millions et deux millions et demi anciens » (21-22).

« Au téléphone, M.—elle est rousse avec des lunettes, l'hiver un manteau de fourrure—, de sa voix intellectuelle et péremptoire: « Il vous faut un chat. Il n'y a pas d'écrivain sans chat » » (52).

« 'L'écrivaine' est debout contre le mur de la cave d'une librairie, près de Beaubourg, A côté, son éditeur, qui la présente, évoque son courage. Elle parle à son tour, dans son châle violet, des bracelets hauts sur les bras, des bagues à ses doigts fins. Très vibrante. 'Ecrire c'est choisir de déchoir', dit-elle, jouant longuement à l'écrivain maudit, victime d'une déréliction sociale. Les gens en demi-cercle autour d'elle, [...], acquiescent, graves. Sans aucune compassion naturellement, sachant bien que cette déréliction n'en est pas une—la réelle n'a pas de mots et ne se choisit pas—et qu'ils aimeraient eux aussi 'déchoir', c'est-à-dire écrire. L'écrivaine sait cela aussi, qu'on l'envie » (93-94).

10. « Concepts such as anxiety and alienation are no longer appropriate in the world of the postmodern. The great Warhol figures—Marilyn herself or Edie Sedgewick—the notorious cases of burnout and self-destruction of the ending 1960s, and the great dominant experiences of drugs and schizophrenia, would seem to have little enough in common any more either with the hysterics and neurotics of Freud's own day or with those canonical experiences of radical isolation and solitudes, private revolt, Van-Gogh-type madness, which dominated the period of high modernism. This shift in the dynamics of cultural pathology can be characterized as one in which the alienation of the subject is displaced by the latter's fragmentation » (Jameson, 14).

[Des concepts tels que l'anxiété et l'aliénation ne sont plus appropriés dans le monde postmoderne. Les formidables portraits de Warhol—Marilyn elle-même ou Edie Sedgewick—les célèbres cas de dépression et d'auto-destruction de la fin des années 60, et les expériences marquantes de drogues et de schizophrénie sembleraient avoir peu en commun que ce soit avec les hystériques et les névrosés de l'époque de Freud ou même avec ces expériences canoniques d'isolement et de solitude radicaux, de révolte privée, de folie du genre de celle de Van Gogh, qui ont dominé la période de l'apogée du modernisme. On peut caractériser ce changement de dynamique de pathologie culturelle comme un changement dans lequel l'aliénation du sujet est supplantée par la fragmentation du sujet], ma traduction.

11. pour reprendre les mots d'Ernaux, cités par Boehringer (133).

12. « Les non-lieux, ce sont aussi bien les installations nécessaires à la circulation accélérée des personnes et des biens (voies rapides, échangeurs, aéroports) que les moyens de transport eux-mêmes ou les grands centres commerciaux, ou encore les camps de transit prolongé où sont parqués les réfugiés de la planète » (48). « La fréquentation des non-lieux, aujourd'hui, est l'occasion d'une expérience sans véritable précédent historique d'individualité solitaire et de médiation non humaine (il

suffit d'une affiche ou d'un écran) entre l'individu et la puissance publique ». (147) « C'est dans l'anonymat du non-lieu que s'éprouve solitairement la communauté des destins humains » (150).

13. « Le dépaysement culturel qui est sa réalité quotidienne va marquer profondément la narratrice-auteur. Cette expérience de la déchirure sociale, qu'Annie Ernaux nomme « exil intérieur », est fondamentale pour saisir son œuvre. C'est le moteur de son écriture » (Tondeur, *Annie Ernaux*, 47).

14. « A l'hypermarché Leclerc, j'entends *Voyage*. Je me demande si mon émotion, mon plaisir, cette angoisse que la chanson finisse, ont quelque chose de commun avec l'impression violente que m'ont faite des livres, comme *Le bel été* de Pavese, ou *Sanctuaire*. L'émotion provoquée par la chanson de Desireless est aiguë, presque douloureuse, une insatisfaction que la répétition ne comble pas. Il y a plus de *délivrance* dans un livre, d'échappée, de résolution du désir. On ne sort pas du désir dans la chanson. Ni lieux, ni scènes, ni personnes, rien que soi-même et son désir. Pourtant, c'est cette brutalité et cette pauvreté qui me permettent, peut-être, de faire affluer toute une période de ma vie et la fille que j'étais en entendant, trente ans après, *I'm just another dancing partner*. Alors que la richesse et la beauté du *Bel été*, de la *Recherche du temps perdu*, relus deux trois fois, ne me redonnent jamais ma vie » (*Journal du dehors*, 62-63.)

5. Négociation de l'identité des personnages chez Linda Lê - pp. 129-150

1. Bien que certains personnages (rares chez Lê) aient des difficultés à se nourrir, telle la « philosophe » dans *Voix*. « Il faut qu'on lui donne la becquée ». (14) « La soupe coule le long de son menton, tache son col. La viande éclabousse le devant de sa chemise de nuit. La crème pralinée laisse des traînées autour de ses commissures » (15).

2. « Les baguettes et les cuillères étaient en bout de table, fourrées dans un récipient malpropre... [Le] potage [fut] servi dans une soupière fumante posée au milieu de la table crasseuse » (63).

3. Il s'agit des lettres de l'alphabet vietnamien.

4. contrairement aux Franco-Maghrébins de la deuxième ou de la troisième génération qui affirmaient leur francité pour montrer leur volonté d'être intégrés—et ce d'autant plus qu'ils se savaient exclus. Pensons à Béni dans *Béni ou le Paradis privé* d'Azouz Begag ou bien à *Le Thé au harem d'Archi Ahmed* de Mehdi Charef.

Ouvrages cités

Ali, Wijdan. « Les Femmes musulmanes: entre clichés et réalité ». *Diogène* 199 (juillet-septembre 2002): 92-105.
Amiel, Vincent. « Les écrans multiples. Une esthétique de la situation ». *Esprit* 293 (mars-avril 2003): 35-42.
Ammouche-Kremers, Michèle. « Entretien avec Jérôme Lindon, Directeur des Editions de Minuit », *Jeunes Auteurs de Minuit*, Michèle Ammouche-Kremers et Henk Hillenaar, eds. CRIN 27. Amsterdam: Rodopi, 1994: 1-14.
Armel, Aliette. *Marguerite Duras et l'autobiographie*. Pantin: Le Castor Astral, 1990.
Asholt, Wolfgang, ed. *Intertextualität une Subversivität. Studien zur Romanliteratur der achtziger Jahre in Frankreich*. Heidelberg: Carl Winter Universitätsverlag, 1994.
Augé, Marc. *Non-lieux. Introduction à une Anthropologie de la Surmodernité*. Paris: Seuil, 1992.
Baetens, Jan et Dominique Viart, eds. *Ecritures contemporaines 2. Etats du roman contemporain*. Paris: Lettres Modernes Minard, 1999.
Bajomée, Danielle. *Duras ou la Douleur*. Paris: Editions Universitaires, 1989.
Barbey d'Aurevilly, Jules. *Les Ridicules du temps*. Paris: Rouveyre et Blond, 1883.
Barth, John. « A Few Words About Minimalism ». *New York Times Book Review* (December 28, 1986): 1-2, 25.
Barthes, Roland. *La Chambre Claire: Note sur la photographie*. Paris: Gallimard/Le Seuil, 1980.
———. *Roland Barthes*. Paris: Le Seuil, 1975.
Baudrillard, Jean. *L'Autre par lui-même. Habilitation*. Collection Débats. Paris: Galilée, 1987.
Bazin, André. *Qu'est-ce que le cinéma?* Paris: Cerf, 1962.
Beaujour, Jérôme. « L'oubli de la photographie ». *Magazine littéraire* 278 (1990): 49-51.
Bellour, Raymond. « La Baleine blanche ». *Magazine Littéraire* 262 (1989): 66.
———. « Du Mythe au roman ». *Magazine Littéraire* 302 (1992): 76-77.
———. « Le Mythe du roman ». *Magazine Littéraire* 324 (1994): 88-89.
Benveniste, Emile. *Le Vocabulaire des institutions indo-européennes*. Paris: Minuit, 1969.

———. *Problèmes de linguistique générale, 2.* Paris: Gallimard, 1966.

Berger, John. « Bourgeois et paysans » in Sophie Bessis, ed. *Mille et une bouches. Cuisines et identités culturelles.* Paris: Autrement 154 (1995): 60-65.

Bishop, Michael, Ed. *Thirty Voices in the Feminine.* Amsterdam-Atlanta: Rodopi, 1996.

Blot-Labarrère, Christiane. *Marguerite Duras.* Paris: Le Seuil, 1992.

Boehringer, Monika. « Paroles d'autrui, paroles de soi: *Journal du dehors* d'Annie Ernaux ». *Etudes françaises* 36, 2 (2000): 131-48.

Bourdieu, Pierre. *Sur la télévision.* Paris: Liber, 1996.

Bourgeade, Pierre. « Idées sur le roman ... en 1989 ». *L'Infini* 27 (automne 1989): 6-10.

Brami, Joseph, Madeleine Cottenet-Hage et Pierre Verdaguer, eds. *Regards sur la France des années 80. Le Roman.* French and Italian Studies LXXX. Saratoga: Anma Libri, 1994.

Cauville, Joëlle et Metka Zupančič. *Réécriture des mythes: l'utopie au féminin.* Amsterdam-Atlanta: Rodopi, 1997.

Chartier, Roger. « Le passé au présent ». *Le Débat, Mémoires du XXe siècle* 122 (novembre-décembre 2002): 4-11.

Cohen, Susan D. « Fiction and the Photographic Image in Duras' *The Lover* ». *L'Esprit créateur* XXX, 1 (1990): 56-68.

Combes, Patrick. *La Littérature et le mouvement de mai 68. Ecriture, mythes, critique, écrivains 1968-1981.* Paris: Seghers, 1984.

Darrieussecq, Marie. « Marie Redonnet et l'écriture de la mémoire », Dominique Viart, ed. *Ecritures Contemporaines 1.* Paris: Lettres Modernes Minard, 1998: 177-94.

Davis, Colin and Elizabeth Fallaize. *French Fiction in the Mitterrand Years.* Oxford: Oxford University Press, 2000.

Deleuze, Gilles et Félix Guattari. *Capitalisme et Schizophrénie. Mille Plateaux.* Paris: Minuit, 1980.

Delich, Francisco. « La construction sociale de la mémoire et l'oubli ». *Diogène* 201 (janvier-mars 2003): 69-81.

Denes, Dominique. *Etude sur Marguerite Duras. L'Amant.* Paris: Ellipses, 1997.

Derrida, Jacques. *Adieu à Emmanuel Levinas.* Paris: Galilée, 1997.

———. *La Dissémination.* Paris: Seuil, 1972.

Deville, Patrick. *Longue Vue.* Paris: Minuit, 1988.

Didier, Béatrice. *L'Ecriture-Femme.* Paris: Presses Universitaires de France, 1981.

Donadey, Anne. « The Multilingual Strategies of Postcolonial Literature: Assia Djebar's Algerian Palimpsest ». *World Literature Today* 74:1 (Winter 2000): 27-36.

Dubois, Philippe. « Le regard photographique de Roland Barthes ». *La Recherche photographique* 12 (juin 1992): 66-70.

Durand, Alain-Philippe. « La Mondovision ». *The French Review* 76, 3 (February 2003): 534-44.

Duras, Marguerite. *L'Amant*. Paris: Minuit, 1984.

———. *Les Yeux Verts*. Paris: Ed. de l'Etoile. Cahiers du Cinéma. 1996. (Réédition de *Les Yeux Verts*. Cahiers du Cinéma 312-13 (juin 1980).

———. et Michèle Porte. *Les Lieux de Marguerite Duras*. Paris: Minuit, 1977.

Ernaux, Annie. *Les Armoires vides*. Paris: Gallimard, 1974.

———. *Ce qu'ils disent ou rien*. Paris: Gallimard, 1977.

———. *Une Femme*. Paris: Gallimard, 1987.

———. *La Femme gelée*. Paris: Gallimard, 1981.

———. *Journal du dehors*. Paris: Gallimard, 1993.

———. *La Place*. Paris: Gallimard, 1983.

———. « Vers un je transpersonnel ». *Cahiers RITM: Autofictions et cie* 6 (1993): 219-21.

Fallaize, Elisabeth. « Filling in the Blank Canvas: Memory, Inheritance and Identity in Marie Redonnet's *Rose Mélie Rose* », *Forum for Modern Languages Studies* XXVIII, 4 (1992): 320-34.

———. *French Women's Writing. Recent Fiction*. New York: St. Martin's Press, 1993.

Fau, Christine. « Le Problème du langage chez Annie Ernaux ». *The French Review* 68 (February 95): 501-12.

Fauvel, Maryse. « Jean-Philippe Toussaint et la photographie: exposer le roman ». *Romance Languages Annual* 6 (1994): 38-42.

———. « Narcissisme et esthétique de la disparition chez Jean-Philippe Toussaint ». *Romanic Review* 89, 4 (1998): 609-20.

———. « Photographie et autobiographie: *Roland Barthes* par Roland Barthes et *L'Amant* de Marguerite Duras. *Romance Notes* XXXIV, 2 (Winter 1993): 193-202.

Fell, Allison. *Liberty, Equality, Maternity in Beauvoir, Leduc and Ernaux*. Oxford: Legenda. European Humanities Research Centre, 2003.

Fisher, Dominique. « Les Non-lieux de Jean-Philippe Toussaint: bricol(l)age textuel et rhétorique du neutre ». *University of Toronto Quarterly* 65, 4 (Fall 1996): 618-31.

Fort, Pierre-Louis. « Entretien avec Annie Ernaux ». *The French Review* 76 (April 03): 984-94.

Gaillard, Françoise. « Un air de liberté ». *La Quinzaine littéraire* 532 (16-31, mai 1989): 32.

Garcin, Jérôme. *Le Dictionnaire. Littérature française contemporaine*. Paris: Editions François Bourin, 1988.

Gaudet, Jeannette. *Writing otherwise: Atlan, Duras, Giraudon, Redonnet and Wittig*. Amsterdam-Atlanta: Rodopi, 1999.

Gauvin, Lise. *L'écrivain francophone à la croisée des langues. Entretiens.* Paris: Karthala, 1997.

Gaye, Amadou. *Génération métisse.* Textes: Eric Favereau, Leïla Sebbar. Paris: Syros/Alternatives, 1988.

Gingrass-Conley, Katharine. « Check-out Time at the *Splendid Hôtel*: Marie Redonnet's New Mythological Space », *Neophilologus* 77 (1993): 51-59.

Giordan, Henri. « Le pouvoir et la pluralité culturelle ». *Hérodote. Langues et Territoires* 106 (2002): 178-90.

Greisch, Jean. « Trace et oubli: Entre la menace de l'effacement et l'insistance de l'ineffaçable », *Diogène* 201 (janviers-mars 2003): 82-107.

Guibert, Hervé. *L'Image fantôme.* Paris: Minuit, 1981.

———. *Suzanne et Louise.* Paris: Editions Libres-Hallier, 1980.

Hill, Leslie. *Marguerite Duras. Apocalyptic Desires.* London and New York: Routledge, 1993.

Huston, Nancy et Leïla Sebbar. *Lettres parisiennes. Autopsie de l'exil.* Paris: Bernard Barrault, 1986.

Jameson, Fredric. *Postmodernism, or, The Cultural Logic of Late Capitalism.* Durham: Duke University Press, 1992.

Jolivalt, Bernard. *La Réalité virtuelle.* Paris: Presses Universitaires de France, 1996. (Que sais-je? 3037).

Kristeva, Julia. *Contre la Dépression Nationale.* Paris: Textuel, 1998.

———. *Pouvoirs de l'Horreur. Essais sur l'Abjection.* Paris: Seuil, 1980.

———. *Soleil noir. Dépression et mélancolie.* Paris: Gallimard, 1987.

Lê, Linda. *Calomnies.* Paris: Christian Bourgois, 1993.

———. *Les Dits d'un Idiot.* Paris: Christian Bourgois, 1995.

———. *Les Evangiles du Crime.* Paris: Julliard, 1992.

———. *Lettre morte.* Paris: Christian Bourgois, 1999.

———. *Les Trois Parques.* Paris: Christian Bourgois, 1997.

———. *Voix.* Paris: Christian Bourgois, 1998.

Leclerc, Yvan. « Autour de Minuit », *Dalhousie French Studies* 17 (Fall-Winter 1989): 63-74.

Legendre, Pierre. *Leçons.* Paris: Fayard, 1983.

Lejeune, Philippe. *Le Pacte autobiographique.* Paris: Le Seuil, 1975.

Lionnet, Françoise. « Logiques métisses: Cultural Appropriation and Postcolonial Representations », (321-43) in Mary Jean Green, ed. *Postcolonial Subjects: Francophone Women Writers.* Minneapolis: University of Minnesota Press, 1996.

———. « Métissage, Emancipation, and Female Textuality in Two Francophone Writers » dans DeJean Joan et Nancy Miller, eds. *Displacements. Women, Tradition, Literatures in French.* Baltimore: Johns Hopkins University Press. 1991 (254-74).

———. *Postcolonial Representations*. Ithaca and London: Cornell University Press, 1995.
Lipovetsky, Gilles. *L'ère du vide. Essais sur l'individualisme contemporain*. Paris: Gallimard, 1983.
Lyotard, François. *La Condition postmoderne*. Paris: Les Editions de Minuit, 1979.
Mendras, Henri. *La Seconde Révolution française. 1965-1984*. Paris: Gallimard, 1994. (Première édition, 1988).
Mongin, Olivier et Alexandra Pizoird. « Ce qu'on fait dire aux images. L'historien, le cinéphile et les querelles du visuel. Entretien avec Antoine de Baecque ». *Esprit* 293 (mars-avril 2003): 19-34.
Motte, Warren. « Redonnet's Symmetries », *French Forum* 19, 2 (1994): 215-28.
———. « TV Guide ». *Neophilologus* 83, 4 (1999): 529-42.
Moura, Jean-Marc. « Le roman français contemporain et le primitivisme », *Revue des Sciences humaines* 227 (juillet-septembre 1992): 165-83.
Mulvey, Laura. « Visual Pleasure and Narrative Cinema ». *Screen* 16, 3 (autumn 1975): 6-18 (réimprimé dans *The Sexual Subject. A Screen Reader in Sexuality*. London and New York: Routledge, 1992).
Nadeau, Maurice. « Où va la littérature française? » « L'état des lieux ». *La Quinzaine littéraire* 532 (16-31 mai 1989): 3-4.
Noguez, Dominique. « Ingenium et ingenuitas », dans Dominique Païni. *Marguerite Duras* 9. Milan: Mazzotta/Paris: Cinémathèque française, 1992.
Nora, Pierre. *Les Lieux de Mémoire I. La République*. Paris: Gallimard, 1984.
———. *Les Lieux de Mémoire II. La nation*. Paris: Gallimard, 1986.
———. *Les Lieux de Mémoire III. Les France*. Paris: Gallimard, 1992.
———. « Pour une histoire au second degré ». *Le Débat, Mémoires du XXe siècle* 122 (novembre-décembre 2002): 24-31.
Païni, Dominique. *Marguerite Duras*. Milan: Mazzotta/Paris: Cinémathèque française, 1992.
Prévost, Claude et Jean-Claude Lebrun. *Nouveaux territoires romanesques*. Paris: Messidor/Editions sociales, 1990.
Reader, Keith. *The May 1968 events in France: Reproductions and Interpretations*. New York: St Martin's Press, 1993.
Redonnet, Marie. *Forever Valley*. Paris: Minuit, 1987.
———. *Mobie-Diq*. Paris: Minuit, 1988.
———. « Redonne après Maldonne », *L'Infini* 19 (1987): 160-63.
———. *Rose Mélie Rose*. Paris: Minuit, 1987.
———. *Seaside*. Paris: Minuit, 1992.
———. *Silsie*. Paris: Gallimard, 1990.
———. *Splendid Hôtel*. Paris: Minuit, 1986.

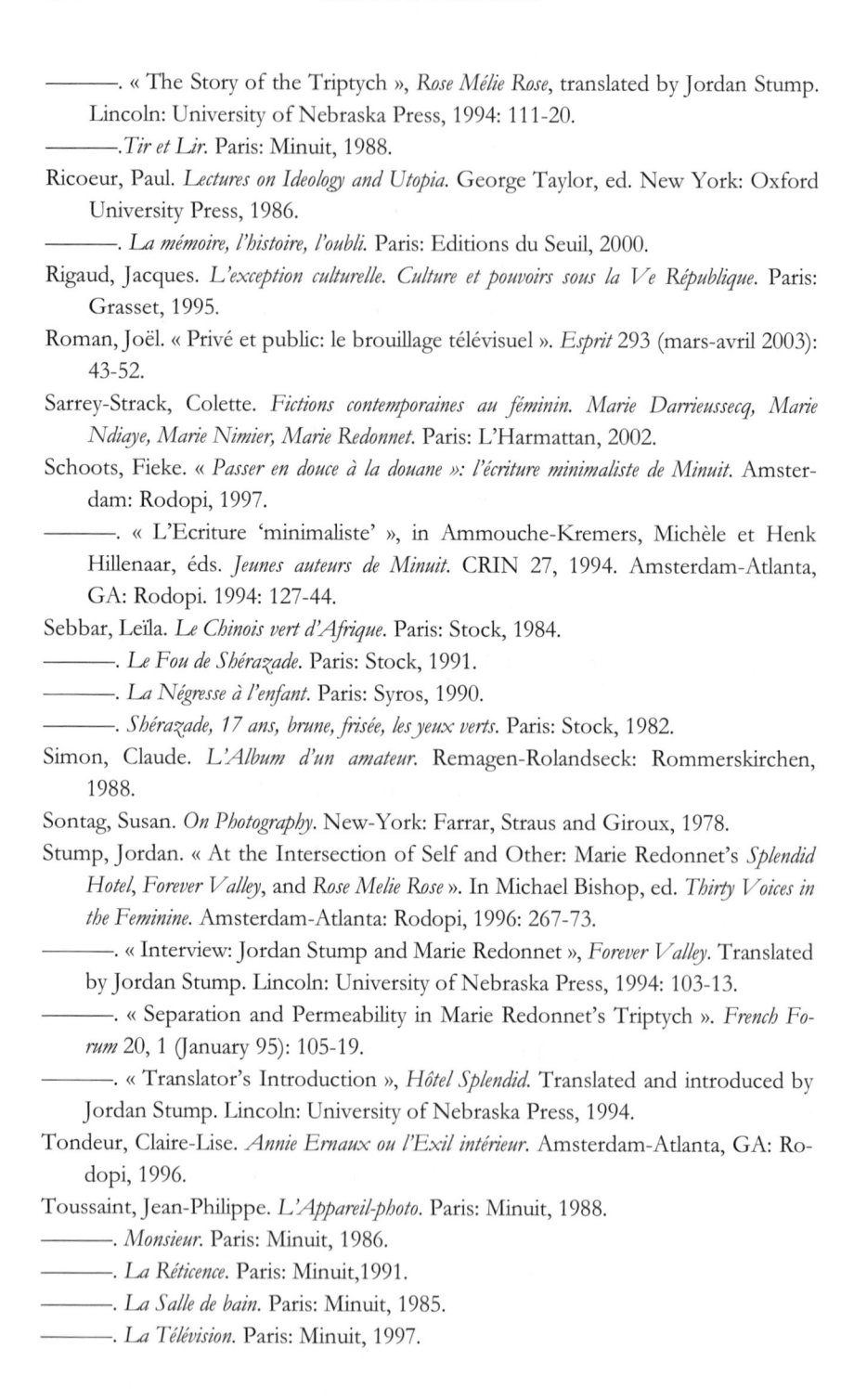

———. « The Story of the Triptych », *Rose Mélie Rose*, translated by Jordan Stump. Lincoln: University of Nebraska Press, 1994: 111-20.
———.*Tir et Lir*. Paris: Minuit, 1988.
Ricoeur, Paul. *Lectures on Ideology and Utopia*. George Taylor, ed. New York: Oxford University Press, 1986.
———. *La mémoire, l'histoire, l'oubli*. Paris: Editions du Seuil, 2000.
Rigaud, Jacques. *L'exception culturelle. Culture et pouvoirs sous la Ve République*. Paris: Grasset, 1995.
Roman, Joël. « Privé et public: le brouillage télévisuel ». *Esprit* 293 (mars-avril 2003): 43-52.
Sarrey-Strack, Colette. *Fictions contemporaines au féminin. Marie Darrieussecq, Marie Ndiaye, Marie Nimier, Marie Redonnet*. Paris: L'Harmattan, 2002.
Schoots, Fieke. « *Passer en douce à la douane »: l'écriture minimaliste de Minuit*. Amsterdam: Rodopi, 1997.
———. « L'Ecriture 'minimaliste' », in Ammouche-Kremers, Michèle et Henk Hillenaar, éds. *Jeunes auteurs de Minuit*. CRIN 27, 1994. Amsterdam-Atlanta, GA: Rodopi. 1994: 127-44.
Sebbar, Leïla. *Le Chinois vert d'Afrique*. Paris: Stock, 1984.
———. *Le Fou de Shérazade*. Paris: Stock, 1991.
———. *La Négresse à l'enfant*. Paris: Syros, 1990.
———. *Shérazade, 17 ans, brune, frisée, les yeux verts*. Paris: Stock, 1982.
Simon, Claude. *L'Album d'un amateur*. Remagen-Rolandseck: Rommerskirchen, 1988.
Sontag, Susan. *On Photography*. New-York: Farrar, Straus and Giroux, 1978.
Stump, Jordan. « At the Intersection of Self and Other: Marie Redonnet's *Splendid Hotel, Forever Valley*, and *Rose Melie Rose* ». In Michael Bishop, ed. *Thirty Voices in the Feminine*. Amsterdam-Atlanta: Rodopi, 1996: 267-73.
———. « Interview: Jordan Stump and Marie Redonnet », *Forever Valley*. Translated by Jordan Stump. Lincoln: University of Nebraska Press, 1994: 103-13.
———. « Separation and Permeability in Marie Redonnet's Triptych ». *French Forum* 20, 1 (January 95): 105-19.
———. « Translator's Introduction », *Hôtel Splendid*. Translated and introduced by Jordan Stump. Lincoln: University of Nebraska Press, 1994.
Tondeur, Claire-Lise. *Annie Ernaux ou l'Exil intérieur*. Amsterdam-Atlanta, GA: Rodopi, 1996.
Toussaint, Jean-Philippe. *L'Appareil-photo*. Paris: Minuit, 1988.
———. *Monsieur*. Paris: Minuit, 1986.
———. *La Réticence*. Paris: Minuit,1991.
———. *La Salle de bain*. Paris: Minuit, 1985.
———. *La Télévision*. Paris: Minuit, 1997.

Van der Starre, Evert. « Marie Redonnet », in Michèle Ammouche-Kremers et Hillenaar-Henk, eds. *Jeunes Auteurs de Minuit*. Amsterdam: Rodopi, 1994: 53-67.

Viart, Dominique, ed. *Ecritures contemporaines 1. Mémoires du récit*. Paris: Lettres Modernes Minard, 1998.

Vilain, Philippe. « Annie Ernaux ou l'autobiographie en question ». *Romans 50/90* 24 (décembre 97): 141-47.

Vircondelet, Alain, ed. *Marguerite Duras*. Paris: Ecriture, 1994.

Virilio, Paul. *L'Art du moteur*. Paris: Galilée, 1993.

———. *Cybermonde: la politique du pire*. Paris: Textuel, 1996.

———. *Esthétique de la disparition*. (1980) Paris: Galilée, 1989.

Weber, Henri. *Vingt ans après. Que reste-t-il de 68?* Paris: Seuil, 1988.

Went-Daoust, Yvette. « Ecrire le conte de fées: L'œuvre de Marie Redonnet ». *Neophilologus* 77 (1993): 387-94.

Yeager, Jack A. « Blurring the Lines in Vietnamese Fiction in French: Kim Lefèvre's *Métisse Blanche* » in Mary Jean Green, ed. *Postcolonial Subjects: Francophone Women Writers*. Minneapolis: University of Minnesota Press, 1996.

Index

A

abjection 130, 134
Adonis, 165
Ali, Wijdan 164, 166, 169, 170
altérité 12, 43, 44, 116, 139, 145, 190
Althusser, Louis 8
Amiel, Vincent 27
amoncellement 13, 26, 156, 161
Arche de la Défense 5
Armel, Aliette 197
Aubier, Pascal 9
audiovisuel 5, 6, 9
Augé, Marc 14, 86

B

Badinter, Robert 161
Baecque, Antoine de 15, 18
Barth, John 103
Barthes, Roland 8, 33, 34, 45, 47, 48, 85, 93, 195, 197
Baudrillard, Jean 38
Bazin, André 196
Beauvoir, Simone de 4, 8
Beckett, Samuel 8, 105, 106
Beckmann, Max 144
Bellour, Raymond 105, 120
Ben Jelloun, Tahar 8, 180
Benveniste, Emile 60
Berger, John 136
Bernhardt, Thomas 143

Bianciotti, Hector 8
Bildungsroman 182, 183
biographie 6, 11, 54, 56, 68, 100
blanc (cf. aussi fragment) 12, 66, 87, 88, 89, 191
Blot-Labarrère, Christiane 44
Boehringer, Monika 75, 201
Bosch, Hieronymus 143
Bourdieu, Pierre 14, 15, 200

C

Camus, Albert 4, 8, 106
Chamoiseau, Patrick 8
Chassériau, Théodore 166
chronologie/chronologique 12, 84, 85, 94, 104, 146
cinéma 4, 6, 13, 15, 18, 29, 32, 43, 44, 46, 53, 61, 98, 113-17, 189, 190, 194
Cixous, Hélène 10
Cohen, Susan 97
colonie/ colonial/colonialisme 5, 131, 134, 152, 153, 156, 157, 163, 164, 168, 169, 179, 180, 190
Condé, Maryse 145
consommation/consommateur 4, 6, 35, 36, 38, 43, 46, 137, 191
Corot, Jean-Baptiste 162

croisement 149, 151, 152, 160, 183, 190
croisé(e) 11, 152, 154, 156, 172, 192
culture/culturel 1, 2, 3, 5, 6, 12, 15, 37, 88, 98, 134, 139, 143, 144, 152, 156, 162, 163, 164, 165, 169, 176, 177, 178, 179, 180, 191, 192
—de masse 191
—élitiste/d'élite 15, 37, 189, 191, 200
—populaire 5, 15, 37, 76, 162, 169, 191
cyberculture 6, 9

D
Darrieussecq, Marie 105
décalage 11, 70, 159, 162, 177, 198
Delacroix, Eugène 161, 166
Deleuze, Gilles 8, 91
Denes, Dominique 44, 45, 196, 197, 198
dénonciation 131
Derrida, Jacques 129, 140, 206
dépouillement 44
déréalisation 31
déterritorialiser 91, 146
Deville, Patrick 45
Dib, Mohammed 162
Didier, Béatrice 105
différence 11, 150, 154, 158, 160, 161, 177, 181, 184, 192
diffraction 86, 189
digression 56
discontinuité 11, 12, 85, 88, 94, 106
distanciation 41, 76, 89, 137, 178
diversité 179, 183, 186, 187, 188, 189
Dix, Otto 144
Djebar, Assia 88, 145, 162, 168, 169, 180
Durand, Alain-Philippe 14

Duras, Marguerite 2, 9, 10, 43-64, 105, 106, 191, 195, 196-200
dystopie 97

E
ébranlement 33, 144, 145, 148, 187
écran 21, 22, 24, 25, 26, 27, 32, 35, 43, 61, 114, 116, 193, 194
effacement 65, 200
éphémère 189, 191
Ernaux, Annie 11, 65-95, 190, 191, 200-203
espace privé/public 27, 29, 30, 31, 63, 73, 158, 181
Eustache, Jean 162

F
Fallaize, Elizabeth 66, 122
Fanon, Franz 162
Fau, Christine 66
féministe 3, 50, 98-102, 151, 163-73, 189, 193
Feraoun, Mouloud 162
Fisher, Dominique 162
Fort, Pierre-Louis 69, 78, 92
fragment/fragmentaire/fragmentation/fragmenté 12, 59, 70, 72, 73, 83-95, 189, 191, 202,
francophone/francophonie 8, 179, 180, 188, 191, 192
Foucault, Michel 8

G
Garcin, Jérôme 200
gauche 1, 2, 3, 4, 46, 161
Gautier, Xavière 10
Gauvin, Lise 169
Gérôme, Jean-Léon 166
Giordan, Henri 170, 181

global 98
Godard, Jean-Luc 41, 162
Grande Bibliothèque 5
Greisch, Jean 75, 82
Grosz, Georg 144
Guibert, Hervé 45

H
Handke, Peter 143
Hermann, Claudine 10
hors-champ 116
humour 39, 97, 107, 149, 190, 200
hybridité 3, 140, 146, 149, 152, 163, 174, 183, 186, 190

I
iconoclaste 10, 43
identification 48, 77, 134, 143
identité 5, 6, 10, 11, 19, 33, 36, 44, 49, 50, 54, 61, 63, 86, 100, 115, 129, 130, 131, 134, 139, 143, 146, 149, 151, 152, 155, 156, 158, 159, 161, 162, 164, 174, 179, 181, 182, 186, 189, 190, 191
idolâtrie 43, 46, 189
image/image électronique/image numérique/image photographique/image picturale 10, 13, 14, 18, 21, 24, 26, 31, 32, 35, 36, 37, 39, 43, 44, 45, 46, 48, 50, 53, 55, 60, 61, 62, 64, 72, 101, 117, 189, 201
immédiateté 10, 36, 189
immigration/immigré 2, 5, 6, 11, 88, 129, 130, 134, 139, 149, 152, 153, 155, 156, 157, 159, 160, 160, 161, 174, 177, 180, 190,
ineffaçable 65, 191, 200
Ingres, Jean-Auguste 161, 166
insertion, 129, 156

Institut du Monde Arabe 5
Internet 15
Irigaray, Luce 10
irreprésentable 9, 43, 46, 55

J
Jameson, Fredric 86, 202
jeu de mots 10, 107, 148, 191
jeu vidéo 15, 17, 24, 27, 31, 32, 41, 43, 189
Jolivalt, Bernard 194
juxtaposition 26, 107

K
Kahina, 172, 183
Kalthoum, Oum 162
Kierkegaard, Soren 144
Kokoschka, Oskar 144
Kollwitz, Käthe 143
Kristeva, Julia 122, 130, 136, 144

L
Lacan, Jacques 8, 36, 43, 61
Lang, Jack 2, 4, 5
Lanzmann, Claude 65, 66
Lê, Linda 12, 129-150, 180, 190, 191, 203
Leclerc, Yvan 103
lecteur 74, 86, 88, 89, 90, 91, 104, 112, 113, 117, 124, 133, 134, 146, 177, 178, 190, 191
Legendre, Pierre 43
leurre 31
liste 61, (cf. aussi amoncellement)
Lionnet, Françoise 145
Lipovetsky, Gilles 7, 14, 34, 35
loisirs 4, 6, 9, 39
Loti, Pierre 166
Luxemburg, Rosa 161, 172, 176, 183
Lyotard, François 4, 187, 193

M

Maffesoli, Michel 14
mai 1968 1, 2, 3, 8, 187, 193
Maillet, Antonine 8
Mahler, Gustav 162
Malle, Louis 9, 66
Malouf, Amin 8
Malraux, André 8
Manet, Edouard 162, 172
Matisse, Henri 161, 162, 166
McLuhan, Marshall 14
médiatisation 36, 44
médias, 1, 19, 27, 37, 39, 41, 43, 59, 73, 87, 104, 190
mémoire 10, 55, 65-83, 86, 91, 94, 95, 115, 116, 134, 140, 144, 200
Mendras, Henri
métarécit, 8, 187, 193
métissage/métissé 11, 145, 147, 149, 150, 160, 162, 174, 177, 181, 186, 190
minimalisme 40, 103, 191
miroir 20, 22, 23, 35, 36, 43, 55, 61, 104, 149
Mitterrand, François 1, 3, 5, 10, 15, 70, 187
Modiano, Patrick 9, 65
Monteverdi, Claudio 171
Motte, Warren 37, 103, 193
multipolarité 187
multivocité 8, 189
Mulvey, Laura 61

N

narcissisme/narcissique 7, 10, 14, 35, 36, 37, 41, 43, 61, 62, 189, 193
Nora, Pierre 65
nourriture 134, 136, 137, 138, 139
nouveau roman 1, 8, 41, 120, 188, 190

Nuytten, Bruno 66

O

Opéra de la Bastille 5
ordinateur 9 13, 22, 23, 24, 27, 31, 32, 34, 41, 59, 189, 194
orientaliste 166, 167
oubli 45, 47, 65-83, 86, 178, 190, 200
ouvrier(ère) 66, 67, 70, 73, 94, 95, 190

P

Païni, Dominique 45
Palcy, Euzhan 65
parataxe 38, 86, 90, 104, 106
photographie/photographique 9, 12, 13, 14, 15, 18, 19, 20, 24, 26, 29, 30, 32, 33, 34, 35, 43-64, 72, 74, 75, 89, 98, 113-117, 162, 183, 193, 196, 197, 198, 201
polymorphisme 187
ponctuation 145, 146
postcolonial 9, 151, 163
postindustriel 8
postmoderne 5, 8, 10, 98, 202
Pyramide du Louvre 5

Q

questionnement 33, 56, 86, 91, 192

R

Reader, Keith 193
Redonnet, Marie 11, 97-127, 190, 191
regard 13, 44, 45, 48, 49, 55, 112
rehistoricisation 188
Renoir, Pierre-Auguste 161, 162
répétition 107, 148
représentation 86, 188

Ricoeur, Paul 65, 68, 74, 75, 77, 81, 85, 124
Rigaud, Jacques 5
Robbe-Grillet, Alain 45, 188
Roman, Joël 30
roman de formation, cf. Bildungsroman
roman picaresque 181, 182
Rothko, Mark 33, 194

S

Said, Edward 163, 164
Sarraute, Nathalie 188
Sartre, Jean-Paul 2, 8
Schoots, Fieke 40
Schwarz-Bart, Simone 145
Sebbar, Leïla 12, 88, 145, 151-86, 190, 191
Semprun, Jorge 65
Serres, Michel 14
Simon, Claude 45
simulacre 13
Sontag, Susan 45, 197
SOS-Racisme 6, 159, 162, 163
spectacle/spectaculaire 189
Stump, Jordan 103

T

Tasso, Torquato 171
technologie 13, 86, 110, 117-19, 123, 126, 127, 190, 193
télévision 4, 5, 6, 9, 13, 14, 15, 17, 18, 30, 20-38, 41, 43, 44, 59. 74, 113, 189, 193, 195
Titien 14, 20, 28, 32, 33
Tounssia, Zina 162

Tournier, Michel 65
Toussaint, Jean-Philippe 13-41, 43, 45, 120, 189, 191, 193-96
trace 67-83, 190
transgression 50
Tristan, Flora 172, 183

U

utopie/utopique 10, 43, 97, 98, 100, 101, 102, 105, 108-17, 118, 122, 123, 124, 125, 126, 127, 172, 190

V

Verdi, Giuseppe 162
Vermeer, Johannes 162
vide 13, 14, 31, 36, 87, 91, 189, 197
Villette 5
Virilio, Paul 14, 32, 40, 194, 195
virtuel 13, 17, 28, 29, 48, 155, 194
visible 9, 27, 117
voyeur 17, 35
voyeurisme 61, 62

W

Wagner, Richard 162

X

xénisme 177
xénophobe/xénophobie 6, 157

Y

Yourcenar, Marguerite 8, 10

Z

Zingha, Anne 172, 176
Zola, Emile 162